4구·3쿠션 이론과 실전 완전 정복

스피드 당구

컨 퀘스트(Conquest)

SYSTEM

유효식 저

당구의 비법 특별 수록 / Billiards Master

일신 미디어

일신 미디어

머리글

빌리어드 코리아 !

최근 우리나라 당구의 현주소는 1,200만 명에 이르는 동호인으로 세계 당구 최강국이 되었으며, 국민 체육 스포츠로 서서히 자리 잡아가면서 제2의 당구 붐이 조성되어 가고 있습니다.

해마다 세계 대회가 국내에서 개최되고 대한민국 프로 선수들의 선전과 우승으로 빌리어드 코리아를 외치게 하였으며, 드디어 최성원 프로의 세계 3쿠션 당구선수권대회 챔피언 등극이라는 쾌거를 이루었습니다. 또 최근에는 국내 여자프로 선수들의 비약적인 성장으로 머지않아 세계 정상에 우뚝 서게 될 것을 기대해 봅니다. 당구계가 이렇게 발전할 수 있었던 것은 대한당구협회와 대한당구연맹 관계자 님들, 프로 선수, 동호인 모든 분들의 당구에 대한 사랑과 열정이 있었기에 가능했다고 생각합니다.

최근 자율 금연 당구장이 전국으로 확산되면서 여성 동호인이 증가 추세에 있으며 당구를 사랑하는 동호인들에게 보다 나은 환경이 제공되면서 머지않아 새로운 개념의 당구 문화가 자리잡을 것으로 확신합니다.

또한 국제식 당구대의 저변 확대로 당구의 새로운 묘미와 흥미를 갖게 되었으며 보다 체계적이고 한 차원 높은 기술을 원하는 동호인들의 열망에 때맞춰 세계 최초로 빌리어드 TV가 개국되면서 이제 당구는 그 어느 종목보다 과학적이면서 체계적으로 접근해야 하는 스포츠 종목으로 탈바꿈해 나가고 있는 현실입니다.

이번에 출간된 "스피드 당구 시스템" 은 저자가 40여 년 동안 당구 대 위에서 경험한 수많은 상황들을 가장 쉽게 해결하는 방법들을 제시하였으며, 특히 당구의 비법들을 정리해 별도로 동호인님들과 함께 공유하게 된 것을 무한한 영광으로 생각합니다.

아울러 "스피드 당구 시스템" 에는 당구의 기본인 4구의 기초이론과 당구의 원리, 고수의 타법, 당구의 비법, 3쿠션 System 등 당구 실력을 체계적으로 갖추는데 꼭 필요한 부분들로 구성하였습니다.

동호인님께서는 다시 한번 기초 이론에 시간을 투자하셔서 그 동안 동호인님께서 겪어오신 과정들을 한번 되돌아 보시는 계기가 되었으면 하는 바람입니다.

끝으로 "스피드 당구 시스템 컨퀘스트" 를 애독해 주시는 동호인님들의 무궁한 발전과 행운이 함께하시기를 바라며 건승을 기원 드립니다 !

스피드 당구 System

Contents

4구 . 3쿠션. 종합 교본

목 차

목 차

목 차

당구의 기초와 이론

수구 : 내가 치는 공을 뜻하며 수구와 큐 볼의 의미는 같다.

수구 수 : 수구 수라 함은 내가 칠 공의 출발점에 해당하는 프레임 포인트 수를 의미한다.

레일 : 쿠션을 표현할 때 사용하는 용어로, 예를 들어 2.5레일 이라 하면 반대편 단쿠션을 향해 친 공이 돌아와 단쿠션을 맞고 장쿠션의 반 정도 지나 멈추는 스피드를 말한다. (장쿠션 한번의 거리를 1레일로 계산한다)

스트록 : 당구의 스트록 종류는 수없이 많지만, 크게 분류하는 방법은 공 반개만큼 통과하는 스트록, 공 한 개만큼 통과하는 스트록, 공 두 개만큼 통과하는 스트록, 공 세 개만큼 통과하는 스트록으로 표현하면 가장 이해하기 쉽다.

포인트 계산법 : System을 계산하기 위해 표시해 놓은 흰 점으로, 대부분 포인트 계산은 레일 포인트가 아닌 프레임 포인트를 말한다 (레일 포인트를 사용할 때는 레일 포인트라 별도로 표시한다)

당점 : 회전을 주기 위한 수구의 정확한 지점을 말하며, 1Tip~4Tip 또는 시계바늘로 표현하기도 한다. 예를 들어 한시 반이라 하면 2Tip에 해당되며, 2시 ~ 3시 (10시 ~9시)는 3Tip에 해당된다.
8시 또는 4시에 하단 당점을 주면 4Tip으로 분류된다.

1적구 : 수구가 첫 번째 맞히는 공을 말한다 (오브젝트 볼 object ball)

2목적구 : 1적구를 맞고 두 번째 맞히는 공을 의미한다.

뱅크 샷 : 수구가 1적구를 맞히기 전에 레일(쿠션)을 먼저 맞히는 샷을 말한다.

뱅킹 : 선구를 결정하기 위해 맞은편 레일을 쳐서 헤드 레일에 가까운 사람이 선구를 한다.

순 비틀기 : 정회전을 준 상태에서 빗겨치지 않고 회전은 다 살려주는 스트록.

종 비틀기 : 빠른 스피드로 큐를 위로 치솟아 공이 앞으로 전진하는 힘을 더해주는 샷.

횡 비틀기 : 큐를 옆으로 비틀어 회전력을 더해주는 샷.

잽 샷 : 잽을 툭 던지듯이 스트록하면서 부드럽게 큐를 살짝 잡아주는 샷.

팔로우 샷 : 1적구를 타격한 이후 수구의 전진력을 더해주기 위해 큐를 길게 뻗어주는 것을 말한다. 팔로우 1단, 팔로우 2단, 팔로우 3단 등으로 구분한다.

관통 샷 : 큐가 수구를 뚫고 나가듯이 비틀림 없이 일직선으로 큐를 곧게 뻗어주는 샷.

큐 브레이크 : 공의 전진력을 약화시키면서 회전력으로 공이 진행을 해야 할 경우 임펙트 전후에 큐를 살짝 제어해 주는 것. 쇼트처럼 한번에 정지시키는 것과는 다르다.

구름 관성 : 스트록 또는 수구가 구르면서 자연적으로 진행하는 구름 현상.

브리지 bridge : 큐를 고정하기 위해 취하는 손과 손가락의 형태.

훅 hook : 브리지에서 엄지와 검지를 이용해 큐 스틱의 상대를 고정시키기 위해 만드는 모양.

초크 chalk : 탄산칼슘 분말이나 석고를 압축해 큐 미스 방지와 큐팁의 마찰을 도와주도록 만든 것.

큐 팁 cue tip : 큐 끝에 부착한 가죽 조각으로 공과 접촉하는 부분.

에러마진 error margin : 진로가 다소 어긋나도 득점할 수 있는 범위(오차 허용치)

보정 이론 : 당구대 제조 메이커 마다의 특성, 또는 습도, 시간 경과 등에 따라 System의 수치를 조정해서 계산하는 것을 말한다.

3중 대회전 : 6회 이상의 쿠션 터치로 진로를 갖는 궤도.

소실점 : 일부 시스템의 운영에서 경기 면적 밖에서 정렬의 기준점을 찾아내는 것.

입사각 : 공이 레일을 향해 진행할 때 공의 진로와 레일이 이루는 각도.

반사각 : 쿠션에 맞고 튀어 나오는 공이 레일과 이루는 각도.

분리각 : 수구가 1적구와 부딪쳤을 때 수구와 1적구의 분리각 합은 대략 90° 이다. 따라서 분리각을 근거로 Kiss의 여부를 판단할 수 있다.

선각 : 수지 소재를 사용해 큐 상대의 파손을 막기 위해 상대의 끝에 부착하는 부품

입사점 : 프레임이나 레일에 수구를 보내야 하는 지점.

상박 : 어깨부터 팔꿈치.

하박 : 팔꿈치부터 손까지.

상대 : 큐 팁이 있는 큐의 가벼운 쪽.

하대 : 큐 스틱의 무거운 쪽 부분.

케롬 carom : 수구와 적구의 접촉으로 점수를 가산하는 종목.

스핀샷 (꼬미) : 공을 회전력으로만 치는 것 .

데드 볼 dead ball : 회전을 주지 않고 비틀기없이 치는 공, 회전을 죽여 치는 공.

결대로 치기 : 끌어치기나 밀어치기를 배제하고 수구의 분리각과 회전력만으로 부드럽게 굴려 수구의 방향을 설정하는 것.

Soft stop shot : 일종의 잽 샷으로 잽을 아주 약하게 넣어 수구의 회전력과 힘을 약화 시키는 샷 (당구에서 아주 중요한 스트록 중의 하나이다)

등속 샷 : 백스윙 정점부터 임펙트 이후까지 일정한 속도로 큐를 내밀어 수구와 1적구의 마찰을 최대한 줄여 수구의 진로를 길게 만들거나 수구를 부드럽게 다루는 것.

당구는 처음부터 기본기를 중요하게 생각하고 배워야 한다.

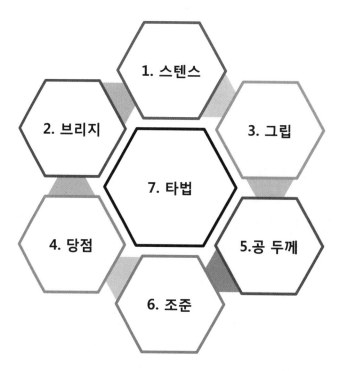

1. 스텐스 : 정확한 스텐스를 취해야 다음 동작들을 정확하게 연결할 수 있다.

2. 브리지 : 큐의 흔들림을 방지하기 위해 브리지를 견고하게 취한다.

　　　　　　(4구 : 15cm / 3구 : 20~25cm)

3. 그립 : 큐 무게 중심에서 15cm 정도 뒤를 달걀을 감싸듯 가볍게 잡는다.

4. 당점 : 시계바늘 방향을 기준 삼아 상중하 또는 1Tip, 2Tip, 3Tip을 정확히 결정한다.

5. 공 두께 : 공의 ½두께를 정확히 맞출 수 있도록 연습하고 그 다음에는 ½두께를 기준
　　　　　　으로 조금 얇게, 조금 두껍게 연습해 나간다.

6. 조준 : 두께 조준법에 따라 큐 끝을 겨냥하는 방법을 배우고 연습한다.

7. 타법 : 1 ~ 6까지의 기본기를 토대로 큐를 일직선으로 뻗는 연습을 한다.
　　　　　(예비스트록 : 공을 타구하기 전에 2차례 큐의 전 후진 운동을 하고 3번째
　　　　　스트록을 한다)

◆ 위의 기본기를 튼튼히 해야 당구가 쉬워지고 빨리 늘게 된다.

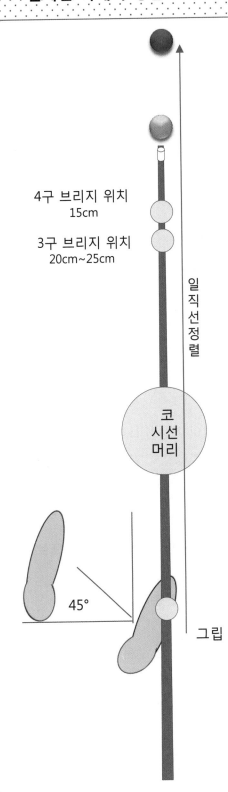

4구 브리지 위치
15cm

3구 브리지 위치
20cm~25cm

일직선정렬

코
시선
머리

45°

그립

[올바른 자세를 취하기 위한 순서]

1. 목적구와 수구와 오른발 앞부분을 일렬
   로 정렬한다.

2. 어깨에 힘을 빼고 팔을 한번 더 늘어뜨려
   힘을 뺀다.

3. 자세를 낮춰 왼팔을 쭉 뻗어 브리지를
   고정하고 하박과 상박은 90°를 유지한다.

4. 수구와 시선(코)을 일렬로 맞춘다.
   (체중은 양발에 분산하되 오른쪽에 55%
   정도를 둔다)

5. 1적구의 두께를 다시 한번 조절하고 예비
   스트록을 2차례하고 3번째 샷을 한다.

6. 임팩트는 상박과 하박이 90°가 될 때 타구한다.

◆ 가까이 있는 공을 다룰 때는 브리지를
   10cm 정도로 가까이 하고,
   큐도 비례해서 짧게 잡는다.

◆ 강한 파워가 요구되는 공을 칠 때는 브리지
   를 멀리하고 왼발을 약간 open 시킨다.

◆ 공은 팔과 손으로 치는 것이 아니라 큐 무게로
   친다.

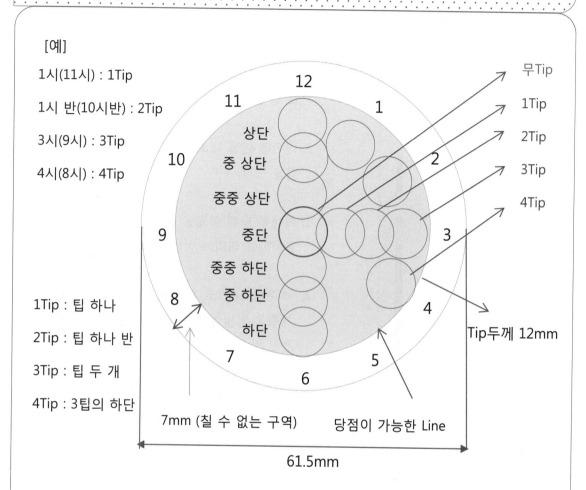

[예]

1시(11시) : 1Tip

1시 반(10시반) : 2Tip

3시(9시) : 3Tip

4시(8시) : 4Tip

1Tip : 팁 하나

2Tip : 팁 하나 반

3Tip : 팁 두 개

4Tip : 3팁의 하단

무Tip

1Tip

2Tip

3Tip

4Tip

Tip두께 12mm

7mm (칠 수 없는 구역)

당점이 가능한 Line

61.5mm

상단
중 상단
중중 상단
중단
중중 하단
중 하단
하단

[해설]

당점은 무회전에서 4Tip으로 분리되며 중단, 상단, 하단, 중중 상단, 중중 하단으로 분리된다.

Tip 한 개 : 1 Tip / Tip 하나 반 : 2 Tip / Tip 두 개 : 3Tip으로 분리된다.

4시 방향에 3Tip을 주면 4Tip이 된다.

특별한 경우가 아니라면 당점은 공의 중앙과 바깥 부분의 중앙 부분에 두는 습관을 들이는 것이 이상적이며, 더 바깥쪽에 당점을 준다해도 회전은 더 발생하지 않는다.

평소 시계 방향을 기준으로 자신의 당점 기준을 확실히 고정하는 것이 좋다.

(당점은 System에 따라 12시에서 3시까지를 3Tip 또는 4Tip으로 분류하기도 한다)

▷ 중단 당점

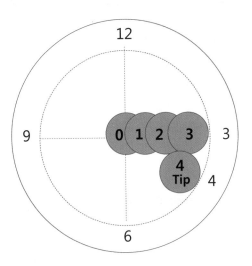

4시 방향이 4Tip이 된다

▷ 상단 당점

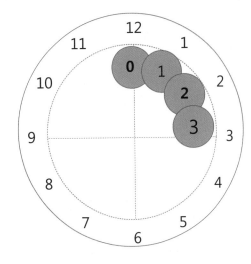

시계를 생각하며 당점을 준다

▷ 상 중 하단 무회전 당점

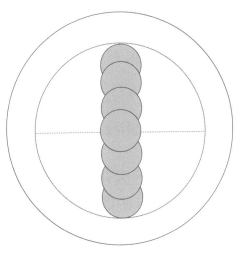

노잉글리시로 칠 때 사용한다

▷ 나침반식 당점

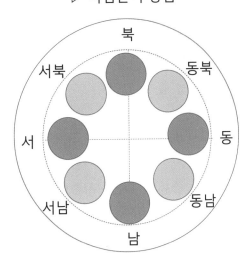

초 중급자에게 가장 권장하고
싶은 나침반식 2Tip 당점

당점 위치를 정확히 해야 하는 이유는 당점에 따라 공의 진로가 크게 달라지기 때문이다

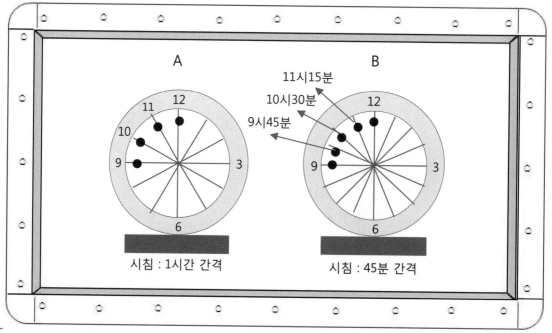

당점을 우측 또는 하단 당점으로 옮길 경우 마찬가지 이론을 적용하면 된다.

[해설]

위 도형은 당점과 Tip에 대한 이해를 돕기 위한 그림이다.

책을 읽다 보면 어떤 경우는 12시 ~ 9시까지를 1시간 간격으로 1Tip, 2Tip, 3Tip 3등분으로 되어 있고,

또 어떤 경우에는 12시 ~ 9시 사이를 45분 간격으로 1Tip, 2Tip, 3Tip, 4Tip 4등분으로 분류 되어 있는 것을 볼 수 있다.

1시 또는 2시 30분이라는 것은 그 시간에 시침이 가리키는 지점을 말하는 것이다.

이와 같이 두 종류로 대부분 사용하는 이유는 System을 처음 만드는 사람이 당점을 이렇게 주면 공의 진행 궤도가 맞는다는 뜻에서 표기된 것이지 별다른 이유는 없다.

유럽의 경우 대부분 3시간을 4등분해서 45분 간격으로 Tip을 정하는 것이 보통이며 두께도 우리나라는 8등분하는데 비해 12등분 하는 경우가 흔하다.

당구는 처음 배울 때부터 당점의 중요성을 반드시 이해하고 넘어가야 한다.

◆ 회전에 의한 공의 진행 동선

System에 따라 3Tip 또는 4Tip으로 분류한다.

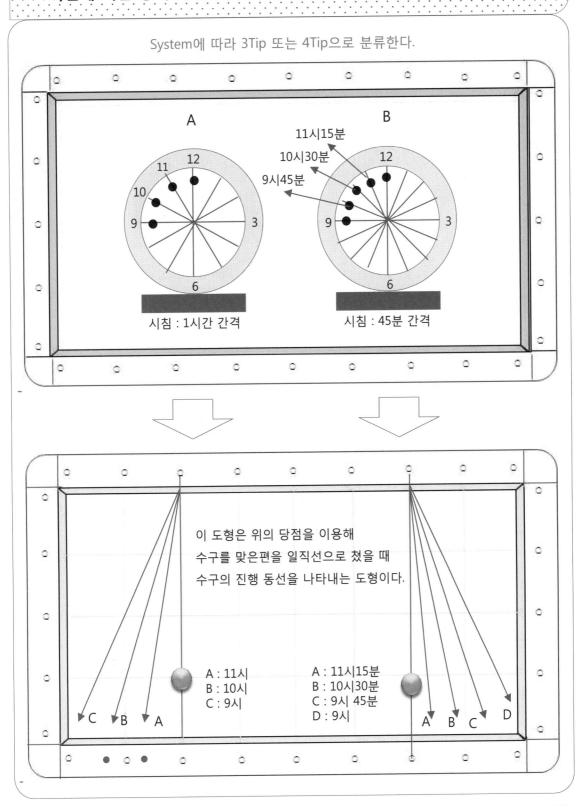

A

11시15분
10시30분
9시45분

B

시침 : 1시간 간격

시침 : 45분 간격

이 도형은 위의 당점을 이용해
수구를 맞은편을 일직선으로 쳤을 때
수구의 진행 동선을 나타내는 도형이다.

A : 11시
B : 10시
C : 9시

C B A

A : 11시15분
B : 10시30분
C : 9시 45분
D : 9시

A B C D

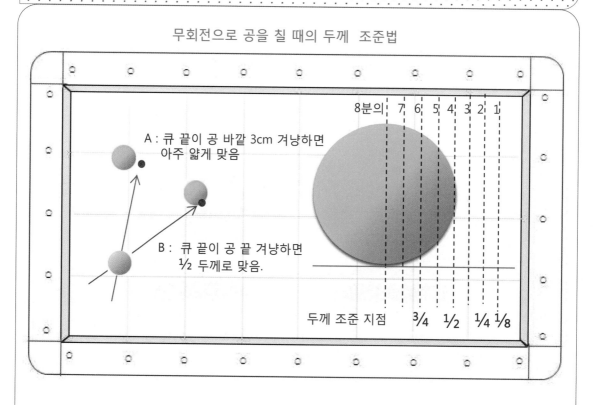

무회전으로 공을 칠 때의 두께 조준법

A : 큐 끝이 공 바깥 3cm 겨냥하면 아주 얇게 맞음

B : 큐 끝이 공 끝 겨냥하면 ½ 두께로 맞음.

8분의 7 6 5 4 3 2 1

두께 조준 지점 ¾ ½ ¼ ⅛

도형 A처럼 큐를 공의 바깥 3cm 지점을 겨냥하면 1적구는 아주 얇게 맞고,
도형 B처럼 큐를 공 끝을 겨냥하면 절반인 1/2이 맞는다.
단, 회전을 주지 않고 큐를 정확히 맞추었을 때의 이론이다.
대부분 하점자의 경우, 공을 겨냥할 때 정렬선이 정확하지 않고 또는 강한 스트록으로
인한 스쿼트나 커브 현상으로 인해 정확한 두께를 맞추기가 쉽지 않다.

이 이론을 근거로 공 끝을 겨냥하고 ½두께가 정확하게 맞는 연습과 공의 바깥 3cm
를 겨냥하고 공을 얇게 맞출 수 있게 된다면 나머지 두께는 조금씩 이동해주면 된다.
(3쿠션용 공은 61.5mm 라는 것을 기억하고 반지름이 30.7mm라는 이론을 적용한다)

[Point]
회전을 많이 주거나 공을 세게 칠 경우 또는 수구와 1적구의 거리가 멀 경우, 그 정도
에 따라 (약 8mm ~12mm)정도 공의 밀림 현상이 생긴다.
따라서 그만큼 보정해서 두께를 겨냥해야 한다 (스쿼트 현상과 커브 현상 참조)

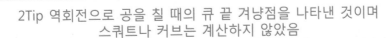

2Tip 역회전으로 공을 칠 때의 큐 끝 겨냥점을 나타낸 것이며
스쿼트나 커브는 계산하지 않았음

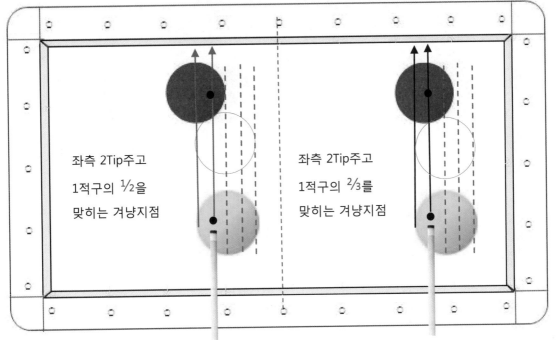

좌측 2Tip주고
1적구의 ½을
맞히는 겨냥지점

좌측 2Tip주고
1적구의 ⅔를
맞히는 겨냥지점

◆ 역회전으로 강하게 칠 경우에는 스쿼트 현상이 생기므로 도형보다 두껍게 겨냥해야 된다.
  대략 초구 치는 거리(약 1.4m) 정도에서 약 1Tip (12mm) 정도 두껍게 겨냥한다.

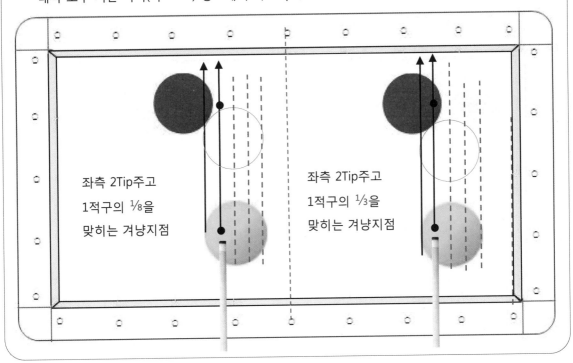

좌측 2Tip주고
1적구의 ⅛을
맞히는 겨냥지점

좌측 2Tip주고
1적구의 ⅓을
맞히는 겨냥지점

◆ 정회전 2Tip 주고 두께 조준하는 법

2Tip 정회전으로 공을 칠 때의 큐 끝 겨냥점을 나타낸 것이며
스쿼트나 커브는 계산하지 않았음

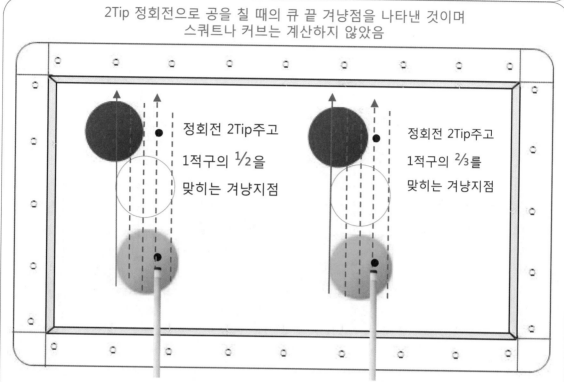

정회전 2Tip주고
1적구의 ½을
맞히는 겨냥지점

정회전 2Tip주고
1적구의 ⅔를
맞히는 겨냥지점

◆ 정회전으로 공을 겨냥할 때 천천히 치거나 큐 뒤가 들리면 커브 현상이 심해진다.
따라서 도형보다 두껍게 겨냥해야 하며, 세게 쳐야 할 경우에는 Tip 수를 줄이는 것이 안전하다.

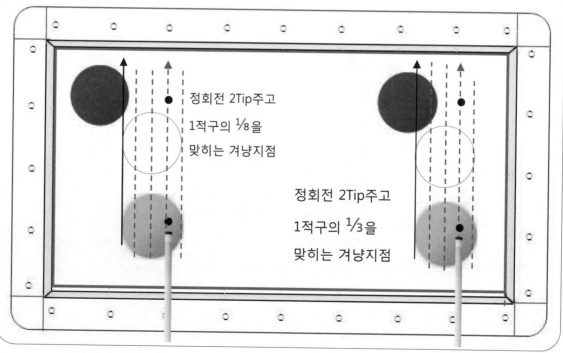

정회전 2Tip주고
1적구의 ⅛을
맞히는 겨냥지점

정회전 2Tip주고
1적구의 ⅓을
맞히는 겨냥지점

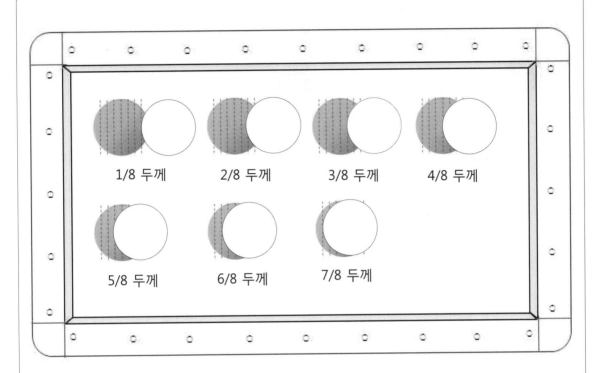

1/8 두께   2/8 두께   3/8 두께   4/8 두께

5/8 두께   6/8 두께   7/8 두께

[수구와 1적구의 분리각]

두께	1/8	1/5	1/4	1/3	1/2	2/3	3/4	4/5
수구	29°	37°	42°	48°	60°	70°	75°	78°
1적구	61°	53°	48°	42°	30°	20°	15°	12°

위 도표에 나타난 분리각은 공의 중심을 보통의 세기로 부딪쳤을 때의 이론이다.
공은 당점에 따라 분리각이 달라지며, 스트록의 강약에 따라 분리각은 달라진다.
예를 들어 ½두께로 공을 쳤을 때 수구의 분리각은 60°이나 부드럽게 굴리면 45°
로 분리되고 하단 당점에 강하게 치면 90°로 분리될 수 있다.

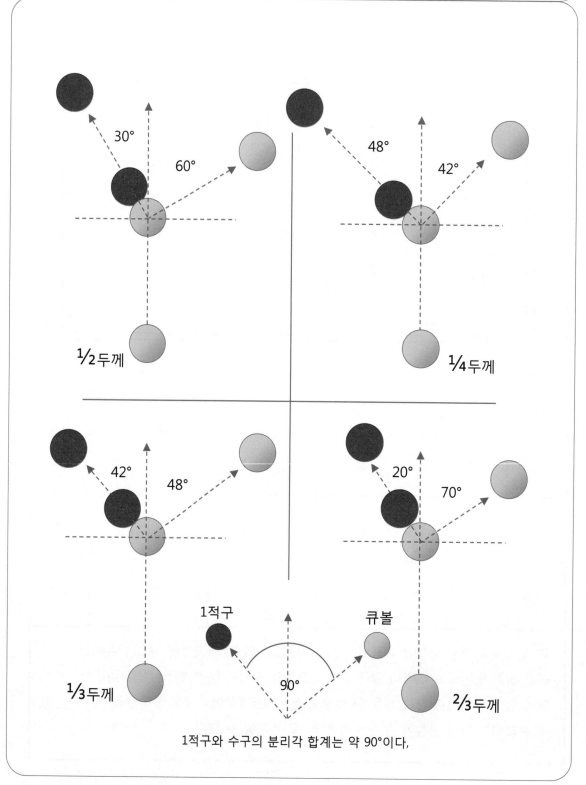

½두께

¼두께

⅓두께

1적구   큐볼

90°

⅔두께

1적구와 수구의 분리각 합계는 약 90°이다.

◆ 당점에 의한 수구의 분리각 변화

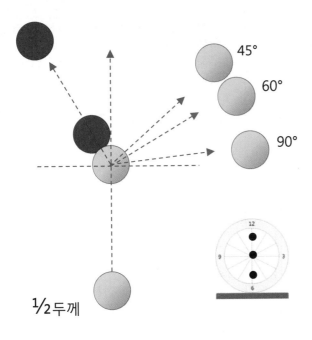

45°

60°

90°

½두께

◆ 수구로 1적구를 ½ 두께로 부딪쳤을 경우
◆ 상단 당점 주고 부드럽게 치면 45°로 분리되고,
◆ 중앙에 당점 주고 평범하게 부딪치면 60°로 분리된다.
◆ 하단 당점 주고 강하게 부딪치면 90°까지 분리된다.

◆ 스피드에 의한 수구의 분리각 변화

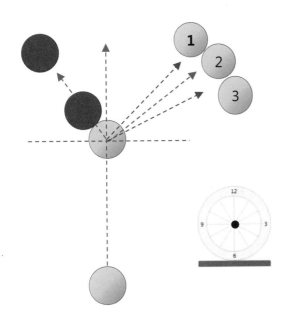

1
2
3

◆ 수구로 1적구를 부딪쳤을 경우
◆ 약하게 치면 분리각이 90°보다 작아지고,
◆ 강하게 치면 분리각이 90°보다 커진다.
◆ 보통으로 치면 수구와 1적구의 분리각 합은 약 90°이다.

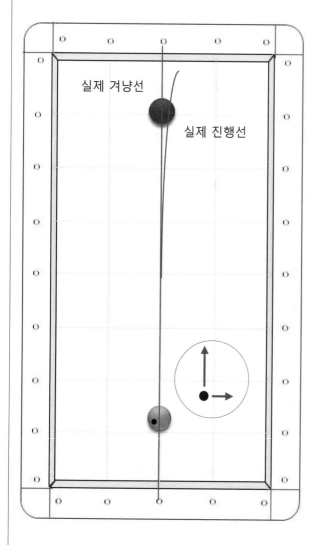

실제 겨냥선

실제 진행선

좌측 그림처럼 검정색 점 부분을 큐로 치면 앞으로 나가려는 전진력과 우측으로 밀리는 힘이 동시에 발생한다.

다만 앞으로 전진하려는 힘이 강하기 때문에 우측으로 나가려는 힘을 일부 상쇄 시켜 조금만 우측으로 이동하는 것이다.

특히 스쿼트 현상은 수구의 극 상단 또는 극 하단을 칠 때 더 많이 발생되는 것을 감안하여 평소 자신의 스쿼트 정도를 필히 익혀 두어야 한다.

이러한 문제점을 최소화 시키기 위해서는 필요 이상의 회전을 주는 습관부터 고쳐나가야 한다.

[해설]

스쿼트 현상은 공이 큐의 연장 일직선으로 굴러가다 회전을 준 반대 방향으로 휘어지는 것을 말하는데, 이 현상은 회전을 많이 주고 세게 칠 경우 또는 큐의 하대를 들거나, 강하게 스트록 할 때 더 많이 발생하기도 한다.

평소 뒤로돌리기가 생각보다 얇게 맞는 경우가 많다면 스쿼트 현상을 체크해 보아야 한다.

당점은 공 중앙과 바깥 부분의 중간 정도면 충분하다.
그 이상 회전을 준다 해도 회전이 더 먹지 않는다는 것을 기억하자.

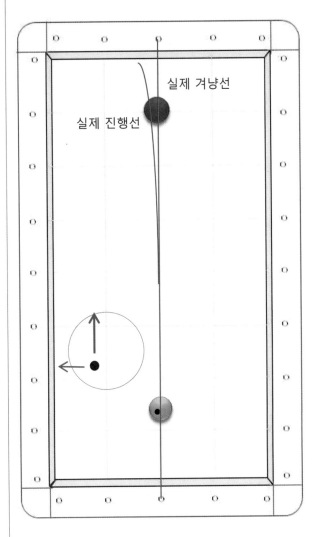

실제 겨냥선

실제 진행선

일류 선수들의 플레이를 보면 극단적인 당점 사용이나 강한 샷을 자제하는 것을 볼 수 있듯이,
특별한 경우를 제외하고, 커브 현상을 억제하려면 당점을 한Tip반 정도 또는 2Tip 정도로 유지하는 것이 바람직하다.

하지만 제각돌리기 등에서 각을 짧게 만들어야 할 경우에는 커브 현상을 적절히 활용하면 쉽게 해결할 수도 있다.

[해설]

커브 현상은 스쿼트 현상과는 반대로 수구의 움직임이 처음에는 큐 선을 타고 움직이다가 차츰 회전방향으로 휘어지는 것을 말한다.

커브 현상이 생기는 이유는 회전을 많이 주고 살살 칠 경우 또는 수구의 회전력을 살린다는 느낌으로 큐의 뒤쪽을 살짝 들어주고 부드러우면서 가볍게 찍어 친다는 기분으로 치면 수구의 회전력이 당구대 바닥과 마찰하면서 더 많이 생긴다.

평소 제각돌리기 경우 생각보다 두께가 얇게 맞는 현상이 자주 발생된다면 커브 현상을 점검해 보아야 한다.

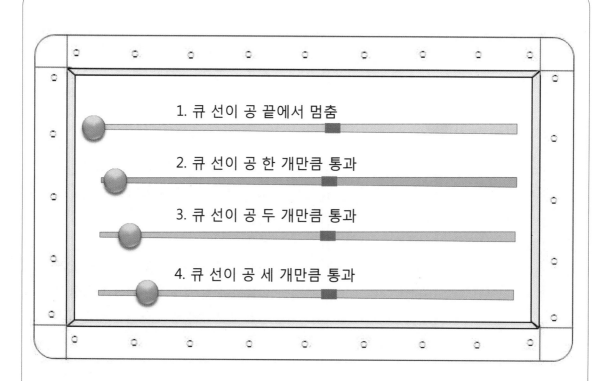

1. 큐 선이 공 끝에서 멈춤

2. 큐 선이 공 한 개만큼 통과

3. 큐 선이 공 두 개만큼 통과

4. 큐 선이 공 세 개만큼 통과

[해설]

1. 타격감없이 가볍게 큐 무게만 살짝 공에 얹어놓는 타법.
2. 짧게 끊어치는 타법으로 공의 회전을 억제시켜 분리각을 짧게 만들고자 할 때 많이 사용한다.
3. 뒤로 돌리기나 제각돌리기 등, 가장 자신 있으면서 평범하게 많이 사용하는 샷이다.
4. 대회전 또는 각도를 길게 만들어야 할 때 큐를 부드럽게 깊이 넣어주면 공을 길게 칠 수 있다.

◆ 좋은 스트록이란 큐 끝으로 겨냥한 당점을 정확하게 일직선으로 찌르는 것이다.

부드럽게 찌르고, 깊게 찌르고, 콕 찌르고, 찌르는 형태에 따라 타법은 바뀌게 된다.

[쪼언]

당구에서 가장 중요한 것은 타법이다.

샷을 하기 전에 어떠한 타법을 구사할 것인지를 먼저 결정해야 한다.

4구의 타법은 크게 5가지로 분류된다.

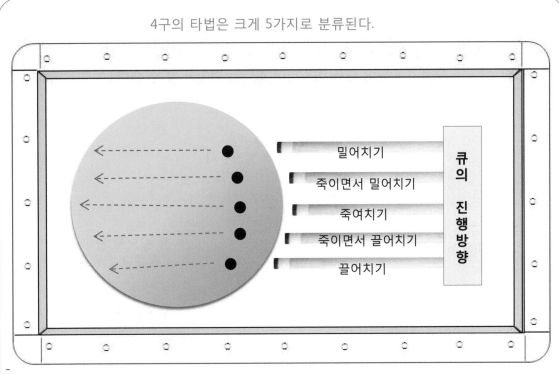

◆ 밀어치기(팔로우 샷)은 당점을 상단에 주고 큐를 부드럽게 밀어준다.

◆ 끌어치기(드로우 샷)은 큐 끝이 겨냥점보다 하단으로 향하게 밀어치면서 잡아준다.

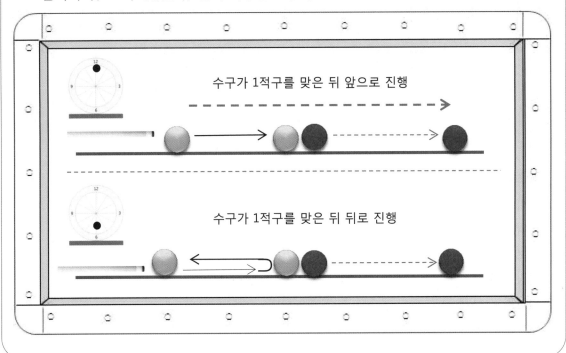

당구가 잘되는 날은 마치 큐 끝이 당구공을 뚫고 나가는 느낌을 받을 때가 많다.
큐 끝이 당구공을 뚫고 나간다는 뜻은 그만큼 큐의 움직임이 정교하고
당점과 두께에 대한 집중력이 좋다는 의미가 될 수 있다

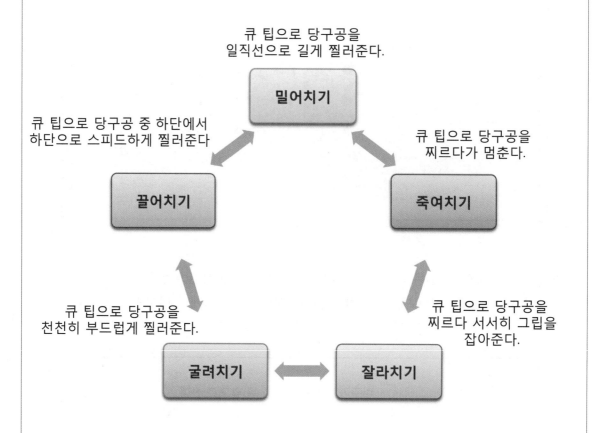

큐 팁으로 당구공을
일직선으로 길게 찔러준다.

밀어치기

큐 팁으로 당구공 중 하단에서
하단으로 스피드하게 찔러준다

큐 팁으로 당구공을
찌르다가 멈춘다.

끌어치기

죽여치기

큐 팁으로 당구공을
찌르다 서서히 그립을
잡아준다.

큐 팁으로 당구공을
천천히 부드럽게 찔러준다.

굴려치기

잘라치기

[스트록의 강약]

1. 아주 약하게

2. 약하게

3. 보통

4. 강하게

5. 아주 강하게

스트록의 종류는 수없이 많지만
스트록의 강약과 타구 방법에 대해
자신만의 이미지를 평소 정립시켜
놓아야 한다.

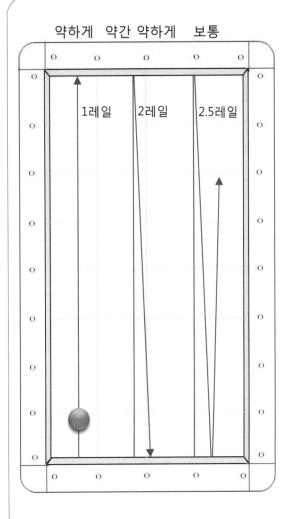

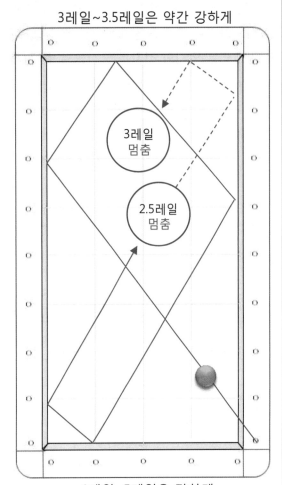

[2.5레일이란 ?]

공이 맞은편 쿠션을 맞고 굴러와 다시 올라간 공이 3번째 쿠션에 다시 맞지 않는 정도의 스피드를 말한다.

또는 공이 한 바퀴 돈 다음 6번째 쿠션에 닿지 않고 멈추는 정도의 스피드를 말한다.

빈쿠션 돌리기는 대부분 2.5레일 스피드에 계산법이 맞추어져 있으므로 빈쿠션 돌리기를 잘하려면 2.5레일 스피드를 먼저 익혀야 한다

◆ 그립의 중요성과 특징

그립을 크게 분류하면 루즈 그립과 펌 그립으로 분류된다.

루즈 그립은 그립을 전체적으로 부드럽게 잡는 중립적인 그립을 뜻하며,

펌 그립은 엄지와 검지를 중심으로 큐 전체를 부드럽게 감싸는 그립을 말한다.

어느 그립이 좋은 그립이라고 할 수는 없으며, 당구의 고수가 되기 위해서는 두 가지

그립의 특성을 모두 이해하고 활용할 수 있어야 한다.

아래 비교표를 보면서 평소 그립에 대한 재정립을 해볼 필요가 있다.

루즈 그립 Loose grip	비교	펌 그립 firm grip
전반적으로 부드러우면서 루즈하게 큐를 잡는다	그립 잡는 법	부드럽게 큐를 빈틈없이 잡는다
손목의 움직임이 자유롭다	특징	백스윙이 작고 정교하다
스트록에 따라 변화한다	분리각	대체적으로 일정
많음	스쿼트와 커브의 오차	적음
불규칙	정확성	좋음
상황에 따라 이동	그립 위치	평균 또는 조금 짧게 잡음
대체적으로 불규칙하다	공의 구름 현상	2,3쿠션 이후 공의 구름 현상이 일정하다.
화려하고 기교적이다	스트록	정직하고 일정하다
던져치기, 끌어치기, 밀어치기, 스냅샷, 스피드샷, 빗겨치기 등 다양한 상황에 활용	활용도	정확도가 요구되는 공을 다룰 때 적합하며 붙어있는 공의 곡구 방지 제각돌리기, 쇼트앵글 등

◆ 당구를 빨리 배우는 비결중의 하나는 프로선수들의 경기나 고점자들의 경기에서 그들이 취하고 있는 그립 형태와 큐를 뻗는 손동작을 유심히 관찰하고 이해하는 것이다.
3쿠션의 경우에는 스트록이 70%를 차지할 정도로 아주 중요하기 때문이다.

◆ 당구를 처음 배울 때는 루즈 그립을 먼저 배우는 것이 긴장감 없이 공을 다룰 수 있으며, 어느 정도 숙련되어지면 펌 그립을 함께 겸하는 것이 좋다.
왜냐하면 공의 배치에 따라 루즈 그립이 좋을 경우가 있고 펌 그립이 좋은 경우가 있기 때문이다.

◆ 브리지

과거에는 브리지의 종류가 세손가락을 펴서 고정해주는 세발형 그립과 세손가락을 모아 지탱하는 벙어리장갑형 그립으로 크게 분류되었으나, 최근에는 손가락의 형태에 구애 받지 않고 상황에 따라 브리지의 모양이 변화되는 모습들을 TV를 통해 볼 수 있다.

좋은 브리지를 만들려면 왼팔을 쭉 뻗어 자세를 고정하고 손목을 안쪽으로 약간 구부려 전체적으로 안정된 틀을 유지하고, 손을 바닥에 밀착시켜 흔들림을 방지해야 한다.
또한 공의 배치에 따라 1적구와 브리지의 간격이 유동적이어야 함을 기억해야 한다.

또한 큐가 일직선으로 왕복할 수 있도록 후크 (검지 손가락) 모양을 잘 만들어 주어야 한다.

그 밖의 브리지 종류에는 오버브리지, 프레임브리지, 레일브리지, 오픈브리지 등이 있다.

[브리지 하는 요령]

1. 엄지의 첫 번째 마디와 중지의 두 번째 마디 부근을 적당히 밀착시켜 손가락을 고정한다.
2. 손아래 부분을 바닥에 밀착시켜 흔들림을 방지한다.
3. 검지 손가락(후크)을 부드럽게 고정해 큐가 일직선으로 움직일 수 있도록 해준다.
4. 수구와 브리지의 거리는 4구는 15cm, 3구는 20cm 정도 유지한다.
   (타격을 주지 않아야 할 경우 또는 당점이 세밀해야 할 경우는 브리지를 조금 가까이하고 타격이 필요한 경우에는 브리지를 평균보다 약간 길게 잡는다)
5. 큐를 잡을 때는 큐의 무게 중심에서 약 15cm 정도 뒤를 잡는다.
   본인 신장의 10% 까지는 상관없다.

[Tip]

초급자 또는 중급자의 경우에는 브리지를 견고하게 취하는 습관부터 들여야 한다.
4구를 칠 경우에는 왼팔 등 브리지 자세가 너무 경직되지 않도록 한다.
브리지의 모양을 그림으로 보는 것보다는 당구장에서 고점자들이 취하고 있는 브리지 모양을 참고하고 배우는 것이 좋다.
큐 미스가 자주 나는 이유는 브리지가 견고하지 못하기 때문이며, 당점을 정확히 맞추지 못하는 이유도 브리지의 부실함 때문이다.

◆ 주안시와 공의 두께 관계

- **Master eye (주안시)란?**

사람의 두 눈은 각기 다른 역할을 맡아서 한다.
방향을 측정하는 눈을 주안시 또는 Master eye라고 하며,
또 다른 눈은 거리를 측정하는 역할을 한다.

생활 속에서는 특별히 주안시에 대한 인식이 필요 없지만 골프나 당구처럼 방향과 두께
가 중요시되는 경기에서는 주안시에 대한 인식이 반드시 필요하다.

예를 들어 골프를 처음 배울 때 초보자의 경우 대부분 홀컵의 오른쪽을 향해 겨냥하는
모습을 많이 볼 수 있는 것은 홀컵을 마주 바라보고 겨냥하는 것이 아니라, 비스듬히
서서 홀컵을 겨냥하기 때문에 홀컵이 실제보다 더 오른쪽에 있는 것으로 보이기 때문이다.
또한 프로들이 공을 오른쪽으로 많이 빼는 이유도 홀컵이 실제보다 약간 오른쪽으로 보
이기 때문인데, 이 또한 Master eye에 대한 인식이 부족하기 때문이라 할 수 있다.

따라서 두께가 중요시되는 당구에서는 이 주안시에 대한 이해가 반드시 필요하다.
예를 들어 앞으로 돌리기에서 왼쪽으로 돌릴 때는 두께가 잘 맞는데 오른쪽으로 돌릴
때는 얇게 맞는다면 이는 바로 주안시의 문제이다.
오른쪽 눈이 주안시인 사람의 경우 1적구가 실제 위치보다 오른쪽으로 보이기 때문이다.
또는 1적구의 오른쪽 면을 빗겨칠 때는 두께가 맞는데 1적구의 왼쪽을 빗겨칠 때는 두껍
게 맞는다면 이것 또한 주안시 문제를 체크해 보아야 된다.

특히 노잉글리시에서 왼쪽으로 칠 경우와 오른쪽으로 칠 경우 입사각 반사각이 정확하지
않은 이유 또한 주안시 문제로 당점을 중앙에 정확히 주지 못하기 때문이다.

따라서 주안시를 먼저 이해하고 그에 따른 대처를 해야된다.
(오른손잡이의 경우 70%~80%가 오른쪽 눈이 주안시이다)

───────────────── ○ ─────────────────

실제 공의 위치   눈에 보이는 공의 위치

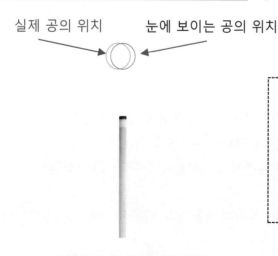

> ◆ 프로선수 또는 고점자들의 자세와
> 얼굴 위치가 조금씩 다른 가장 큰
> 이유는 주안시를 큐선과 일치 시키
> 기 위한 것이라 할 수 있다.
>
> ◆ 오른쪽 눈이 주안시인 경우
> 오른 눈을 왼 눈보다 약간 뒤쪽에
> 두는 것이 보다 정확한 두께를 겨냥
> 할 수 있다.

오른쪽 눈이 주안시인 경우

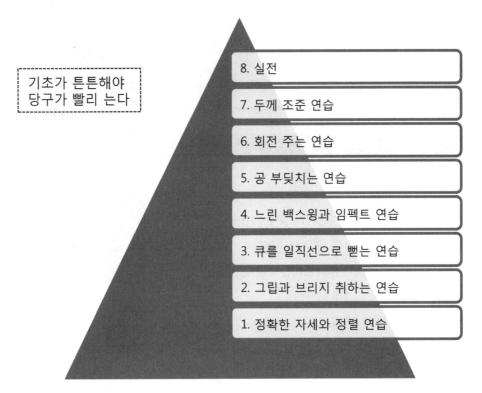

기초가 튼튼해야
당구가 빨리 는다

8. 실전

7. 두께 조준 연습

6. 회전 주는 연습

5. 공 부딪치는 연습

4. 느린 백스윙과 임펙트 연습

3. 큐를 일직선으로 뻗는 연습

2. 그립과 브리지 취하는 연습

1. 정확한 자세와 정렬 연습

[당구를 처음 배우기 시작할 때 취해야 할 연습 방법]

1. 가장 먼저 자세(스텐스)와 정렬을 정확히 취하는 연습을 한다.

   그 이유는 자세가 똑바르지 않으면 그 다음 동작들을 정확히 취할 수 없기 때문이다.

2. 그립과 브리지는 공을 정확히 치기 위해 가장 기본이 되는 요소인 만큼 단단한 브리지와

   달걀을 감싸는 듯한 부드러운 그립을 잡는 방법을 숙달시킨다.

3. 큐 뒤를 수평으로 낮추고 일직선으로 뻗는 연습을 많이 한다.

   공을 일직선으로 친다는 것이 그리 쉬운 일이 아닌 만큼 빈스윙으로 왕복 연습을 한다.

4. 큐를 뒤로 백스윙하고 상박과 하박이 90°가 될 때 공에 임펙트를 가하는 연습을 한다.

   공은 팔굽치가 백스윙에서 90°로 돌아오는 순간 타구하는 것이다.

5. 정확한 임펙트 순간에 공을 맞히는 연습을 한다.

6. 나침반을 생각하면서 동,서,남,북, 동북 서북, 동남, 서남 방향에 회전 주는 연습을 한다.

7. 두께 조준법을 배우고 큐를 정확히 조준하는 연습을 한다.

8. 얇게치기, 두껍게치기로 1적구를 원하는 만큼 맞힐 수 있게 되면 실전으로 들어간다.

◆ **당구란 6개월 만에 300을 칠 수도 있지만, 20년을 쳐도 200밖에 못 치는 것이 당구다.**

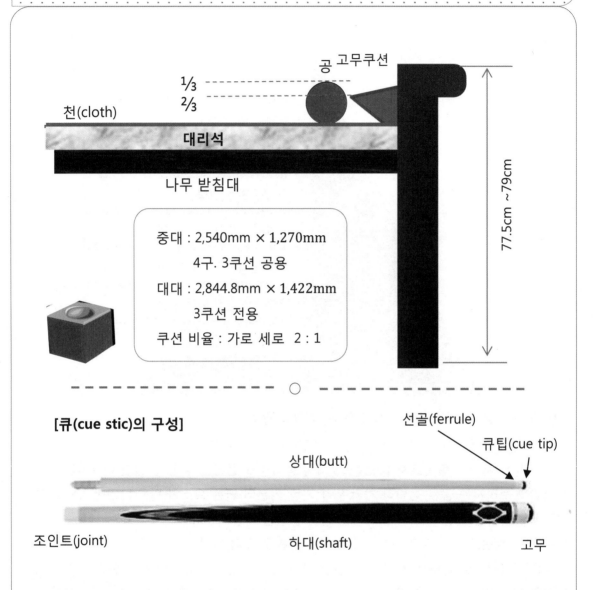

[큐(cue stic)의 구성]

상대 : 하대에서 가해진 에너지를 공에 전달하면서 타구의 감각을 손으로 느낄 수 있도록
      역할을 한다.

하대 : 공에 에너지를 전달하는 가장 중요한 기능과 큐의 전체적인 균형을 유지하는 가장
      중요한 역할을 한다.

선골 : 상대의 파손을 방지하며, 큐팁을 쉽게 부착하도록 하는 역할을 한다.

큐팁 : 당구장에서 가장 많이 사용하는 큐팁은 대부분 엘크(순록)의 가죽을 많이 사용한다.

조인트 : 큐의 분리를 위해 상대와 하대를 나사 방식으로 연결하는 기능을 한다.

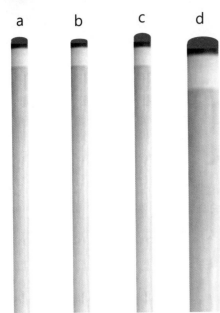

a : 가장 좋은 형태의 팁으로 cue miss가
　　가장 적은 형태이다.

B : 팁이 너무 얇아 타격감도 부족하고
　　심리적으로도 불안하다.

c : 팁이 너무 둥글면 미스 샷이 많이 생긴다.

d : a의 형태를 확대한 모양이다
　　큐를 고를 때는 d의 모양을 사용해야
　　cue miss를 방지할 수 있다.

◇

[큐의 선택 방법]

큐는 게임의 승패를 좌우하는 중요한 도구이다.

큐가 휘어져 있지는 않은지 당구대 위에 굴려서 확인한다.

큐의 이음새 부분이 잘 조여져 있는지 힘을 주어 돌려본다.

평소 자신의 스트록 성향에 맞는 편안한 무게의 큐를 선택하는 것이 가장 좋은 방법이다.

[큐팁의 특성]

큐의 팁은 보통 11.5mm ~12mm를 사용하는데 12mm는 파워가 좋고,

11.5mm는 큐 스핀을 최대한 컨트롤할 수 있는 특징이 있다.

이러한 부분을 감안하여 11.7mm 큐 팁을 사용하는 것도 좋은 방법이다.

회전이란 공의 측면을 친다고 해서 많이 생기는 것이 아니다.

공의 중앙과 끝부분의 중간 정도 부분만 당점을 주더라도 3Tip 이상 충분히 회전을

살릴 수 있다는 것을 기억하자.

당구를 잘 치기 위해 가장 중요한 것은
기본기를 충실히 하는 것이다

실전 당구

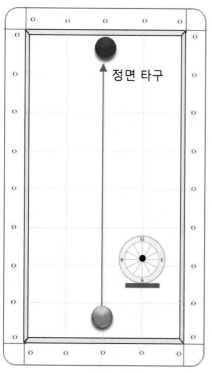

정면 타구

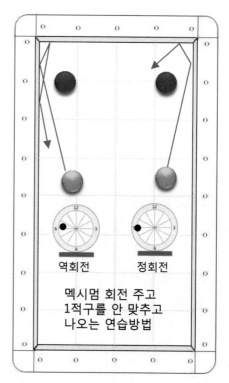

역회전   정회전

멕시멈 회전 주고
1적구를 안 맞추고
나오는 연습방법

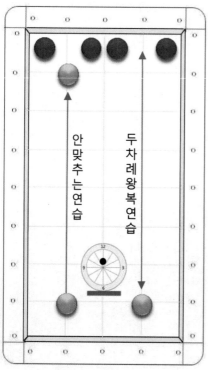

안 맞추는 연습

두 차례 왕복연습

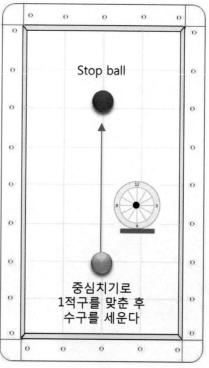

Stop ball

중심치기로
1적구를 맞춘 후
수구를 세운다

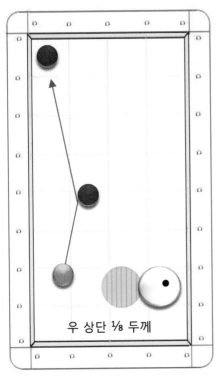

우 상단 ⅛ 두께

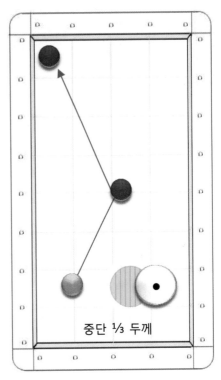

중단 ⅓ 두께

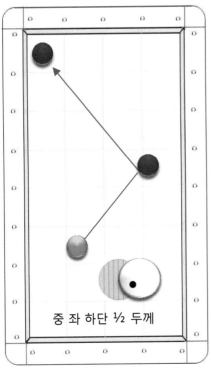

중 좌 하단 ½ 두께

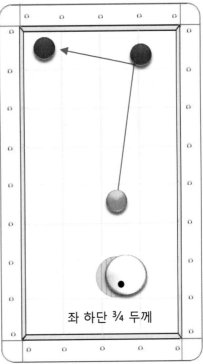

좌 하단 ¾ 두께

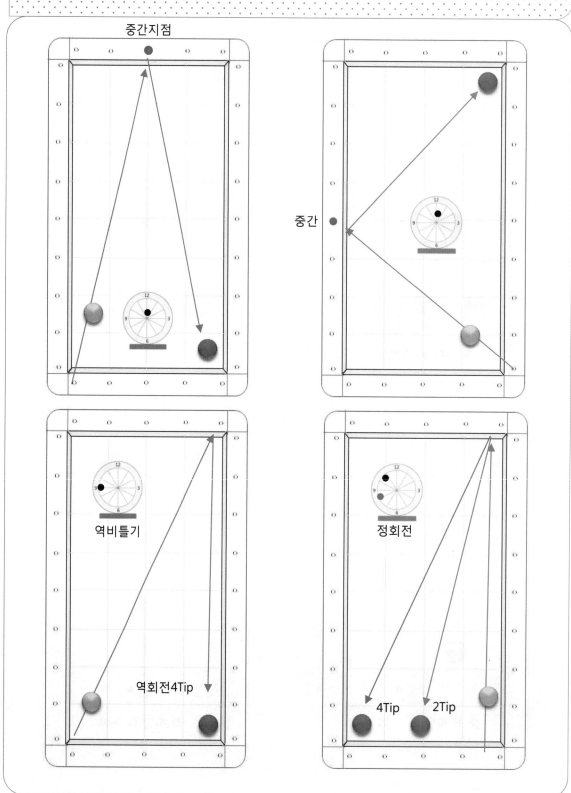

중간지점

중간

역비틀기

역회전4Tip

정회전

4Tip

2Tip

◆ 얇게치기의 비법

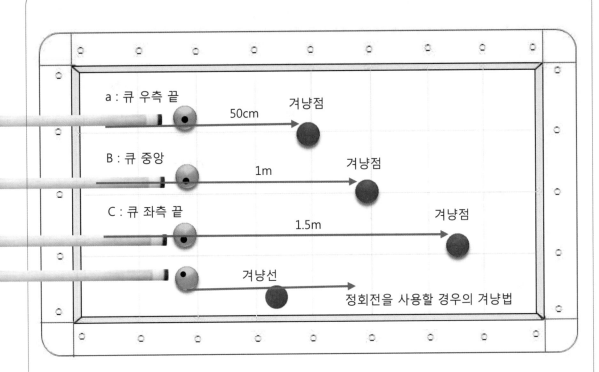

[해설]

위 도형은 얇게치기(초 나미)를 위한 특수한 방법을 나타내는 도형이다.

많은 동호인들께서는 얇게치기 기술을 습득하기 위해 평소 많은 고민을 하는 실정이다.

위 도형은 우측에 당점을 주었을 경우 수구와의 거리에 따라 큐스틱을 이용해 아주 얇게

칠 수 있는 방법을 제시한 것이다.

a : 1적구가 50cm 정도 가까이 있을 때는 큐의 우측 끝을 수구의 왼쪽 끝에 겨냥한다.

b : 1적구가 1m 정도 떨어져 있을 경우는 큐의 중앙을 수구의 왼쪽 끝에 겨냥한다.

C : 1적구가 1.5m 정도 떨어져 있을 경우에는 큐의 좌측 끝을 수구의 왼쪽 끝에 겨냥한다.

정회전으로 1적구를 얇게 칠 경우는 도형처럼 1적구와 2적구의 끝부분에 겨냥선을 맞춘다.

스트록을 할 때는 그립을 부드럽게 감싸고 1적구를 바라보는 것이 아니라 큐 끝이 가리키는

지점을 향해 허공을 치듯이 큐를 곧게 뻗는다.

각자의 스트록에 따라 스쿼트나 커브의 차이가 있으므로 이 이론을 바탕으로 각자 자신의

겨냥점을 확실히 익혀두어야 한다.

◆ 끌어치기

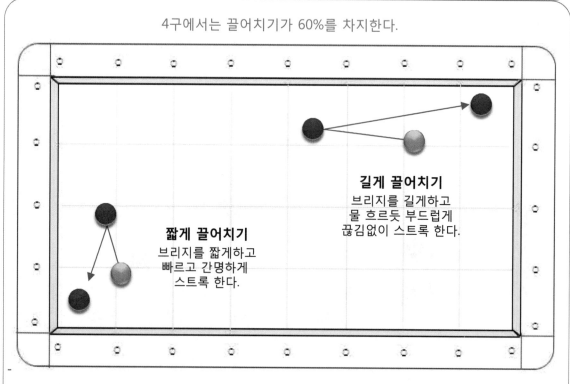

4구에서는 끌어치기가 60%를 차지한다.

길게 끌어치기
브리지를 길게하고
물 흐르듯 부드럽게
끊김없이 스트록 한다.

짧게 끌어치기
브리지를 짧게하고
빠르고 간명하게
스트록 한다.

당구의 기술 중에서 가장 흥미있는 기술 중의 하나가 끌어치기라고 할 수 있다.
실제로 공이 뒤로 끌리기 시작하면서 당구의 역사가 바뀌기 시작했을 정도로 끌어치기는
당구에서 가장 중요한 부분을 차지하고 있으며, 모아치기에서 가장 많이 활용되는 기술이다.

끌어치기 기술을 크게 분류하면 길게 끌어치기와 짧게 끌어치기가 있다.
짧게 끌어치기 할 때는 브리지를 짧게 잡고 스트록도 빠르고 간명하게 하는 것이 요령이다.
브리지를 짧게 잡으면 큐의 흔들림이 방지되고, 순간 스피드를 낼 수 있으며 자세가 안정
되어 미스 샷을 방지할 수 있다.

반대로 길게 끌어 칠 때는 브리지의 거리를 멀리하고 어깨와 손목의 힘을 완전 뺀 다음
스트록을 부드럽게 물 흐르듯이 하단을 깊이 밀어주는 것이 요령이다.
또한 끌어치기 할 때는 브리지를 견고히 하고 그림처럼 큐 끝이 겨냥점보다 아래쪽으로
향하도록 큐를 전진시키면서 부드럽게 그립을 잡아 마무리하는 것이 요령이다.

◆ 끌어치기 기술과 겨냥점 찾는법

끌어치기는 1적구의 정확한 두께와 스피드가 가장 중요하다.

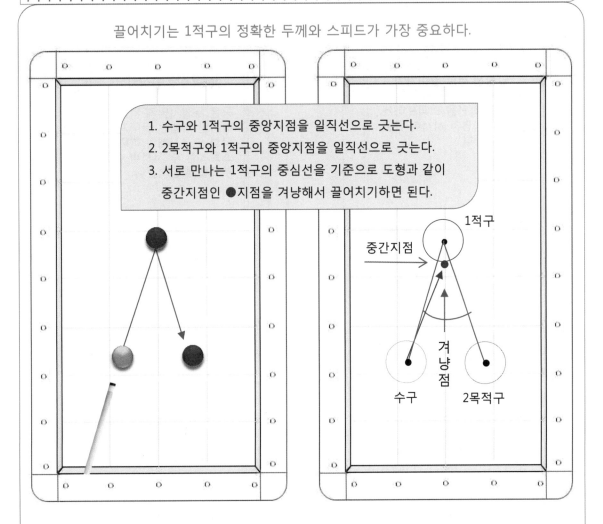

1. 수구와 1적구의 중앙지점을 일직선으로 긋는다.
2. 2목적구와 1적구의 중앙지점을 일직선으로 긋는다.
3. 서로 만나는 1적구의 중심선을 기준으로 도형과 같이 중간지점인 ●지점을 겨냥해서 끌어치기하면 된다.

1적구
중간지점
겨냥점
수구
2목적구

[끌어치기 기술]

4구 게임에서는 끌어치기가 약 60%가 넘을 만큼 가장 중요한 기술이다.

수구와 1적구의 기울기가 90°를 넘을 경우에는 대부분 끌어치기 샷을 구사해야 한다.

끌어치기란 수구의 하단부를 쳐서 공을 뒤로 후진시키는 기술인데 스트록 중에서 가장 아름다운 기술로 그 타법 또한 형태에 따라 다양하다.

하지만 끌어치기의 기본 스트록 개념은 밀어치기란 것을 이해해야 된다. 단지 수구의 하단을 스피드하게 밀어치면서 어느 순간에 큐를 부드럽게 잡아주면 되는 것이다.

당구가 오늘날처럼 발전하게 된 계기도 초크의 등장과 함께 끌어치기 기술이 선 보이게 되고 나서부터이다.

◆ 끌어치기의 대표적인 유형

일직선 뒤로 끌어치기

공의 하단을 스피드하게 밀어치면서 서서히 큐를 잡아준다

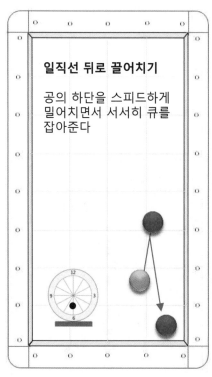

90°옆으로 끌어치기

공은 두껍지않게 겨냥 하지만 타법은 끌어치기 타법을 구사해야 하며, 스트록한 후 서서히 큐를 부드럽게 잡아준다.

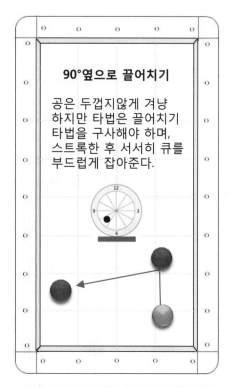

쿠션에 붙은 공 끌어치기

쿠션을 의지하지 않고 2적구를 직접 겨냥해서 끌어치기해야 된다. 큐가 끊기면 안되고 부드러우면서 스피드를 함께 구사해야 된다.

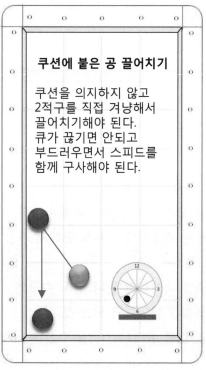

얇게 끌어치기

모아치기를 잘하려면 최대한 얇은 두께로 끌어치기 하는 기술을 터득해야 한다

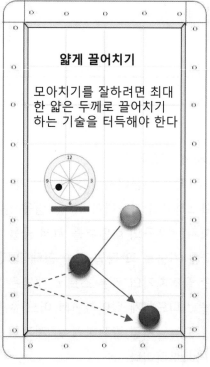

◆ 밀어치기 기술과 겨냥점 찾는법

밀어치기의 겨냥점은 1적구의 후면에 있는 만큼 두께에 정확히 집중해야 된다

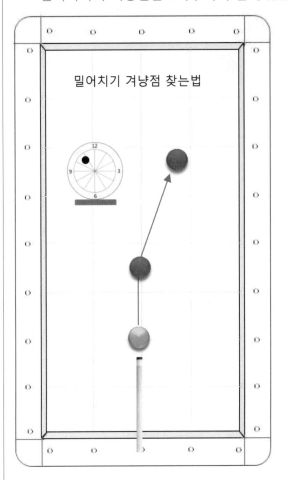

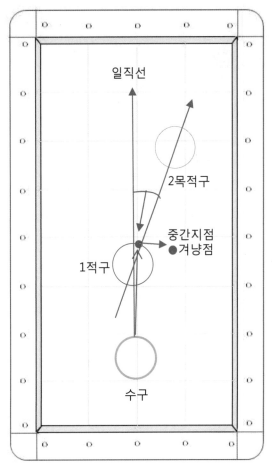

[해설]

1. 수구와 1적구의 중앙지점을 일직선으로 긋는다.

2. 2목적구와 1적구의 중앙지점을 일직선으로 긋는다.

3. 두 선이 서로 만나는 뒷부분의 중간지점인 ●지점을 겨냥해서 밀어치기하면 된다.

4. → 가 가리키는 ●지점이 밀어치기의 겨냥 지점이다.

밀어치기란 ?

수구의 상단부를 쳐서 공을 앞으로 전진시키는 기술이다.

끌어치기와 함께 중요한 기술로 모든 샷의 기초는 밀어치기에서 시작된다.

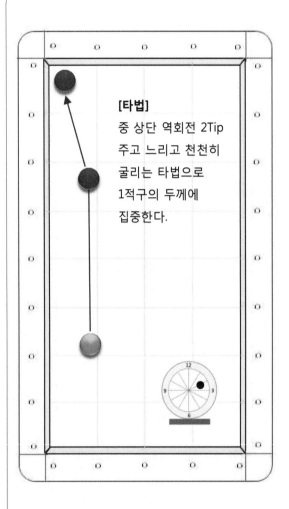

[타법]
중 상단 역회전 2Tip
주고 느리고 천천히
굴리는 타법으로
1적구의 두께에
집중한다.

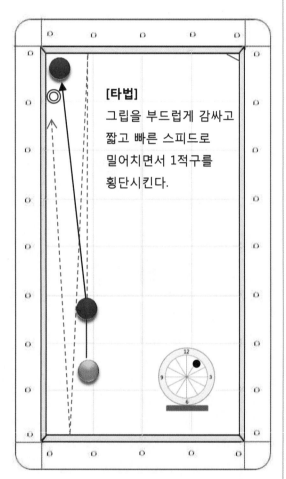

[타법]
그립을 부드럽게 감싸고
짧고 빠른 스피드로
밀어치면서 1적구를
횡단시킨다.

[해설]

좌측 도형처럼 1적구와 수구의 비거리가 멀고 1적구와 2적구의 거리가 가까울 경우,
두께에만 집중하고 밀어치지 않고 천천히 굴려주기만 해도 득점이 된다.

우측 도형처럼 수구와 1적구의 거리가 가깝고 1적구와 2적구의 거리가 멀 경우,
짧고 빠른 스피드로 밀어치기를 구사하면 1적구를 횡단시켜 모아치기도 가능하다.

◆ 밀어치기 할 때는 특별한 경우가 아니라면 역회전을 주고 치는 것이 방향성에 도움을
　줄 수 있다.

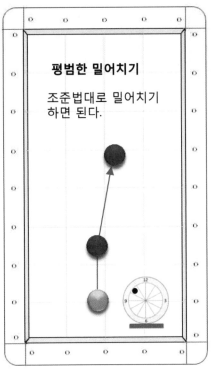

평범한 밀어치기

조준법대로 밀어치기
하면 된다.

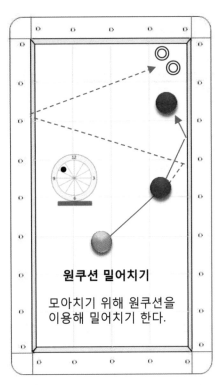

원쿠션 밀어치기

모아치기 위해 원쿠션을
이용해 밀어치기 한다.

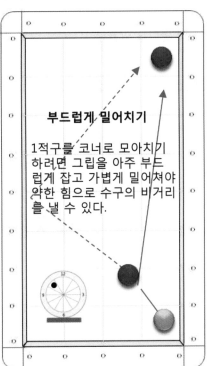

부드럽게 밀어치기

1적구를 코너로 모아치기
하려면 그립을 아주 부드
럽게 잡고 가볍게 밀어쳐야
약한 힘으로 수구의 비거리
를 낼 수 있다.

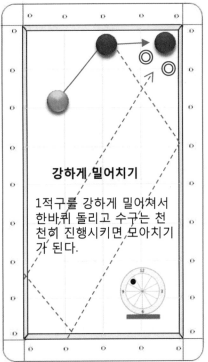

강하게 밀어치기

1적구를 강하게 밀어쳐서
한바퀴 돌리고 수구는 천
천히 진행시키면 모아치기
가 된다.

◆ 쿠션을 이용한 득점 방법

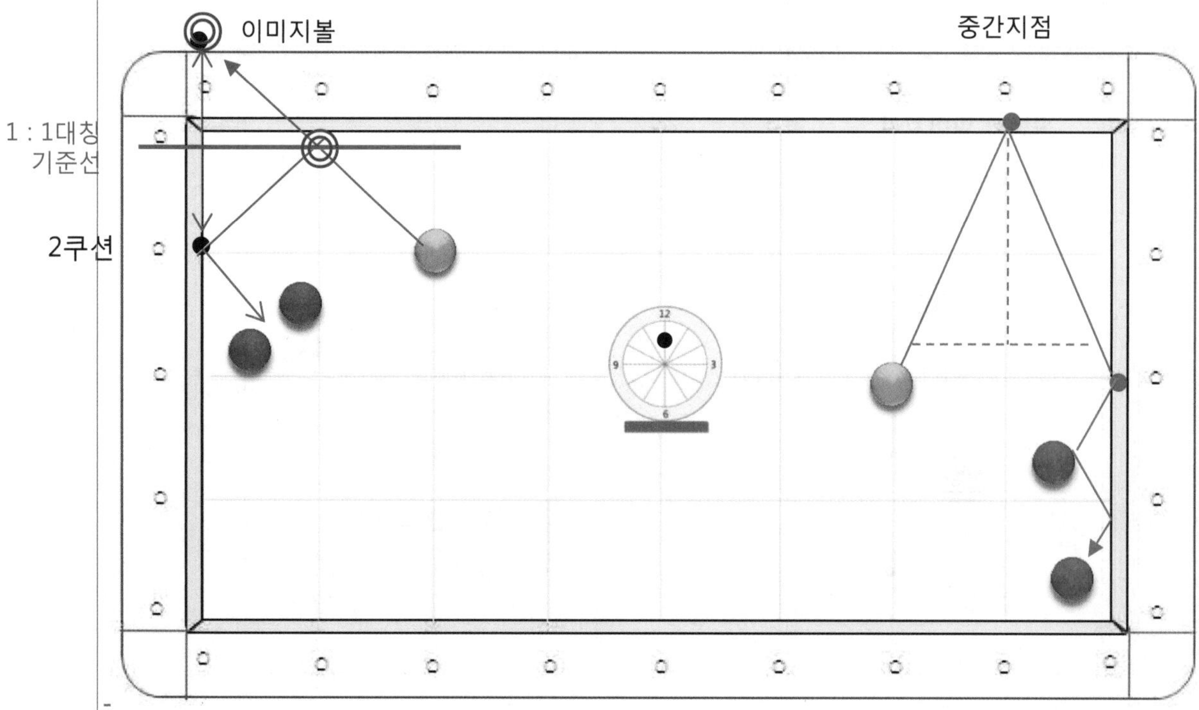

이미지볼
중간지점
1 : 1대칭
기준선
2쿠션

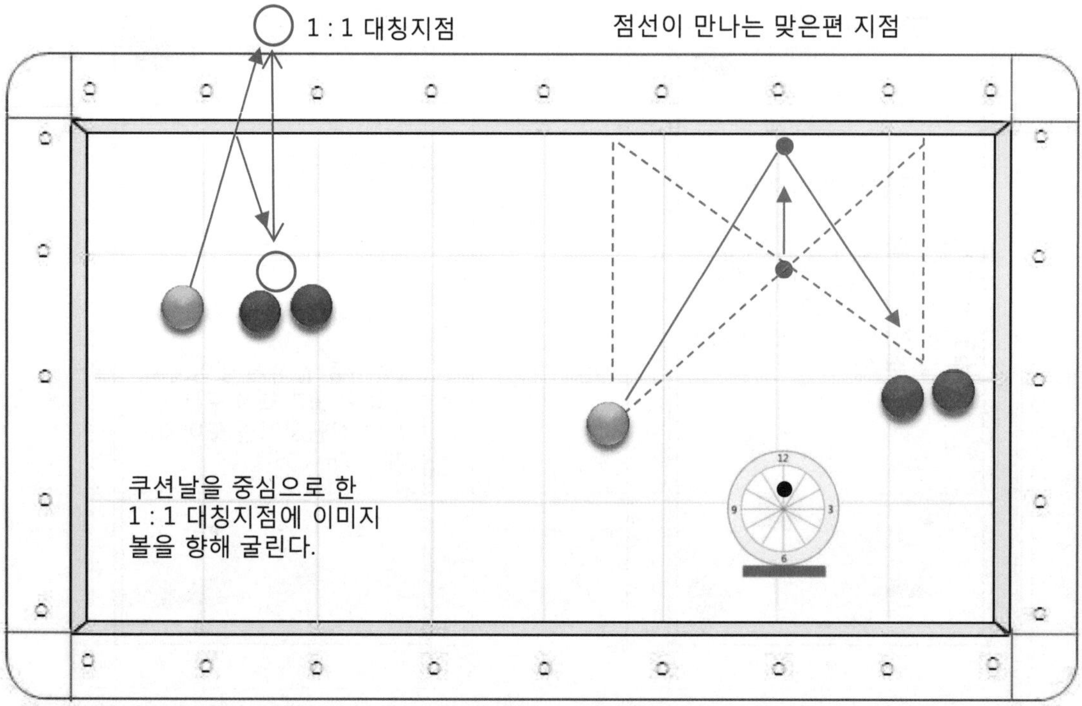

1 : 1 대칭지점
점선이 만나는 맞은편 지점
쿠션날을 중심으로 한
1 : 1 대칭지점에 이미지
볼을 향해 굴린다.

무회전으로 공을 칠 때는 브리지를 짧게 해야 당점을 정확히 조준할 수 있다

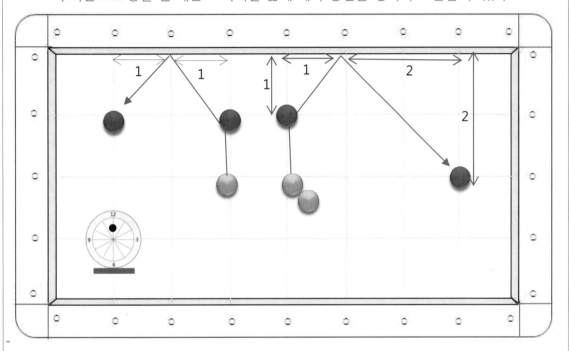

맞은편

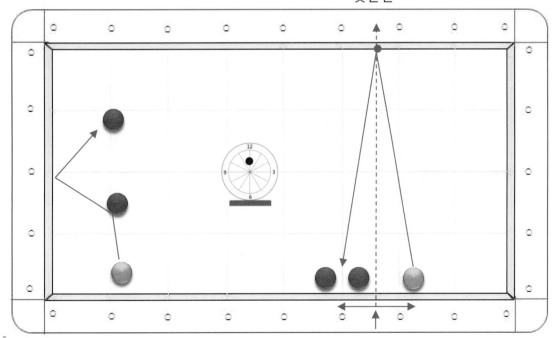

수구와 적구 중간지점의 맞은편을 친다.

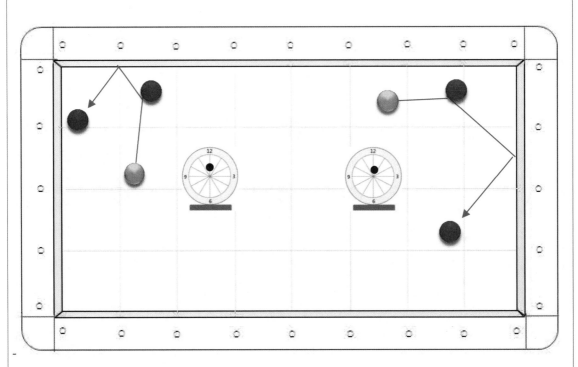

4구를 배우는 단계에서는 공을 천천히 부드럽게 굴려 맞추는 습관부터 들이는 것이 실력 향상에 도움이 된다.

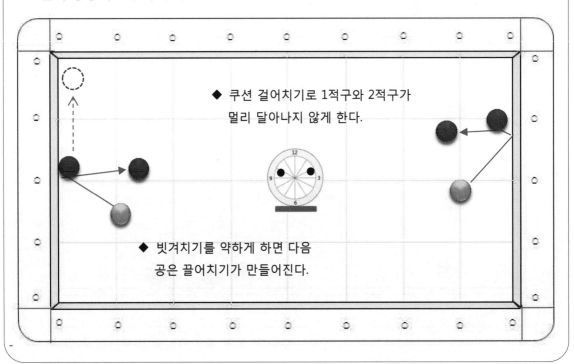

◆ 쿠션 걸어치기로 1적구와 2적구가 멀리 달아나지 않게 한다.

◆ 빗겨치기를 약하게 하면 다음 공은 끌어치기가 만들어진다.

쿠션을 이용할 때는 회전수에 따라 공의 진행 동선이 크게 달라진다.

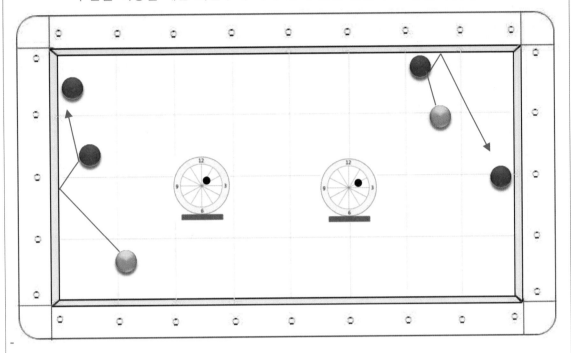

중간지점

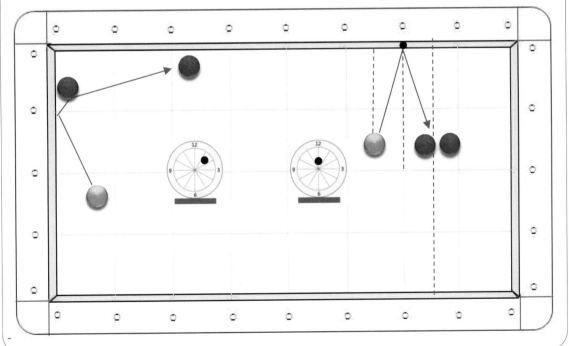

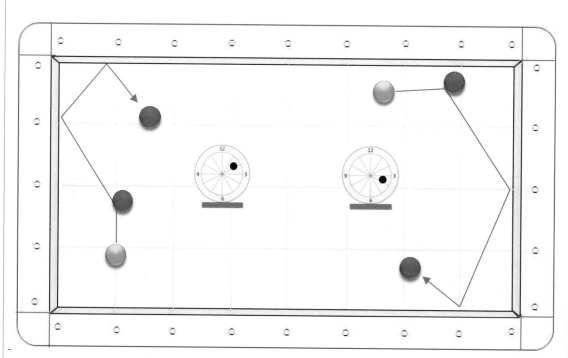

1적구와 2적구의 배치에 따라 당점의 위치가 변하는 것을 관찰한다.

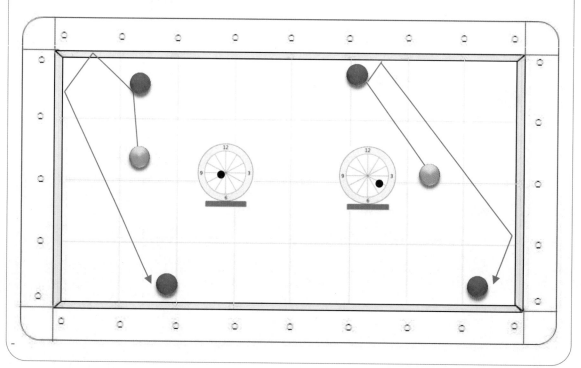

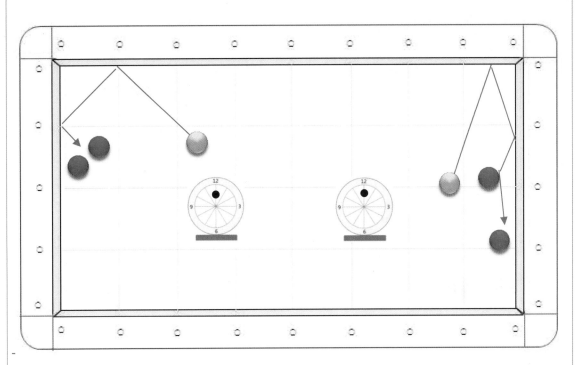

1:1 대칭 기준선을 만들 때는 쿠션날에서 공 반개 정도 떨어진 곳을 기준선으로
삼아야 한다. 그 이유는 공의 크기로 인해 공이 1쿠션에 닿을 때 미리 맞기 때문이다.

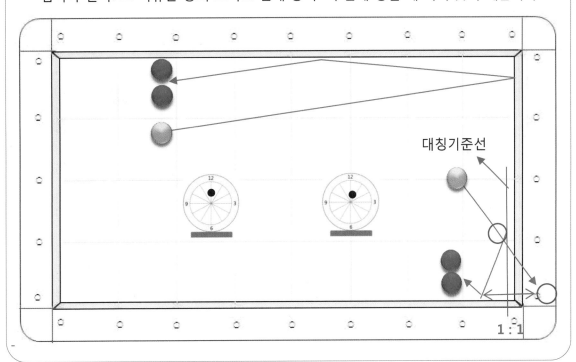

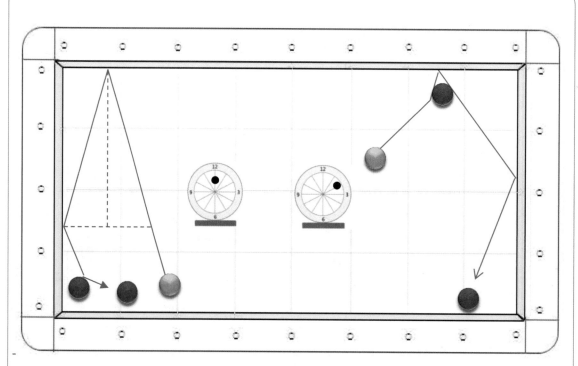

투쿠션의 길을 알게 되면 3쿠션 진행 동선에 대한 감각을 익히게 된다.

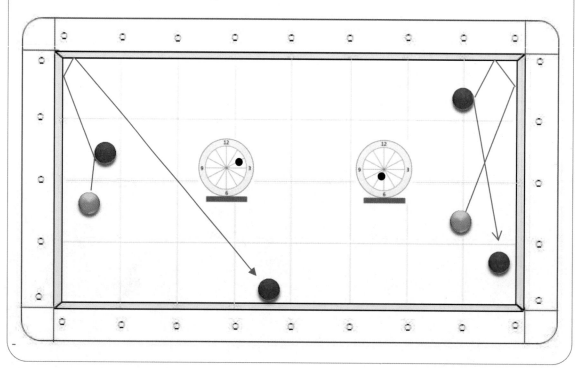

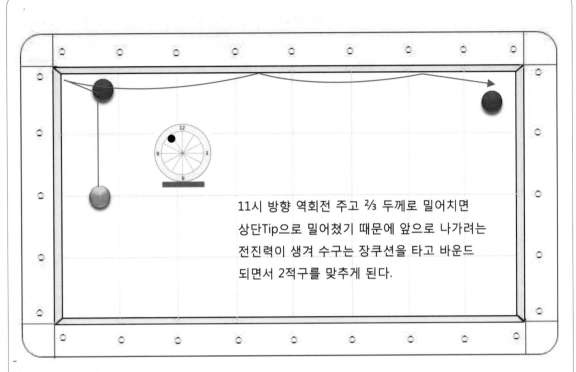

11시 방향 역회전 주고 ⅔ 두께로 밀어치면
상단Tip으로 밀어쳤기 때문에 앞으로 나가려는
전진력이 생겨 수구는 장쿠션을 타고 바운드
되면서 2적구를 맞추게 된다.

위 또는 아래와 같은 도형은 끊김없는 스트록으로 큐를 부드럽고 길게 밀어치면
앞으로 나가려는 수구의 전진력에 의해 쿠션을 타고 가면서 득점하게 된다.

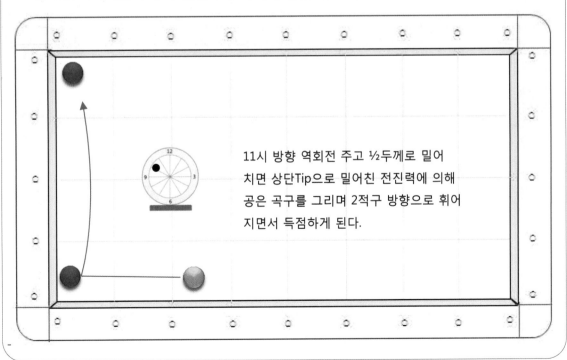

11시 방향 역회전 주고 ½두께로 밀어
치면 상단Tip으로 밀어친 전진력에 의해
공은 곡구를 그리며 2적구 방향으로 휘어
지면서 득점하게 된다.

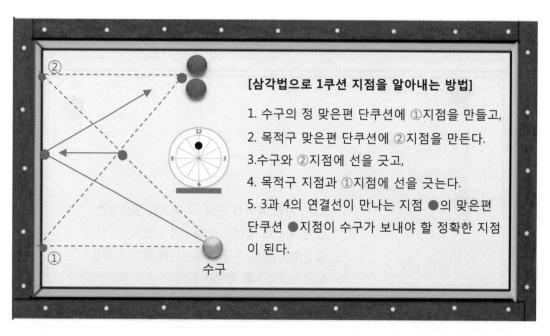

[삼각법으로 1쿠션 지점을 알아내는 방법]

1. 수구의 정 맞은편 단쿠션에 ①지점을 만들고,

2. 목적구 맞은편 단쿠션에 ②지점을 만든다.

3. 수구와 ②지점에 선을 긋고,

4. 목적구 지점과 ①지점에 선을 긋는다.

5. 3과 4의 연결선이 만나는 지점 ●의 맞은편 단쿠션 ●지점이 수구가 보내야 할 정확한 지점이 된다.

삼각법을 이용해 1쿠션 지점을 찾는 방법은 당구에서 중요한 원리 중의 하나이다. 이 방법을 익혀두면 경기 중에 수시로 활용할 수 있다.

하지만 경기 중에 시간을 오래 끌면 안되므로 평소 빠르게 계산할 수 있는 공식을 미리 익혀두어야 한다.

[삼각법으로 1쿠션 지점을 알아내는 방법]

위 도형과 마찬가지 방식으로 ①과 ② 지점을 만든 후 각각 대각선으로 연결해 만나는 지점의 정 맞은편 ●지점을 치면 된다.

타법은 역회전 주고 타격감 없는 샷으로 부드럽게 굴려 1적구를 맞추며,

타격 후 그립을 잡는 행위를 억제해야 된다.

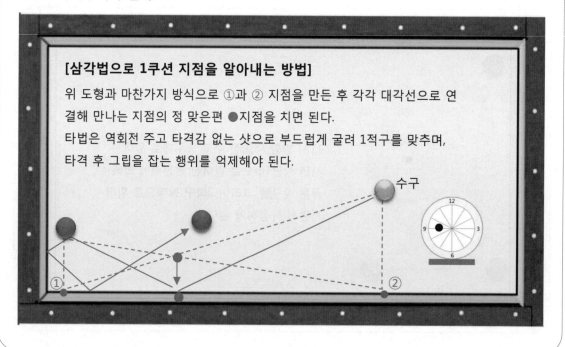

◆ 미러(거울) 법칙을 이용한 득점 방법

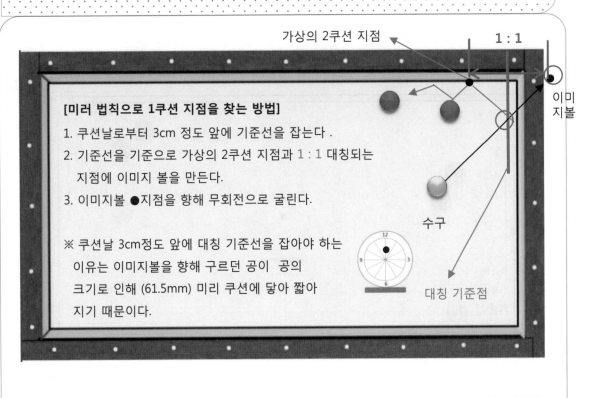

[미러 법칙으로 1쿠션 지점을 찾는 방법]

1. 쿠션날로부터 3cm 정도 앞에 기준선을 잡는다 .

2. 기준선을 기준으로 가상의 2쿠션 지점과 1 : 1 대칭되는
   지점에 이미지 볼을 만든다.

3. 이미지볼 ●지점을 향해 무회전으로 굴린다.

※ 쿠션날 3cm정도 앞에 대칭 기준선을 잡아야 하는
   이유는 이미지지볼을 향해 구르던 공이 공의
   크기로 인해 (61.5mm) 미리 쿠션에 닿아 짧아
   지기 때문이다.

가상의 2쿠션 지점

1 : 1

이미지볼

수구

대칭 기준점

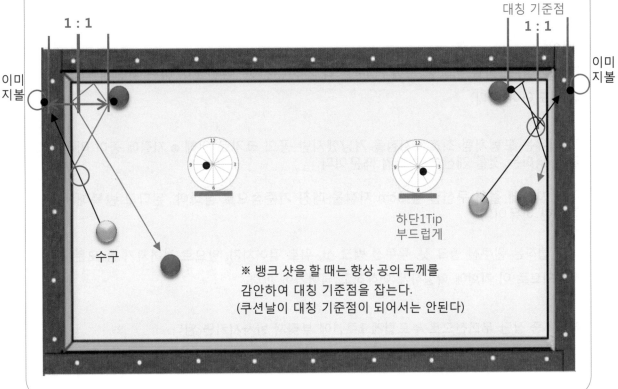

1 : 1

대칭 기준점

1 : 1

이미지볼

이미지볼

수구

하단1Tip
부드럽게

※ 뱅크 샷을 할 때는 항상 공의 두께를
감안하여 대칭 기준점을 잡는다.
(쿠션날이 대칭 기준점이 되어서는 안된다)

쿠션날 3cm 앞을 기준으로 대칭 지점에 이미지볼을 만든다

[해설]

미러(거울) 법칙을 이용한 득점 Point는 대칭 기준선이 쿠션날이 아닌 쿠션날 약 3cm 앞이 되어야 한다.

그 이유는 도형처럼 최초 ●지점을 겨냥했지만 공의 크기로 인해 ● 지점에 공이 미리 맞아 꺾이는 것을 계산해야 되기 때문이다.

여러 차례에 걸쳐 쿠션날 앞 3cm 지점을 대칭 기준점으로 삼아야 된다고 반복해서 강조한 이유이다.

미러 법칙은 원쿠션 뱅크 샷, 투쿠션 뱅크 샷, 뒤로 걸어치기, 앞으로 걸어치기 등 모든 곳에 적용되므로 이 기회에 확실하게 이해하고 넘어가야 한다.

타법 : 중 상단 무회전으로 부드럽게 1쿠션에 부딪쳐 반사시키면 된다.

◆ 미러(거울) 법칙을 이용한 뒤로 걸어치기

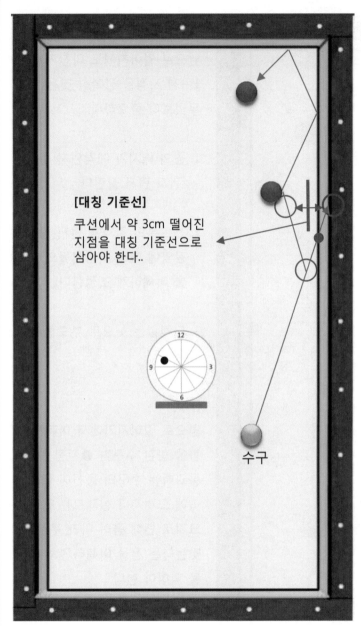

[대칭 기준선]

쿠션에서 약 3cm 떨어진
지점을 대칭 기준선으로
삼아야 한다..

수구

[Tip]

뒤로 걸어치기는 1쿠션 지점을
정확히 찾는 것이 무엇보다 중요
하다.

1. 대칭 기준선을 중심으로 1 : 1
   거리에 이미지볼을 만든다.

2. 스트록의 강약을 정한다.

3. 강약에 따라 이미지볼 보다
   조금 깊숙히, 또는 조금 멀리
   위치를 미세하게 조정한다.

4. 이미지볼을 향해 쿠션을
   부드럽게 밀어친다.

[Point]

대칭 기준점이 쿠션에서 3cm 떨
어진 지점이 되어야 하는 이유는,
좌측 도형처럼 이미지볼을 향한
수구가 ●지점에서 꺾이는 것이
아니라 공 반지름 만큼 쿠션에
미리 맞고 미리 꺾이기 때문이다.

[해설]

위 도형은 미러 법칙을 이용해 득점하는 도형이다.

원쿠션 뱅크 샷에서는 생각보다 수구가 공의 반지름 만큼 쿠션에 일찍 맞는다는 것을 감안해
위 그림처럼 쿠션날의 약 3cm정도 앞에 기준점을 정하고 기준점을 중심으로 1적구와 1 : 1
대칭되는 지점에 이미지볼을 만든 다음 그 이미지볼을 향해 치면 된다.

◆ 미러(거울) 법칙을 이용한 앞으로 걸어치기

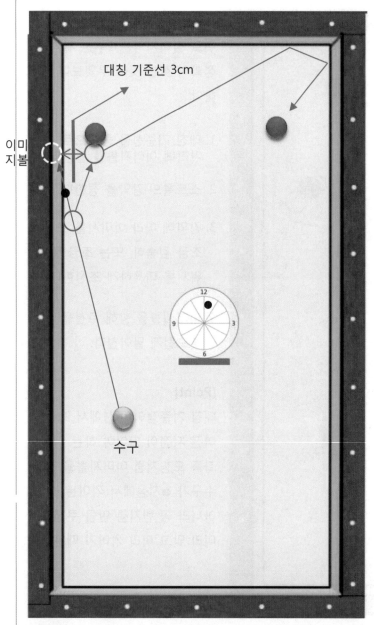

대칭 기준선 3cm

이미
지볼

수구

[Tip]
앞으로 걸어치기도 마찬가지로
1쿠션 지점을 정확히 찾는 것이
무엇보다 중요하다.

1. 공의 배치가 예각인지 둔각
   인지 먼저 살핀다.

2. 스트록의 강약을 먼저 정하고
   강약에 따라 이미지볼의 위치
   를 미세하게 조정한다.

3. 타격없는 샷으로 부드럽게
   굴린다.

[Tip]
앞으로 걸어치기에서 이미지
볼을 향한 수구가 ●지점을
통과하는 수구의 동선이 머리
속에 그려지나 실제로는 공의
크기로 인해 공이 미리 쿠션에
맞는다는 점을 이해하면서 감각
을 익혀야 한다.

[해설]

미러 법칙을 이용한 앞으로 걸어치기 기본도형이다.

쿠션날 3cm 앞에 설정한 기준선을 중심으로 1적구의 맞혀야 할 부분의 대칭되는 지점에
이미지볼을 만들고 그 이미지볼을 향해 부드럽게 굴린다.

위 도형은 무회전 기준이므로, 회전 또는 샷의 강약에 따라 1쿠션 지점을 미세하게 조정한다.

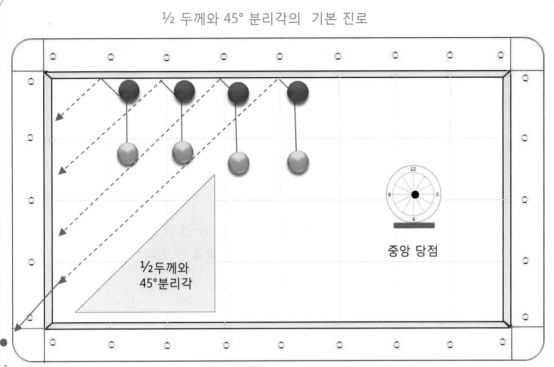

½ 두께와 45° 분리각의 기본 진로

½두께와
45°분리각

중앙 당점

1적구와 수구가 일직선으로 있을 경우 ½두께로 중앙 당점을 치면 대략 4.6 ~ 4.8Point 내려간다. 아래 도형의 경우 이 원리를 이용해 3쿠션으로 득점하는 장면이다.
6Point에서 중앙 당점으로 치는 것을 기준으로 아주 조금씩 두께를 조절해서 치면 된다.

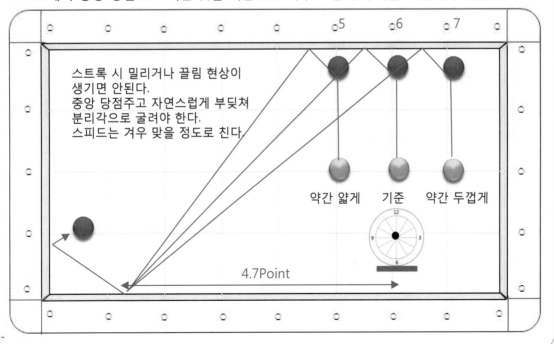

스트록 시 밀리거나 끌림 현상이
생기면 안된다.
중앙 당점주고 자연스럽게 부딪쳐
분리각으로 굴려야 한다.
스피드는 겨우 맞을 정도로 친다.

약간 얇게   기준   약간 두껍게

4.7Point

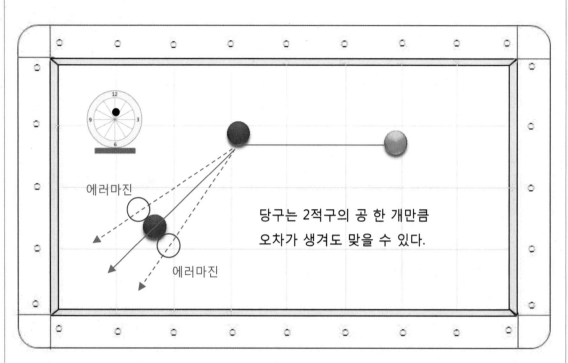

당구는 2적구의 공 한 개만큼
오차가 생겨도 맞을 수 있다.

당구에서 득점 확률을 높이려면 에러마진이 큰 공, 다시 말해 Big ball을 식별할 줄
알아야 한다.

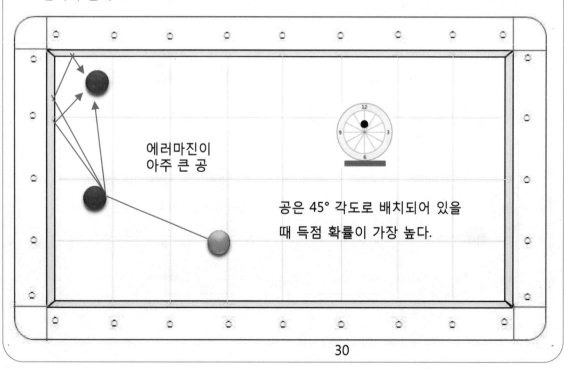

에러마진이
아주 큰 공

공은 45° 각도로 배치되어 있을
때 득점 확률이 가장 높다.

30

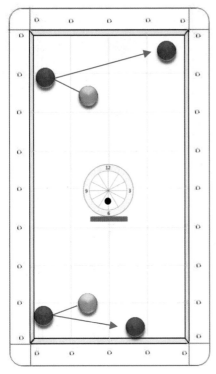

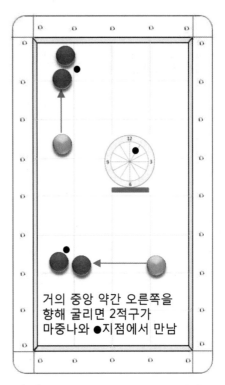

거의 중앙 약간 오른쪽을
향해 굴리면 2적구가
마중나와 ●지점에서 만남

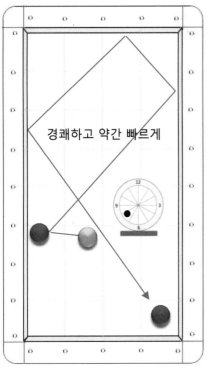

경쾌하고 약간 빠르게

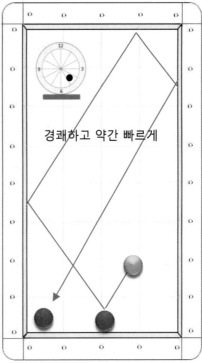

경쾌하고 약간 빠르게

61

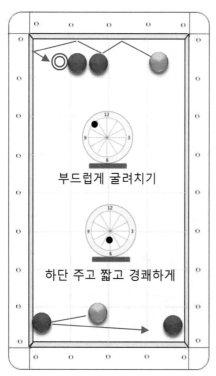

부드럽게 굴려치기

하단 주고 짧고 경쾌하게

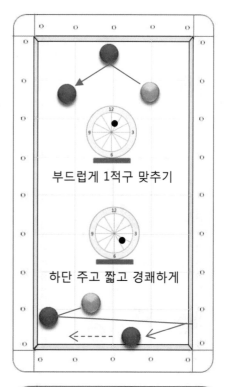

부드럽게 1적구 맞추기

하단 주고 짧고 경쾌하게

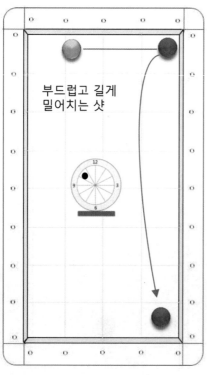

부드럽고 길게
밀어치는 샷

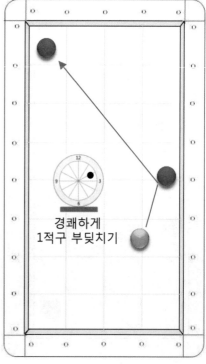

경쾌하게
1적구 부딪치기

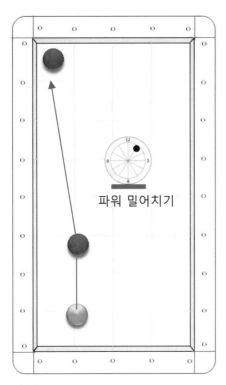

파워 밀어치기

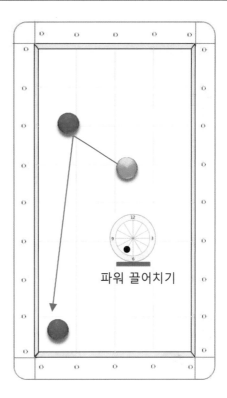

파워 끌어치기

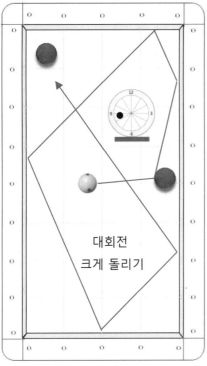

대회전

크게 돌리기

하단 주고
두껍게 치면서
그립 잡아주기

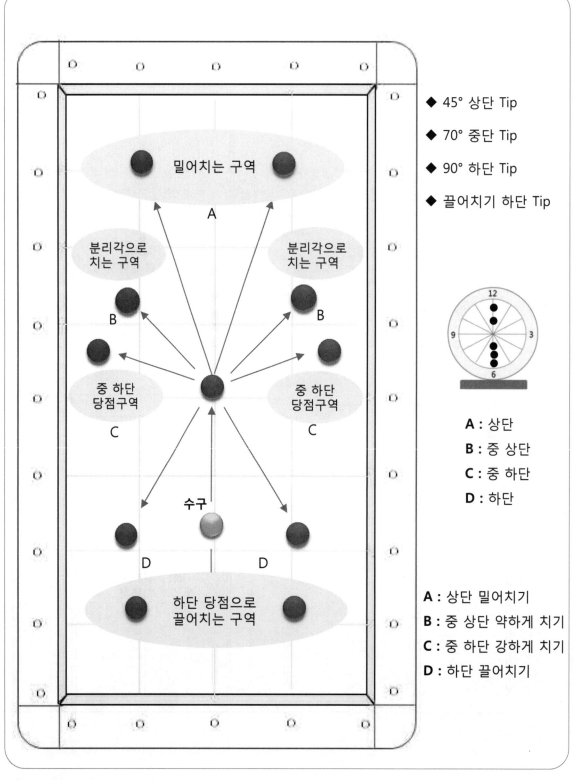

◆ 45° 상단 Tip

◆ 70° 중단 Tip

◆ 90° 하단 Tip

◆ 끌어치기 하단 Tip

A : 상단
B : 중 상단
C : 중 하단
D : 하단

A : 상단 밀어치기
B : 중 상단 약하게 치기
C : 중 하단 강하게 치기
D : 하단 끌어치기

64 스피드 당구 시스템

당구의 지점이란 경기자 개개인의 당구 수를 말한다.

지점을 정하는 방법은 대략 7~8 이닝 정도에서 득점한 점수를 평균 내어 아래 도표에 의해 경기자의 지점으로 정한다.

경기자는 경기를 시작하기 전에 자신의 지점을 상대 경기자에게 알려야 하며,

자신의 지점을 확실히 정하기 어려운 경우에는 고점자의 조언에 따라 지점을 정할 수도 있다.

이러한 지점 제도가 있기 때문에 하점자와 고점자가 비교적 공평한 조건에서 승부를 가릴 수 있는 것이다.

단, 공식 대회에서는 지점이 없고 누구나 동등한 조건에서 경기를 한다.

[4구 지점 기준표]

지점	50	80	100	120	150	200	250
평균득점	0.7~1	1~1.5	1.4~2	2	2~2.5	3~3.5	3.5~4
지점	300	400	500	700	1.000	1.500	2.000
평균득점	4.5~5	6~7	7~9	10~12	15~18	21~25	30~35

◆ 지점을 정하는 방법은 7~8이닝 동안 친 평균 타수를 기준으로 한다.

◆ 위 도표는 공식적인 것은 아니지만 통상적으로 이 정도 수준에 맞춰 지점을 정한다.
   하지만 평소 주변 경기자와의 승률 또는 주변 고점자의 조언에 따라 지점을 정하고
   경기하는 경우가 더 많은 실정이다.

가장 좋은 스트록은 큐의 무게로 공을 치는 것이다
만일 동호인께서 큐의 무게로 스트록하고 있는
것을 느끼고 있다면 머지않아
상당한 당구 수준에 오르게 될 것이다

당구의 길

당구의 빠른 실력 향상을 위해서는 당구의 길을
이해하는 것이 가장 중요하다.

테이블(쿠션) 상태 확인 방법
* 초구 공략법
* 1:1 입사각 반사각 원리
* Tip수에 따른 수구의 진행 동선
* 1Point 아래 쳤을 때 Tip수에 따른 수구의 진행 동선
* 2Point 아래 쳤을 때 Tip수에 따른 수구의 진행 동선
* 3Point 아래 쳤을 때 Tip수에 따른 수구의 진행 동선
* 2Point 이동을 이용한 득점 방법
* 45°에서 빗겨치기 할 경우 Tip수에 따른 진행 동선
* 빗겨치기 System의 당점
* 기울기에 따른 당점과 타법
* ½ 두께에서 회전에 의한 수구의 진행 동선
* 45°로 공을 분리시켰을 때 수구의 진행 동선
* Half Line 안에서 코너로 보내기

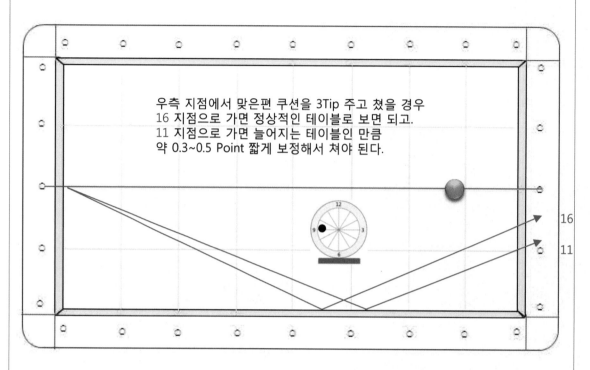

우측 지점에서 맞은편 쿠션을 3Tip 주고 쳤을 경우
16 지점으로 가면 정상적인 테이블로 보면 되고.
11 지점으로 가면 늘어지는 테이블인 만큼
약 0.3~0.5 Point 짧게 보정해서 쳐야 된다.

아래 테이블의 경우 도형처럼 공이 진행하면 정상적인 테이블로 간주한다.

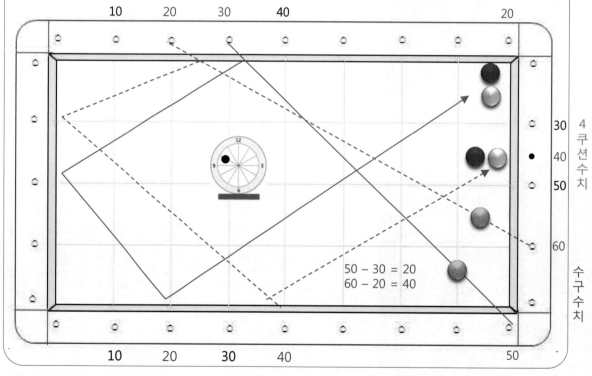

50 – 30 = 20
60 – 20 = 40

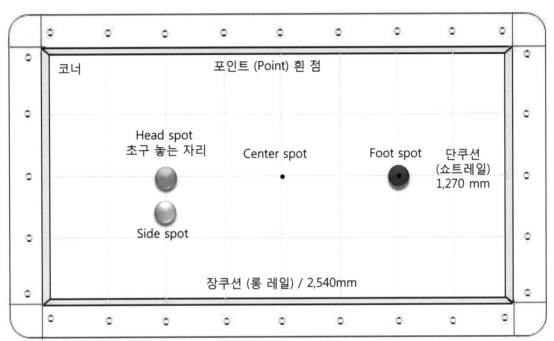

초구 치는법은 1적구를 ⅝두께로 맞추어야 한다. 하지만 스쿼트 (Squirt)현상을
감안해 1적구를 ¾두께로 겨냥해야 한다.
브리지를 15cm 정도 짧게 잡고 1적구를 부딪쳐 놓고 수구가 굴러오기를 기다린다.

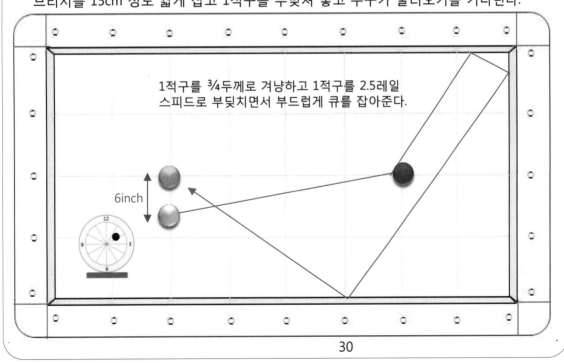

30

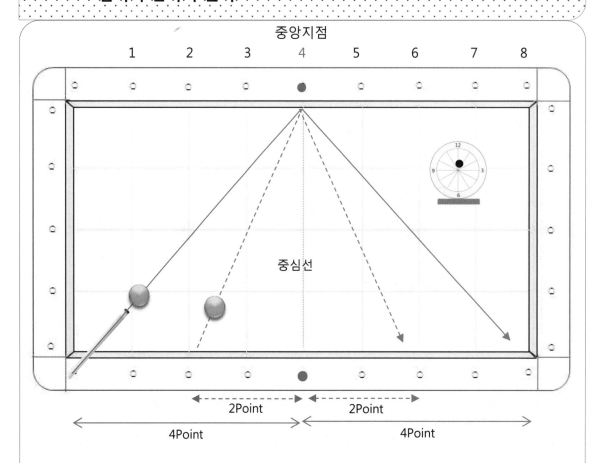

[해설]

위 도형은 각 지점에서 맞은편 장쿠션 중앙지점을 쳐서 1 : 1로 반사시키는 장면이다.

좌측 코너에서 맞은편 중앙지점을 치면 반대편 우측 하단 코너로 가고,
2Point 지점에서 맞은편 중앙지점을 치면 1 : 1 대칭으로 반사된다.

당점은 중 상단 무회전이다.
이 도형을 꾸준히 연습하다 보면 노잉글리시 (무회전) 겨냥이 정확해진다.

[타법]

중 상단 무회전으로 1쿠션에 부드럽게 부딪쳐 굴려준다.
수구가 정확히 1 : 1 대칭으로 반사되도록 꾸준히 연습해야 한다.

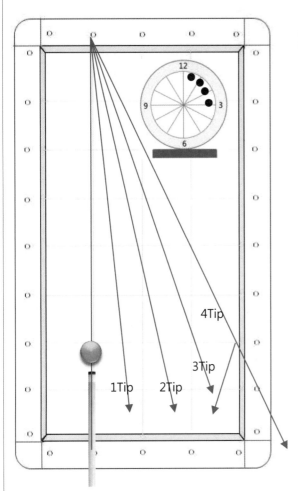

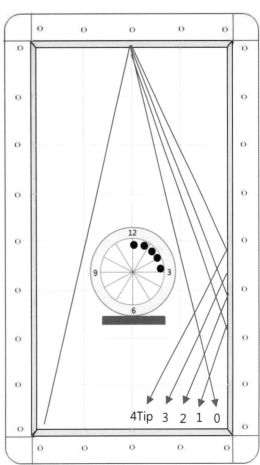

[해설]
위 도형은 일직선으로 맞은편에 입사시켰을
때 당점에 따른 수구의 반사각을 나타내는
도형으로 1Tip 증가에 단쿠션 1Point 씩 증가
되는 것을 알 수 있다.
이 도형에서의 당점 기준은 12시에서 3시를
기준으로 4등분한 Tip수이다.
1Tip에 45분 간격으로 계산하면 2Tip이면
1시 30분이 된다.

[해설]
위 도형은 수구를 맞은편 쿠션 2Point에
입사시켰을 때 당점에 따른 수구의 반사
각을 나타낸 도형이다.
Tip에 대한 기준은 좌측 도형과 마찬가지
이다.
4Tip으로 입사시켰을 때 하단 단쿠션 2
Point지점으로 진행되며,
연장선은 우측 상단 코너가 된다.

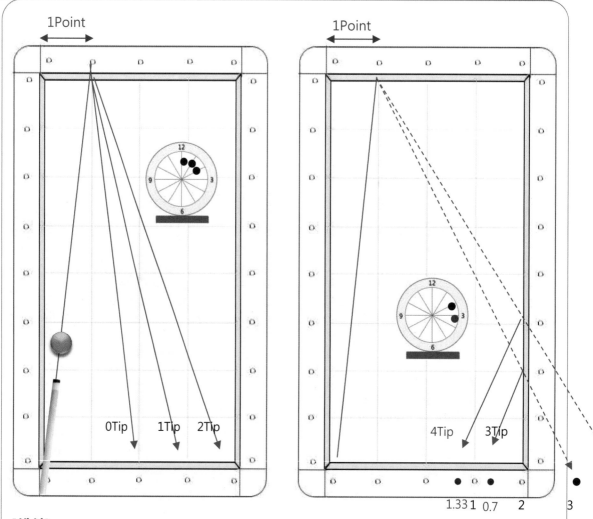

[해설]

위 도형은 좌측 하단 코너에서 우측으로 상단 1Point를 각각의 회전을 주고 쳤을 때
수구가 진행하는 동선을 나타낸 것이다.

무회전으로 쳤을 때 1 : 1로 반사되는 것을 기준으로,
좌측 도형처럼 1Tip 주면 1Point 더 진행되고 , 2Tip주면 2Point 더 진행된다.
우측 도형처럼 3Tip 주면 3쿠션 0.7포인트 지점으로 꺾이고,
4Tip주면 1.33 Point 지점으로 대략 진행된다.

이 도형은 장차 3쿠션에서 많이 활용될 수 있는 도형으로 외워두는 것이 좋다.

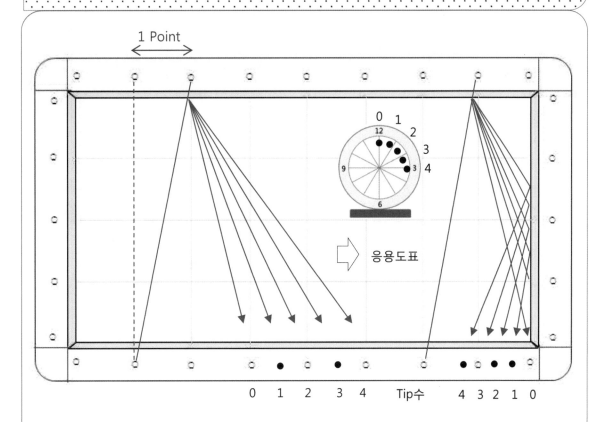

[해설]

수구 위치에서 무회전으로 한 포인트를 내려 칠 때 Tip수에 따른 수구의 진행 동선이다.

무Tip~4Tip으로 분류되어 있으므로 외워두면 많이 응용할 수 있다.

우측 그림은 2차 반사각을 나타낸 수치이므로 외워두면 짧은 각에서 유용하게 응용할 수 있다.

◆ 우측 도형은 좌측 도형이 단쿠션에 부딪쳤을 때 반사각을 나타낸 도형이다.

◆ 우측 하단 장쿠션 0~4까지의 대략 Point 수치는 0.33, 0.66, 0.99, 1.32이다.

◆ 당점은 12시~3시를 기준으로 정확하게 4등분 한 것을 기준으로 한다.

[타법]

비틀어치지 않고 해당 회전만 주고 부드럽게 1쿠션에 부딪쳐 주는 타법으로 굴려준다.

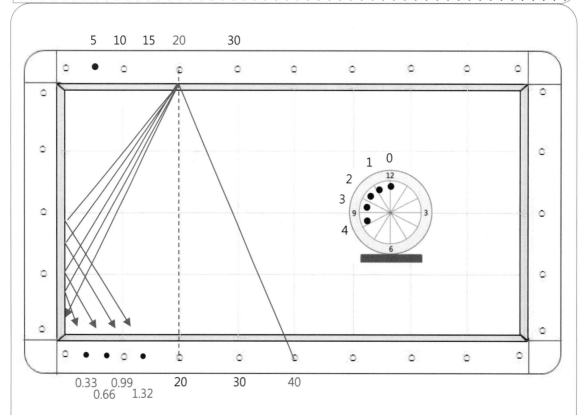

[해설]

수구 위치 40에서 2포인트 아래 20을 쳤을 때 당점에 따른 수구의 진행 동선이다.

12시 ~ 8시를 기준으로 0Tip~4Tip으로 분류된다.

수구 위치 40에서 ½지점인 20을 치면 코너 0으로 가는 것을 기준으로

1Tip 주면 0.33Point

2Tip 주면 0.66Point

3Tip 주면 0.99oint

4Tip 주면 1.32Point 정도 올라간다.

보다 전문적으로는 1Tip ~ 0.45, 2Tip ~ 0.8, 3Tip ~ 1.0, 4Tip~ 1.35Point로 분류하기도 한다

그 이유는 2Tip과 3Tip은 회전 차이가 작고, 1Tip과 4Tip에서는 회전 차이가 크기 때문이다.

[타법]

비틀어치지 않고 해당 회전만 주고 부드럽게 1쿠션에 부딪쳐 주는 타법으로 굴려준다.

2Point 내려 칠 때 수구의 진행 경로

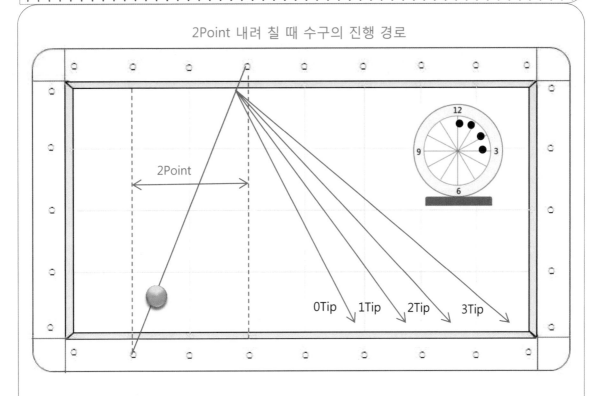

3Point 내려 칠 때 수구의 진행 경로

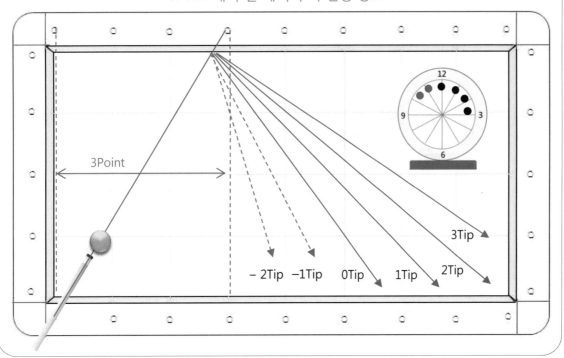

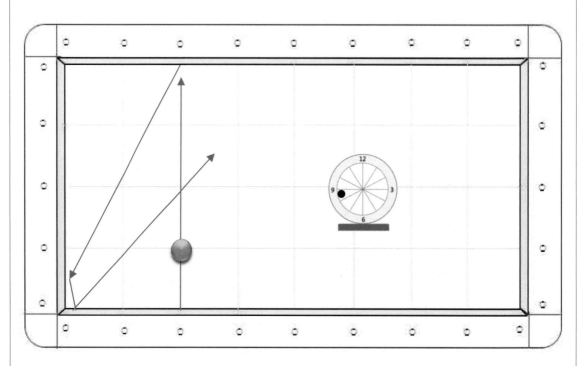

아래 도형은 위 도형의 System을 이용해 득점하는 장면이다.
3Tip주고 수구를 일직선으로 보내면 2Point 내려가는 것을 이용했다.

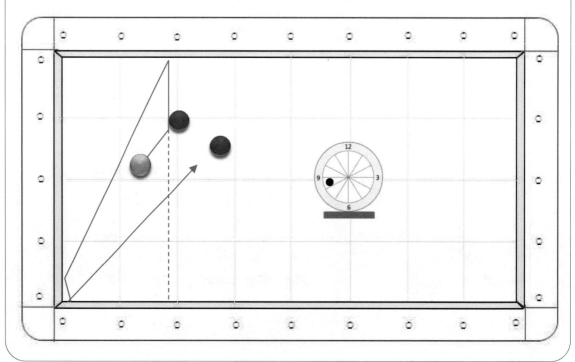

45°에서의 스트록을 통해 회전에 대한 감각을 익힌다.

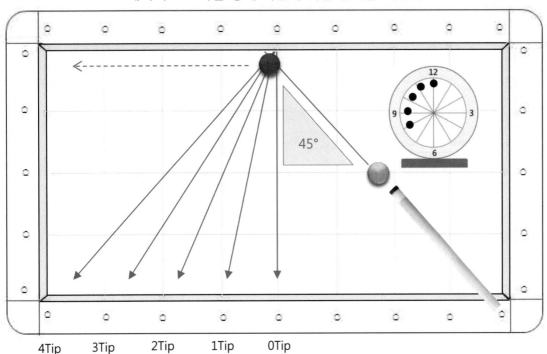

4Tip   3Tip   2Tip   1Tip   0Tip

[해설]

위 도형은 45° 각도에서 1적구를 빗겨쳤을 때 Tip수에 따른 수구의 진행 동선이다.

두께는 편한 두께로 1적구가 단쿠션에 맞을 정도로 부드럽게 스치듯이 타구하면 된다.

- 0Tip 주면 일직선으로 반사된다
- 1Tip 주면 1Point 내려간다.
- 2Tip 주면 2Point 내려간다.
- 3Tip 주면 3Point 내려간다.
- 4Tip 주면 4Point 내려간다.

우측 2Point 각도에서 멕시멈 회전 주면 좌측 2Point (대칭) 내려가고,

우측 3Point 각도에서 멕시멈 회전 주면 좌측 3Point (대칭) 내려간다.

특히 4Tip 주고 대칭으로 내려보내는 연습을 많이 하면 회전 주는 연습에 도움이 된다.

❖ 위 도형을 익혀두면 Tip을 조절하며 더블쿠션과 빗겨치기를 쉽게 처리할 수 있다.

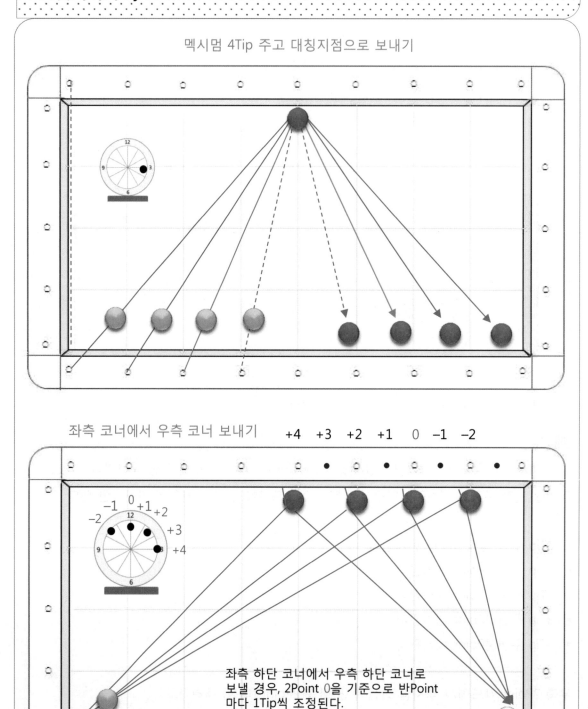

멕시멈 4Tip 주고 대칭지점으로 보내기

좌측 코너에서 우측 코너 보내기

+4 +3 +2 +1   0 −1 −2

좌측 하단 코너에서 우측 하단 코너로
보낼 경우, 2Point 0을 기준으로 반Point
마다 1Tip씩 조정된다.

78 스피드 당구 시스템

◆ 빗겨치기 System의 당점

잘라치기 System의 당점과 스트록이 익숙해지면 난구를 풀기가 아주 쉬워진다.

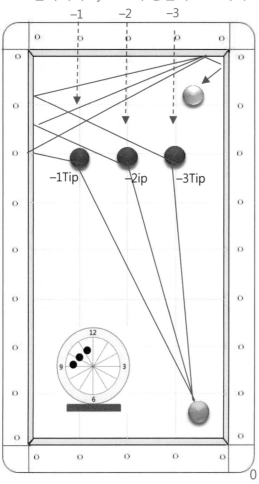

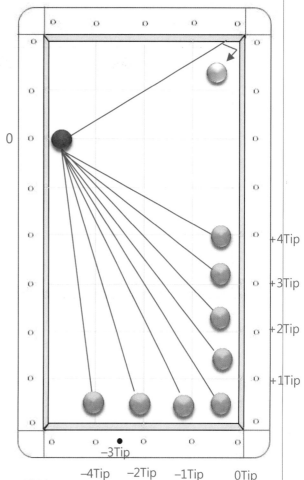

[해설]

위 System은 빗겨치기에서 1적구가 쿠션
에서 떨어져 있는 만큼 공이 밀리는 현상을
역회전으로 커버하는 수치를 나타낸 도형이
다.

중 상단 당점주고 경쾌하게 부딪쳐 분리
각으로 코너로 보내면 된다.

밀어치거나 끌어치지 않고 경쾌하게 부딪쳐
2쿠션에서 역회전이 풀릴 정도의 힘조절로
치면 된다.

[해설]

우측 도형은 1적구가 System의 기준점이
되는 2Point 지점에 있을 때,

각각의 지점에서 1적구를 맞히고 우측 상단
코너로 보내는 당점을 나타낸 도형이다.

우측 하단 코너 0을 기준으로 1Point 차이
날 때마다 1Tip씩 달라진다.

1적구의 두께는 ⅛ 정도의 얇은 두께이며,
스트록은 1적구를 스치듯이 지나 쿠션을
부드럽게 부딪치는 느낌이면 된다.

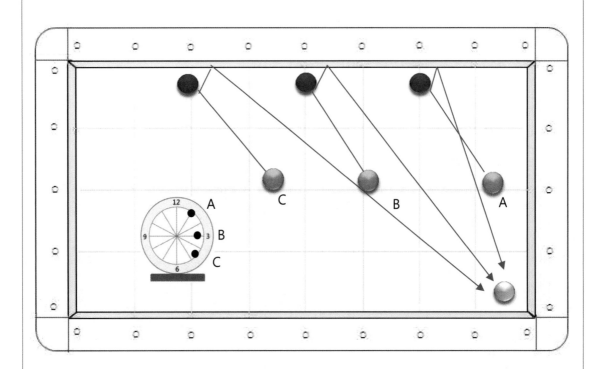

[해설]

위 도형은 1적구와 수구의 기울기에 따른 당점 위치와 타법을 나타내기 위한 도형이다.

A : 1시 (1Tip) 방향 상단에 당점을 주고 1적구를 ⅓ 두께로 천천히 부딪쳐 굴려주면 된다.

B : 3시 (3Tip) 방향보다 약간만 아래에 당점을 주고 ½두께로 부딪쳐 회전에 의해
수구가 굴러 오도록 하면 된다.

C : 4시 30분(3Tip) 방향 하단에 당점을 주고 ¾ 두께로 스피드하면서 부드럽게 끌어
주는 듯 타구하면 된다.

◆ 공을 두껍게 힘들여 끌려하지 말고 적당한 두께와 하단 당점으로 회전력을 이용해서
다루는 것이 요령이다.

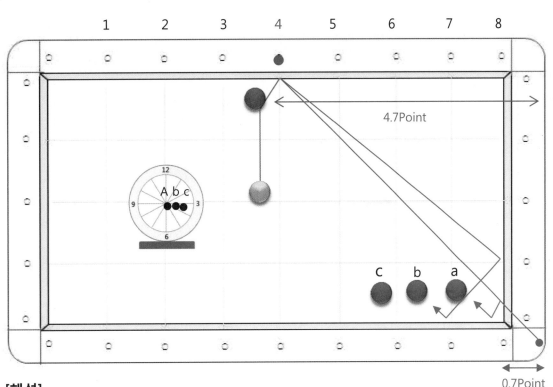

[해설]

위 도형은 1적구가 쿠션에서 공 반개 정도 떨어져 있을 경우 ½두께 무회전으로 쳐서 우측 하단 코너로 보내는 도형이다.

무회전으로 ½두께를 맞추면 약 4.6~4.8Point 내려간다. 따라서 코너에 2적구가 있을 때는 무회전으로 치고, 2목적구가 b지점에 위치해 있다면 1Tip, c 지점에 있다면 똑같은 두께로 2Tip주고 치면 된다.

제각돌리기에서 가장 기준이 되는 형태인 만큼 이 도형대로 공이 진행할 수 있도록 스트록을 고정하면 향후 유사한 형태의 공들은 쉽게 다룰 수 있다.

[타법]

중앙 약간 하단 0Tip, 1Tip을 각각 주고 1적구를 부딪쳐 자연스럽게 분리각으로 굴린다.

스피드 : 1.5레일

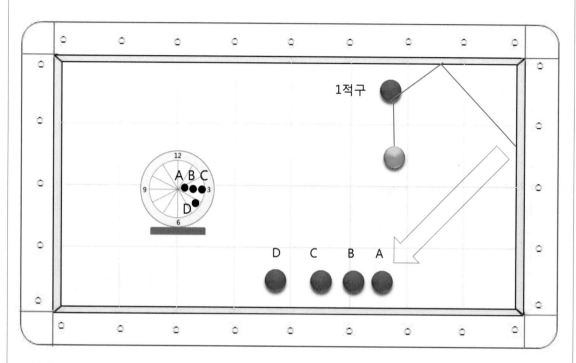

[해설]

위 도형은 1적구가 2Point 지점에 있고 수구가 1적구와 일직선으로 있을 경우,

1적구를 ½두께로 쳤을 경우 회전에 따른 수구의 진행 동선을 나타낸 도형이다.

이 도형은 경기 중에 수시로 등장하는 형태이므로 System으로 정립시켜 놓아야 한다.

[회전에 따른 수구의 진행 동선]

A : 1Tip : 3쿠션 ~ 2Point 도착

B : 2Tip : 3쿠션 ~ 2.5Point 도착

C : 3Tip : 3쿠션 ~ 3Point 도착

D : 하단 3Tip : 3쿠션 ~ 4Point 도착

● 제각돌리기와 뒤로 돌리기는 일정한 두께로 쳤을 때 당점에 따라 3쿠션 진로가 크게
  바뀌므로 평소 진행 동선에 대해 미리 파악해 두는 것이 좋다.

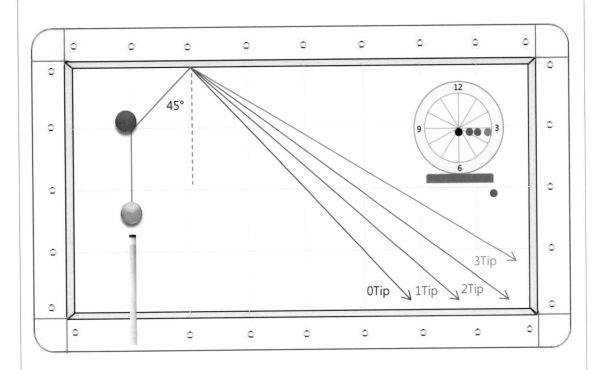

[해설]

위 도형은 45° 각도로 1적구를 분리시켰을 때 당점에 따른 수구의 진로를 나타내는 도형이다.

경기 중에 수시로 접하는 포지션으로 익혀두면 유사한 공을 득점할 때 응용될 수 있다.

1적구의 두께는 $\frac{3}{8}$두께이다.

특히 정사각형을 기준 삼아 45°로 1적구를 타구할 때 수구의 진로를 나타냈으며,
무회전으로 타구했을 때 수구의 진로를 반드시 기억해 두면 응용 가치가 아주 높다.

[타법]

약간 중단 아래 Tip을 사용하는 것이 좋으며 큐를 길게 끌고 들어가거나 끊어치지 않고
부드럽게 부딪쳐 분리되는 자연각으로 치면 된다.

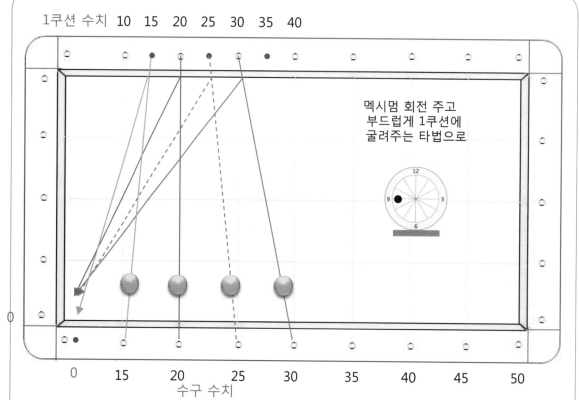

1쿠션 수치 10 15 20 25 30 35 40

멕시멈 회전 주고
부드럽게 1쿠션에
굴려주는 타법으로

0 15 20 25 30 35 40 45 50
수구 수치

[해설]

위 도형은 각각의 수구 위치에서 맞은편 장쿠션을 쳐서 코너로 보내는 장면이다.

Five & Half System을 알고 있다면 수구 수치와 같은 수치의 1쿠션을 치면 좌측 하단 코너 0으로 가는 것으로 외우기가 간단하다.

짧은각에서 수구 수와 같은 1쿠션 수치를 칠 경우 회전이 부족하거나 강하게 치면 단쿠션에 맞지 않을 수도 있으므로 3Tip 회전으로 부드럽게 스트록을 구사해야 된다.
수구의 최종 연장선은 4쿠션 4Point (40)로 진행된다.

수구 수치 30에서 1쿠션 수치 30, 즉 1Point 내려 쳤을 때 수구는 총 4Point 아래 도착한다.
25에서 1쿠션 수치 25, 즉 반 Point를 내려 쳤을 때 수구는 총 3Point 아래 도착한다.
20에서 1쿠션 정 맞은편을 치면 수구는 2.1Point 내려가고,
15에서 1쿠션 수치 15, 즉 반 Point를 올려 쳤을 때 수구는 거의 1Point 아래 도착한다.

모아치기 50선

1적구와 2적구와 수구를 한 곳에 모아 다량
득점을 하는 것이야말로 4구의 매력이고
4구를 배우는 최종 목표이다.

한번에 코너 구역으로 모아치기가 어려울 때는
2~3회에 걸쳐 코너 구역으로 모을 수 있는
포지션으로 만들어 가야 한다.

* 모아치기의 구역별 표시와 핵심

* 모아치기에 사용되는 타법의 유형

* 끌어치기로 모아치기

* 눌러치기로 모아치기

* 분리각을 이용한 모아치기

* 밀어치기를 이용한 모아치기

* 두께를 이용한 모아치기

* 따당 타법으로 모아치기

* Kiss를 이용한 모아치기

* 2단계로 모아치기 만들기

◆ 모아치기의 구역별 표시와 핵심

4구는 코너 구역으로 모아치기를 잘하느냐에 따라 승패가 갈린다.

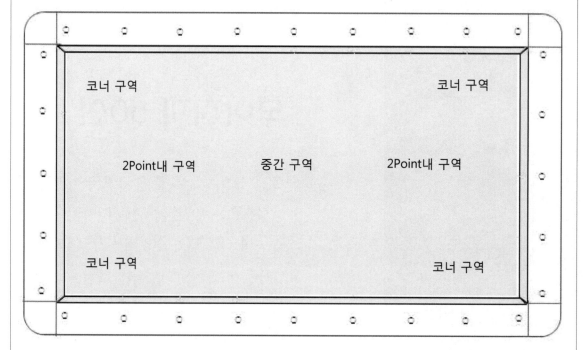

[모아치기의 핵심]

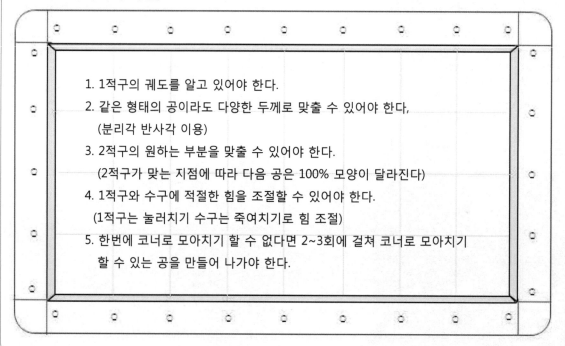

1. 1적구의 궤도를 알고 있어야 한다.
2. 같은 형태의 공이라도 다양한 두께로 맞출 수 있어야 한다,
   (분리각 반사각 이용)
3. 2적구의 원하는 부분을 맞출 수 있어야 한다.
   (2적구가 맞는 지점에 따라 다음 공은 100% 모양이 달라진다)
4. 1적구와 수구에 적절한 힘을 조절할 수 있어야 한다.
   (1적구는 눌러치기 수구는 죽여치기로 힘 조절)
5. 한번에 코너로 모아치기 할 수 없다면 2~3회에 걸쳐 코너로 모아치기
   할 수 있는 공을 만들어 나가야 한다.

◆ 모아치기의 요령

1적구를 적당히 눌러치면서 2적구를 원쿠션으로 맞춰 공 두개를 코너로 모아야 한다

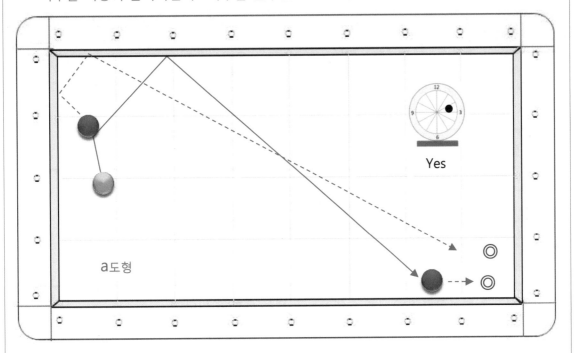

a도형

도형 b처럼 2적구를 맞추면 1적구를 모아도 2적구가 멀리 달아난다.

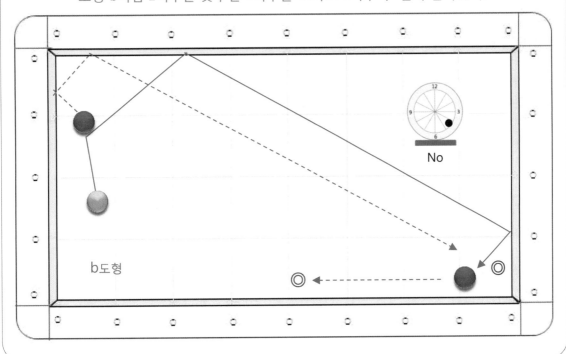

b도형

◆ 모아치기에 사용되는 타법의 유형

끌어치기

모아치기에서 약 50% ~ 60% 정도는 끌어치기로 이루어 진다.
같은 형태의 공이라도 다양한 두께로 2적구를 맞출 수 있어야 분리각을 이용해
모아치기가 될 수 있다.

밀어치기

당구를 잘 치기 위해 가장 먼저 터득해야 하는 타법은 밀어치기 타법이다.
스트록의 기본은 큐를 부드럽게 뻗어주는 형태가 가장 기본이 되는 만큼,
부드럽게 큐를 내밀어 밀어치는 스트록 연습을 평소에 많이 해야 된다.

죽여치기

모아치기를 완성하려면 수구를 죽여치는 타법을 익혀야 된다.
1적구를 잘 모았는데 수구가 멀리 달아나 버렸다면 어떻게 되겠는가 ?
죽여치기 요령은 수구의 중단 부분을 살짝 눌러치면서 그립을 잡아주면 된다.

눌러치기

모아치기에서 1적구를 내가 원하는 지점으로 보내기 위해서는 눌러치기로 1적구에
적당히 힘을 가해야 된다.
대부분의 모아치기는 1적구를 어떠한 분리각과 힘 조절로 다루는가에 달려있다.

분리각 이용

모아치기를 할 때는 1쿠션을 향한 1적구의 입사각 반사각을 먼저 판단해야 된다.
적당한 힘의 안배와 분리각을 이용하면 대부분의 공은 모아치기가 될 수 있다.

System

위에 기술한 모아치기를 위한 타법들과 내가 알고 있는 System을 접목하면서
생각하는 당구를 친다면 누구나 1년 안에 300점은 무난히 도달할 수 있다.

아울러 무엇보다 중요한 것은 기본기를 꾸준히 연마해야 한다.
올바른 자세, 그립, 브리지, 바른 정렬과 시선, 예비스트록까지 꾸준히 연마해야 된다.

◆ 끌어치기로 모아치기

300점과 200점의 차이를 알 수 있는 공 배치

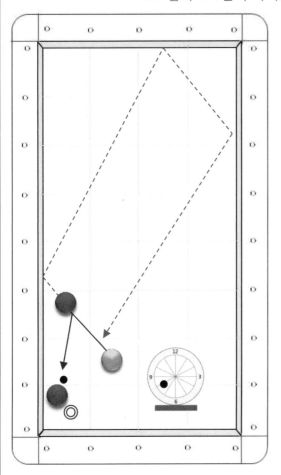
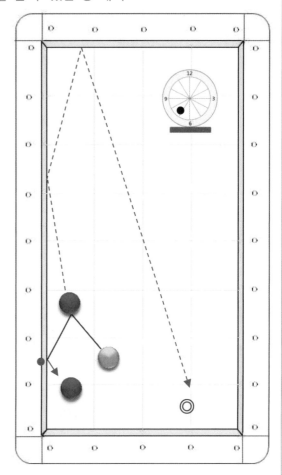

[해설]

1적구를 최대한 두껍게 눌러치기로
2적구의 ●지점을 겨냥하고 끌어쳐야
한다.

8시 방향 중 하단 당점으로 두껍게
1적구를 누르면서 부드럽게 큐를
잡아주면 쉽게 끌어치기가 된다.

정회전을 최대한 많이 주고 1적구가
한 바퀴 돌아오도록 힘조절을 해야 된다.

[해설]

이 도형은 모아치기의 가장 기초가 되는
형태이다.

1적구를 평범한 두께로 끌어치기 하면
1적구는 우측 하단으로 도망간다.

이 패턴의 처리 과정을 보면 상대방의
4구 실력을 가늠할 수 있다.

결국 모아치기의 결론은 눌러치기와
죽여치기의 기술 싸움이다.

모아치기를 하려면 1적구의 두께를 확실하게 분리시켜야 한다.

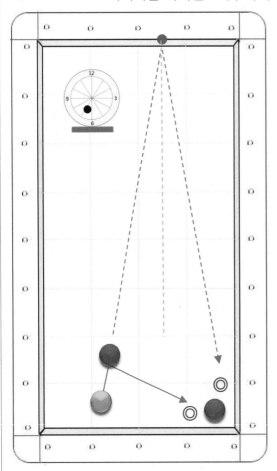 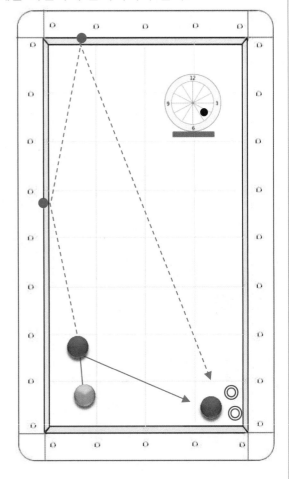

[해설]

위와 같은 끌어치기 형태에서는 1적구의
두께와 당점에 따라 1적구의 반사각이
달라지게 된다.

가장 중요한 점은 1적구를 분리시켜야 할
지점을 먼저 계산하고 그 다음에는 당점을
결정해야 한다.

위와 같은 형태는 4/5정도의 두께로 눌러
치면서 수구를 죽여치기 한다.

[해설]

위와 같은 형태의 끌어치기는 가장 먼저
1적구의 분리각을 계산해 보아야 한다.

대략 1쿠션과 2쿠션의 ●지점을 그리면서
4/5두께 정도로 끌어치기 한다.

정확한 두께 조절과 끌어치기 동작을 확실
하게 해야 되는 형태이다.

타법 : 정확한 겨냥점을 찾아 끌어치기
동작을 확실하게 해야 된다.

1적구의 두께와 힘 조절을 통해 모아치기 한다.

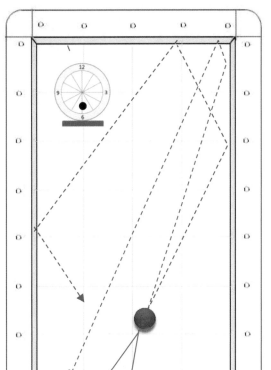

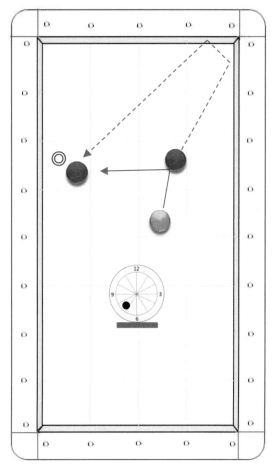

[해설]

위와 같은 형태에서 끌어치기 할 때는
무회전으로 2적구를 직접 끌어치기 해야
된다.
이러한 형태에서 좌측 쿠션을 이용하면
1적구는 적색 점선처럼 달아난다.

타법 : 무회전 하단 Tip주고 짧고 빠르게
밀어치는 형태로 끌어치기 한다.

[해설]

위 도형과 같은 공 배치는 1적구의 분리각
을 이용해 모아치기하는 도형이다.
1적구에 최대한 힘을 적게 가하면서 끌어
칠 수 는 있는 공이다.

타법 : 하단 Tip을 많이 주고 짧고 간결한
스트록이 요구되며 브리지를 짧게 해주는
것이 끌어치기에 도움이 된다.

1적구가 코너로 돌아 오도록 두께를 조절한다.

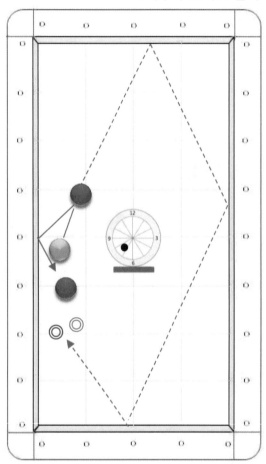

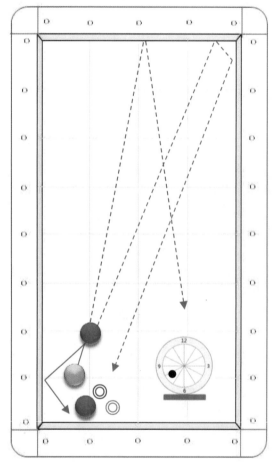

[해설]

위 도형은 1적구를 5분의 4 두께로 원쿠션
으로 끌어쳐야 모아치기가 되는 형태이다.
먼저 수구와 2적구가 멈추는 지점을 예상
하고 그 지점으로 1적구가 올 수 있도록
힘 조절을 해야 된다.

Point : 1적구의 두께는 조금 얇거나 두꺼
워도 회전만 주면 2적구를 맞출 수 있다.
중요한 것은 1적구의 분리각이다.

[해설]

위 도형의 경우 1적구를 직접 끌어치기
하면 적색 점선 궤도로 달아난다.
가급적 얇은 두께로 쿠션을 이용해 끌어
치기 해야 된다.
도형처럼 당점을 주면 1적구가 우측 코너
장쿠션에 먼저 맞든 단쿠션에 먼저 맞든
좌측 하단으로 내려온다.

Point : 원쿠션 끌어치기는 모아치기의 핵심

아래 도형의 끌어치기는 1적구를 9/10 이상 두껍게 맞혀야 모아치기가 된다

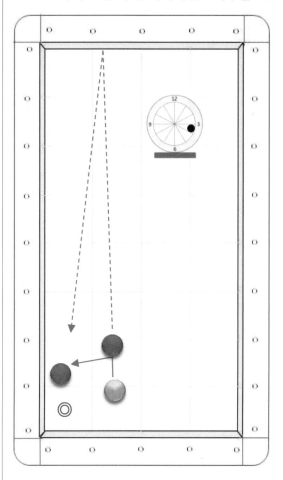 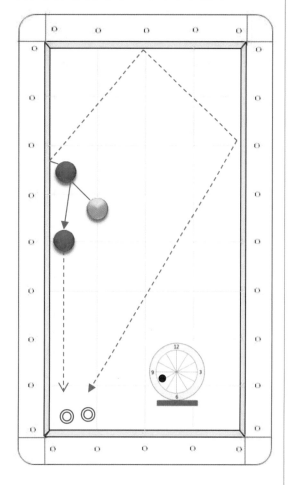

[해설]

1적구를 끌어치는 것이 아니라 두껍게 눌러서 죽여치기로 분리각을 만든다. 1적구가 맞은편 단쿠션에 맞고 내려와 멈출 정도의 힘 조절이 필요하다.

타법 : 3시 방향 최대한의 역회전을 주면 1적구는 반대 회전을 먹는다.

[해설]

위 도형은 끌어치기로 1적구를 한 바퀴 돌려 좌측 하단으로 보내고, 동시에 2적구를 정확하게 맞춰 좌측 하단으로 내려보내 모아치기하는 장면이다. 1적구의 두께는 생각보다 두꺼워야 하며 끌어치기 할 때는 쿠션을 의존하지 않고 2적구를 직접 맞추도록 끌어치기 해야 된다.

Point : 1적구를 누르면서 끌어치기 한다.

a도형은 눌러치면서 큐브레이크를 잡아주고 b도형은 누르면서 밀어친다.

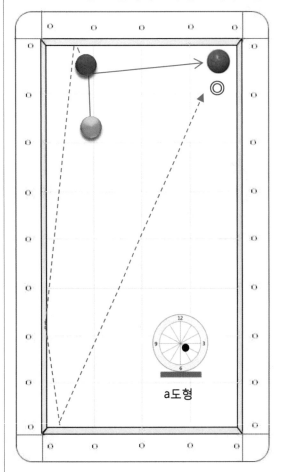

a도형

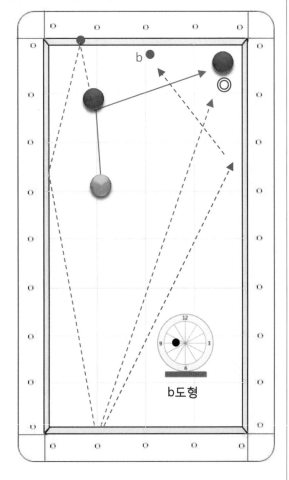

b도형

[해설]

위 도형처럼 1적구와 2적구가 90°로
배치되어 있을 때는 ⅞두께로 눌러쳐
1적구를 점선처럼 진행시켜야 한다.

타법 : 위 도형은 끌어치는 형태가 아
　　니라 두껍게 눌러치면서 임펙트
　　후 큐를 부드럽게 잡아주면 공은
　　90°로 끌린다.

[해설]

위 도형은 좌측 도형보다 수구가 오른쪽
으로 기울기가 더 있으므로 정회전을 주면
1적구가 회전을 먹고 b지점으로 간다.

역회전 1Tip주고 ⅞두께로 눌러쳐서
수구의 움직임도 둔화시켜야 한다.

타법 : 위 도형도 끌어치는 형태가 아니다.
　　두껍게 눌러치면서 그립을 부드럽게
　　잡아주면 공은 90° 방향으로 꺾인다.

◆ 눌러치기로 모아치기

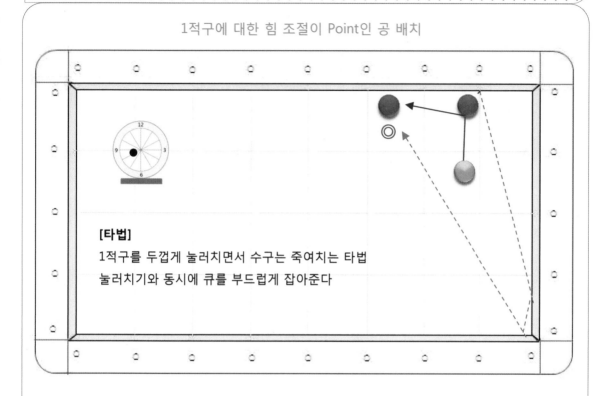

1적구에 대한 힘 조절이 Point인 공 배치

[타법]
1적구를 두껍게 눌러치면서 수구는 죽여치는 타법
눌러치기와 동시에 큐를 부드럽게 잡아준다

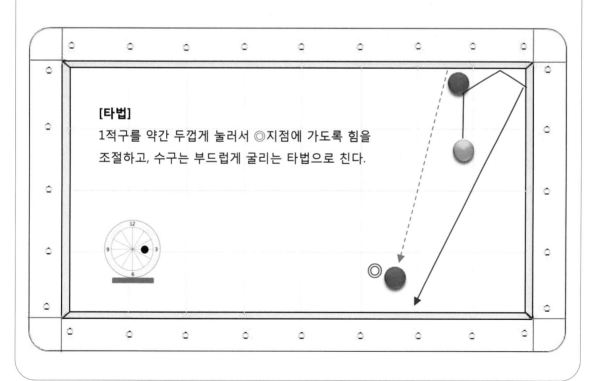

[타법]
1적구를 약간 두껍게 눌러서 ◎지점에 가도록 힘을
조절하고, 수구는 부드럽게 굴리는 타법으로 친다.

◆ 눌러치기로 모아치기

눌러치는 타법으로 1적구를 원하는 지점에 모아치기 한다.

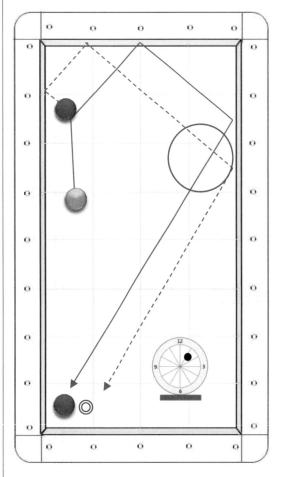
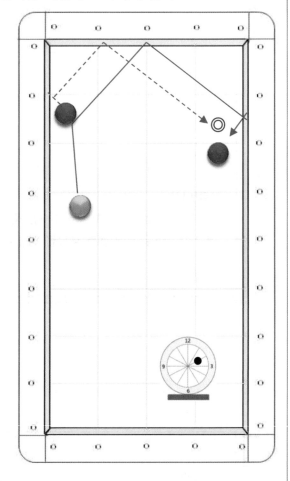

[해설]

위 도형의 모아치기 방법은 1적구가 점선 Line을 타고 돌 정도로 ½두께로 1적구에 힘을 가해주는 것이다.

1적구를 너무 두껍게 다루면 ○지점 에서 Kiss가 날 수 있다.

[해설]

위 도형은 좌측 도형의 축소판으로 경기 중에 자주 등장하는 모양이다.

1적구의 두께와 힘 조절이 핵심이다. 1적구를 너무 눌러치면 수구보다 빨리 진행되어 좌측 도형처럼 Kiss가 먼저 날 수도 있다.
수구가 1적구보다 빨리가는 정도로 두께를 선택해야 된다.

도형처럼 회전을 주고 1적구를 가볍게 눌러쳐서 모아치기 한다.

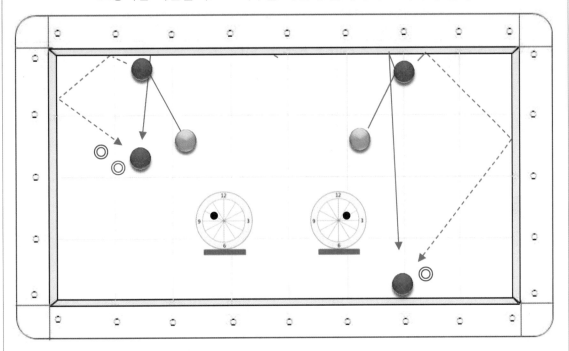

1적구의 두께와 힘 조절은 ◎지점에 1적구가 와서 멈추도록 조절한다.

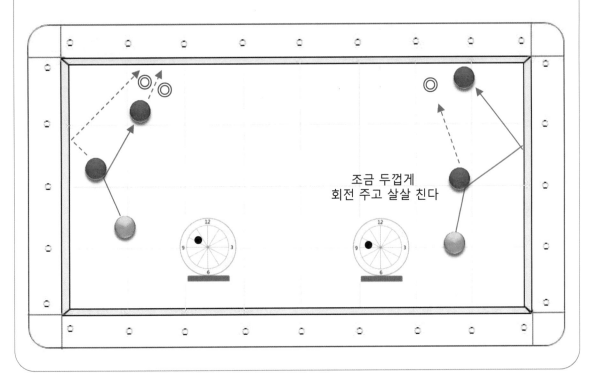

조금 두껍게
회전 주고 살살 친다

1적구의 분리각을 맞추고 수구는 죽여치기로 모아치기 한다.

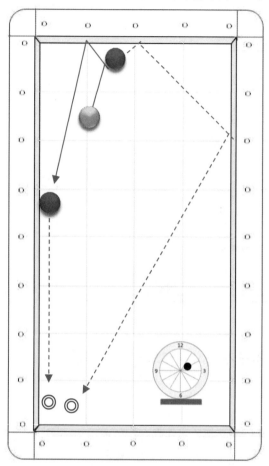

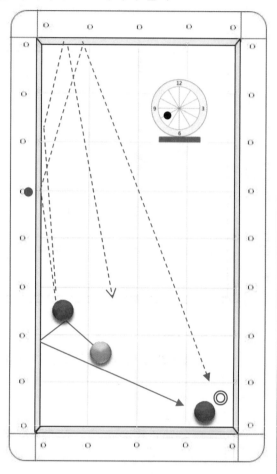

[해설]

위와 같은 공 배치에서 가장 먼저 생각해
야 할 점은 1적구의 분리각이다.

½두께로 1적구를 눌러서 좌측 하단으로
보내고 수구는 죽여치기로 2적구를 맞춰
좌측 하단으로 보낸다.

타법 : 우측 역회전 1Tip주고 ½두께로
　　　부드럽게 눌러친다

[해설]

위 도형은 끌어치는 공 배치가 아니다.

9시 방향 중단 Tip주고 ½두께로 1적구를
청색 점선처럼 분리시켜야 된다.

하단 Tip으로 얇게 치면 적색 점선처럼
공이 진행되므로 모아치기가 되지 않는다.

밀어치듯이 1적구에 적절한 힘을 가하고
회전력으로 2적구를 맞혀야 한다.

타법 : 밀어치기와 회전력이 포인트이다.

◆ 분리각을 이용한 모아치기

1적구의 분리각을 먼저 예상하고 샷을 해야 한다

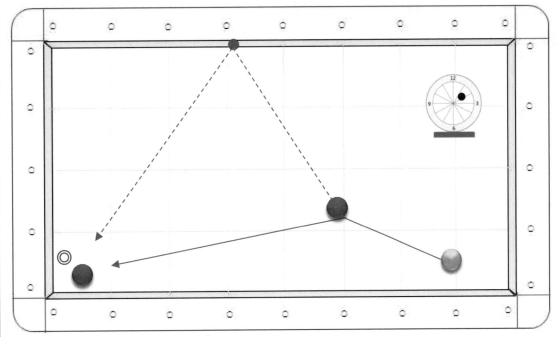

위 도형의 핵심은 1적구를 ●지점까지 분리시키면서 수구가 끌리거나 밀리지 않게
죽여치기 타법으로 수구를 분리시키는 것이다 (1적구를 부딪치며 툭 끊어친다)

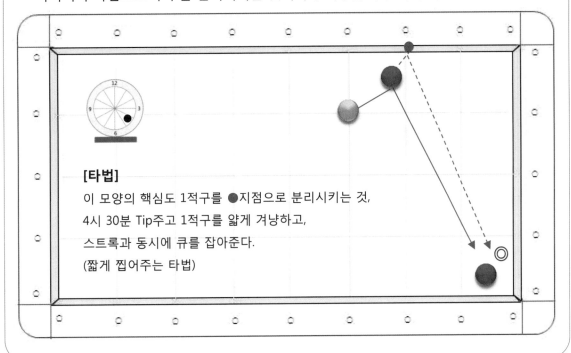

[타법]

이 모양의 핵심도 1적구를 ●지점으로 분리시키는 것,

4시 30분 Tip주고 1적구를 얇게 겨냥하고,

스트록과 동시에 큐를 잡아준다.

(짧게 찝어주는 타법)

◆ 분리각을 이용한 모아치기

1적구를 가볍게 눌러쳐서 모아치기 한다.

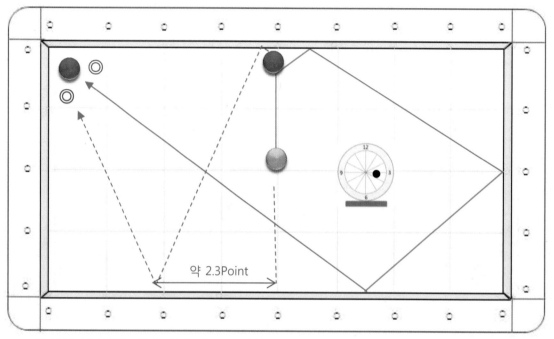

약 2.3Point

쿠션에 붙어있는 공을 ½두께로 눌러치면 1적구는 약 2.3Point 정도 반사된다.
1적구의 눌러치는 힘 조절을 2적구까지 보내는데 집중한다.

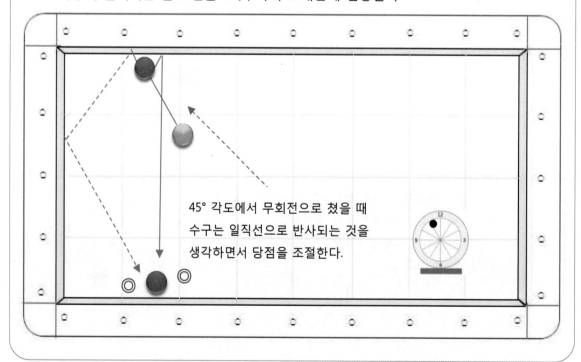

45° 각도에서 무회전으로 쳤을 때
수구는 일직선으로 반사되는 것을
생각하면서 당점을 조절한다.

◆ 분리각을 이용한 모아치기

2적구를 정확히 맞춰 원하는 지점으로 보내야 멋진 모아치기가 된다.

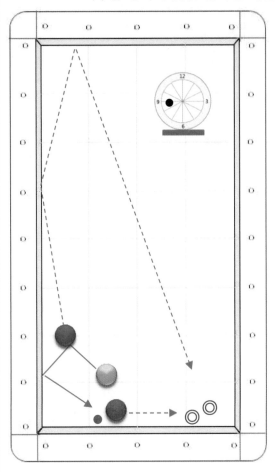

[해설]

위 도형은 1적구를 우측 하단으로 모아치기
해야 하는 형태이다.

⅔정도 두께로 1적구를 약간 밀어치듯이
힘을 가해 좌측 코너쪽에서 우측 하단 코너
로 내려오도록 힘 조절을 한다.

2적구와 2쿠션이 동시에 맞는듯하게 ●지점
을 겨냥하면 2적구도 코너로 모을 수 있다

Point : 2적구의 맞는 지점에 집중한다.

[해설]

1적구를 적색 점선보다 약간 아래로
분리시켜 회전력으로 2적구를 맞춘다.

1적구를 맞은편 단쿠션 ●지점으로
보내 비스듬히 코너로 반사시킨다.

4시 30분 당점주면 끌어치지 않아도
회전력으로 모아치기할 수 있다.

1적구의 분리각을 먼저 계산하고 당점 조절과 스트록으로 모아치기 한다.

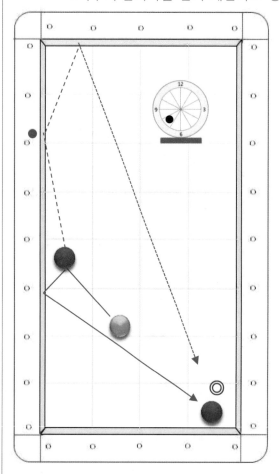 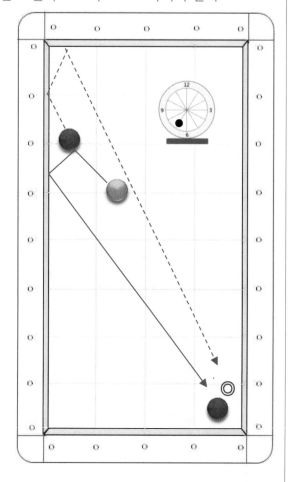

[해설]

위와 같은 공 배치에서 가장 먼저 생각해야 할 점은 1적구의 분리각이다.

비교적 얇게 끌어치기를 구사해야 한다

타법 : 7시 30분 방향 하단 Tip으로 끌어치기해야 1적구를 우측 하단 코너로 오게 하면서 2적구를 맞출 수 있다.

[해설]

우측 도형의 공 배치는 좌측 도형과 비슷한 형태이다.

하지만 1적구가 상단에 위치해 있어 수구보다 빨리 2적구쪽으로 내려와 Kiss날 우려가 있다.

이러한 경우에는 스피드한 끌어치기로 수구를 빨리 2적구로 향하게 해야 된다.

타법 : 끌어치기의 타법으로 하단 4Tip 회전력을 최대한 이용한다.

◆ 분리각을 이용한 모아치기

1적구에 대한 두께의 중요성을 나타낸 공 배치

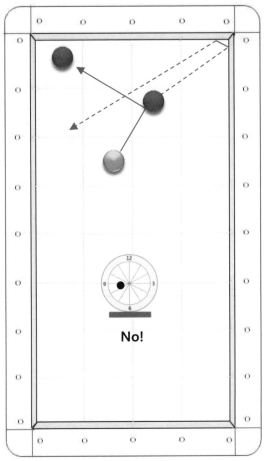

No!

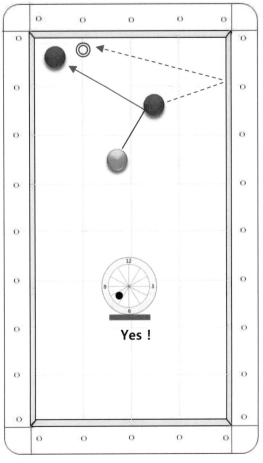

Yes !

[해설]

위 도형의 공 배치는 절대 끌어치기하는 공이 아니다.
1적구를 두껍게 맞추면 1적구는 코너를 돌아 멀리 달아난다.

90°의 공을 모아치기하는 요령은 ⅓의 얇은 두께로 얇게 치면서 그립을 부드럽게 잡아 주면 수구는 쉽게 꺾여온다.

[해설]

모아치기를 잘하려면 분리각 응용을 잘할 줄 알아야 한다.

위 도형은 ⅓두께로 하단 당점만 주면 끌지 않아도 가볍게 득점할 수 있는 공 배치이다.
1적구를 부딪치면서 동시에 큐를 부드럽게 잡아주는 것이 핵심이다.

◆ 밀어치기를 이용한 모아치기

1적구에 대한 힘 조절이 Point인 공 배치

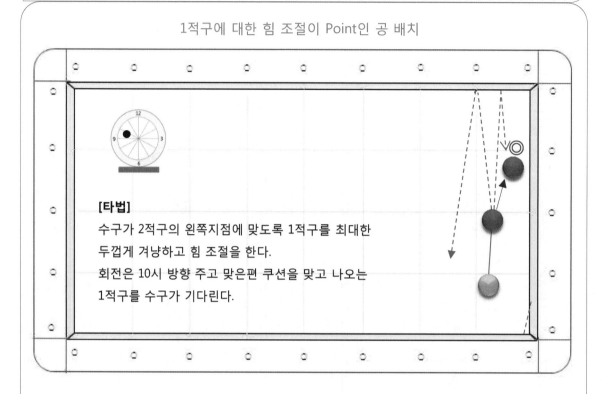

[타법]

수구가 2적구의 왼쪽지점에 맞도록 1적구를 최대한
두껍게 겨냥하고 힘 조절을 한다.

회전은 10시 방향 주고 맞은편 쿠션을 맞고 나오는
1적구를 수구가 기다린다.

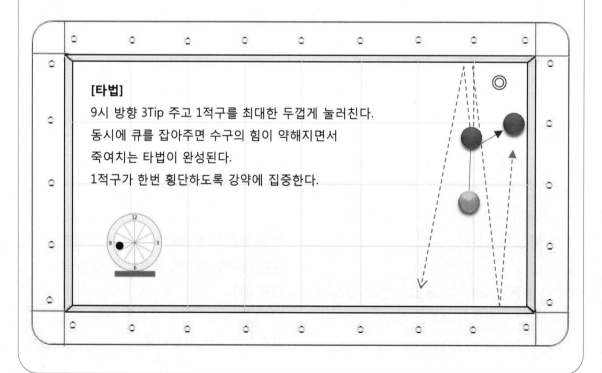

[타법]

9시 방향 3Tip 주고 1적구를 최대한 두껍게 눌러친다.
동시에 큐를 잡아주면 수구의 힘이 약해지면서
죽여치는 타법이 완성된다.

1적구가 한번 횡단하도록 강약에 집중한다.

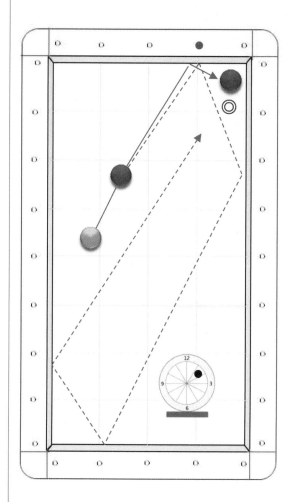

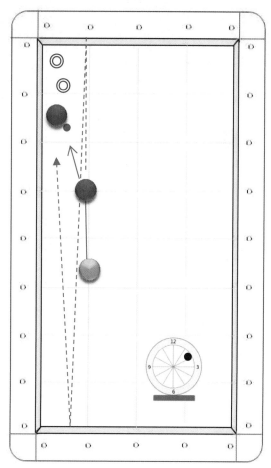

[해설]

위와 같은 형태에서 모아치기하는 방법은
1적구가 점선 Line을 타고 돌아 올 정도로
1적구에 힘을 조절하는 것이다.

1적구를 거의 정면으로 밀어쳐서 1쿠션에
서 회전력으로 2적구를 맞혀야 Kiss를 피할
수 있다.

[해설]

위 도형과 같은 형태에서 밀어치기 할
때는 최대한의 두꺼운 두께와 최대한
의 멕시멈 역회전 당점을 활용해야
한다. 또한 2적구의 겨냥점도 ●지점을
겨냥해야 두껍게 칠 수 있다.
멕시멈 역회전을 주는 이유는 수구에
역회전을 주면 1적구는 회전을 반대로
먹게되어 모아치기가 된다.

1적구를 최대한 두껍게 다루어야 모아치기 할 수 있다.

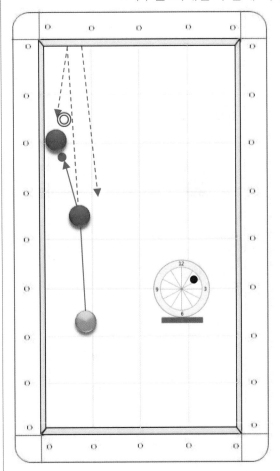 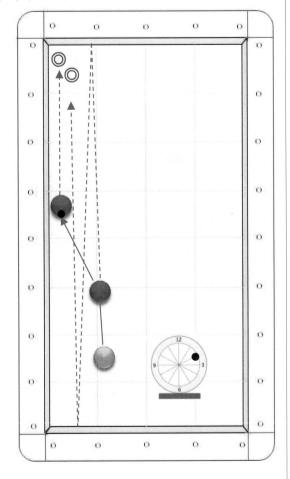

[해설]

굴리는 타법으로 득점하는 공 배치이다.

이러한 모양에서는 밀어치기 타법을

구사하지 않고, 공 한개 통과하는

타법으로 천천히 수구를 굴리기만

해도 밀리면서 득점하게 된다.

중요한 것은 1적구의 ●지점을 직접

겨냥하고 두껍게 맞추어야 1적구가

적색 점선처럼 달아나는 것을 방지한다.

[해설]

1적구에 대한 힘 조절이 포인트 이다.

장쿠션을 한번 횡단시켜 좌측 상단 코너로

보내도록 힘 조절을 한다.

2적구의 ●지점을 겨냥해 2적구를 상단

코너로 보낸다.

생각보다 두껍게 쳐야 되는 공이며,

우측 2시 방향에 역회전을 많이 주어야

1적구가 우측으로 벌어지지 않는다.

1적구를 두껍게 밀어치는 타법으로 모아치기 한다.

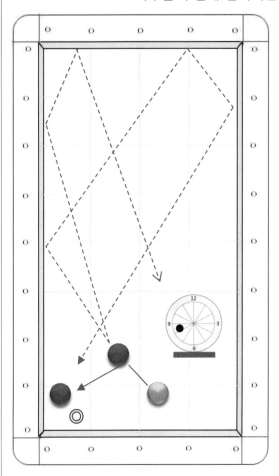 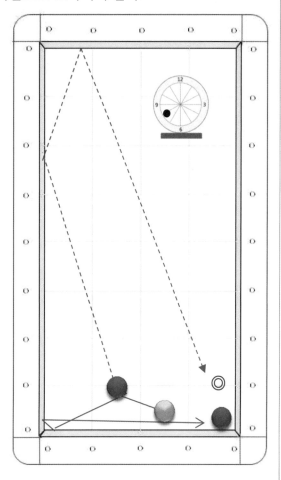

[해설]

위 도형의 공 배치는 끌어치기에는
각도가 너무 둔각이다.

그렇다고 1적구를 얇게 치면 1적구는
우측 하단 코너로 가게 된다.

이러한 경우 1적구를 ¾두께로 눌러
치면서 큐를 부드럽게 잡아주면
수구는 서서히 2적구쪽으로 진행한다.

타법 : 정회전 3Tip주고 눌러친다.

[해설]

위 도형의 공 배치에서 얇게 원쿠션으로
치면 득점확률이 아주 높은 공이다.

하지만 얇게 칠 경우 1적구는 상단 중앙
부근으로 진행되어 다음 공은 거의 어려운
공으로 배치될 확률이 높다.

이 경우 도형처럼 1적구를 두껍게 밀어쳐
더블레일 시키면 모아치기가 된다.

타법 : 3Tip 회전 주고 길게 밀어친다.

107

◆ 빗겨치기와 눌러치기의 선택

비슷한 유형에서의 뒤로치기와 죽여치기의 선택

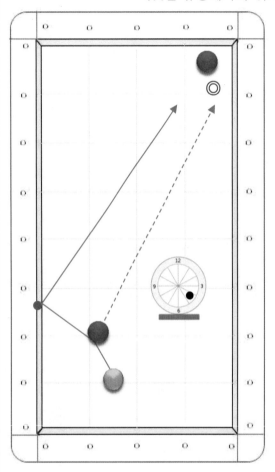

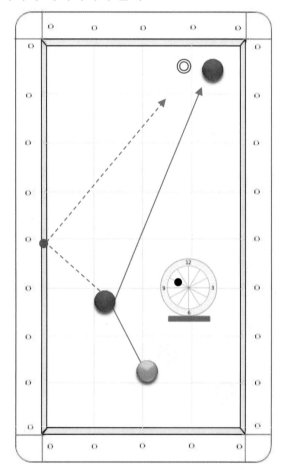

[해설]

위 두 도형은 비슷한 형태의 패턴이다.
좌측 도형의 경우에는 직접 1적구와
2적구를 맞추는 것보다는 원쿠션을
이용해 2적구를 맞추는 것이 점선처럼
모아치기가 된다.

[해설]

우측 도형의 경우에는 죽여치기 타법
으로 1적구를 ●지점으로 보내면서
2적구를 직접 맞추면 공 3개가 코너로
모이는 Big Ball 형태이다.
중 중상단 당점주고 1적구를 부딪치며
큐를 살짝 잡아주면 수구는 힘을 잃고
2적구 방향으로 굴러가게 된다.

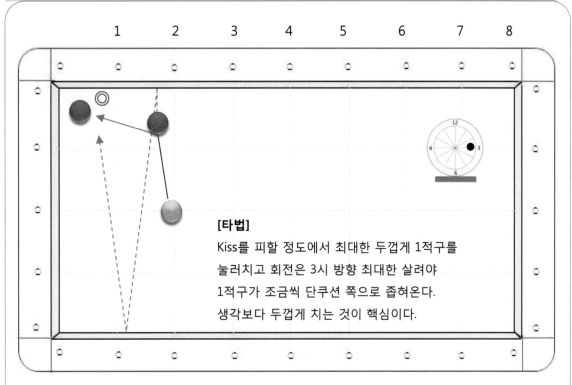

[타법]

Kiss를 피할 정도에서 최대한 두껍게 1적구를
눌러치고 회전은 3시 방향 최대한 살려야
1적구가 조금씩 단쿠션 쪽으로 좁혀온다.
생각보다 두껍게 치는 것이 핵심이다.

Tip : 수구에 역회전을 주면 1적구는 정회전을 먹고,
수구에 정회전을 주면 1적구는 역회전을 먹는다.

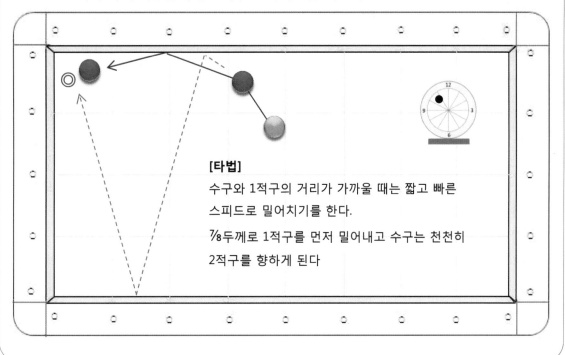

[타법]

수구와 1적구의 거리가 가까울 때는 짧고 빠른
스피드로 밀어치기를 한다.

$7/8$두께로 1적구를 먼저 밀어내고 수구는 천천히
2적구를 향하게 된다

◆ 두께를 이용한 모아치기

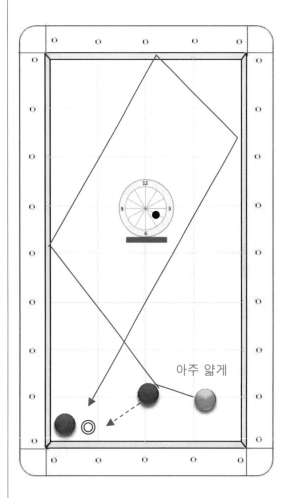

아주 얇게

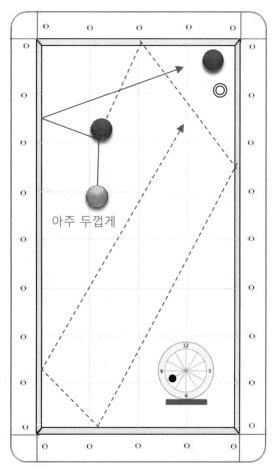

아주 두껍게

[해설]

제각돌리기로 제1적구를 얇게 맞춰
코너로 모아치기 하는 공 배치이다.
1적구가 크게 움직이지 않는 흔히 말
하는 (깔딱 나미)로 치는 공이다.
Kiss가 나더라도 충격이 적어 득점하는
데에 지장이 없다

[해설]

당점을 역회전 3Tip주고 1적구를 두껍게
눌러 대회전시켜 상단 우측 코너로 모아
치기 하는 공 배치이다.
1적구가 대회전 하면서 돌아오는 동안
수구는 역회전 영향으로 서서히 굴러가
득점하게 된다.

◆ 따당 타법으로 모아치기

1적구는 장축 횡단시키고 2적구를 정확히 맞춰 다시 올라오게 힘 조절한다.

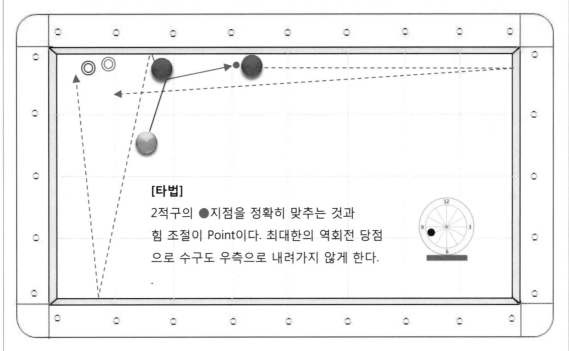

[타법]
2적구의 ●지점을 정확히 맞추는 것과
힘 조절이 Point이다. 최대한의 역회전 당점
으로 수구도 우측으로 내려가지 않게 한다.

Tip : 4구 경기에서 자주 등장하는 모양이다. 1적구는 단쿠션을 횡단만 한다.
2적구를 정확하게 맞춰 다시 올라오게 하는 일명 따당 샷이다.

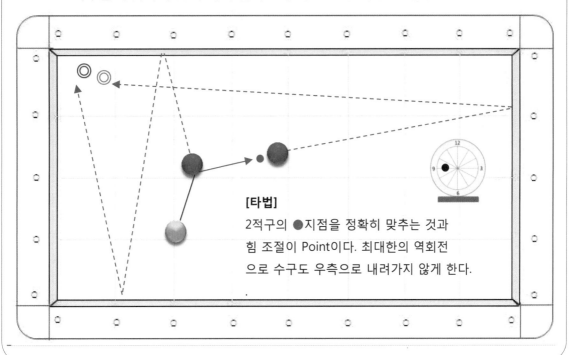

[타법]
2적구의 ●지점을 정확히 맞추는 것과
힘 조절이 Point이다. 최대한의 역회전
으로 수구도 우측으로 내려가지 않게 한다.

1적구가 쿠션에 붙어있을 경우 Kiss Back을 이용한다.

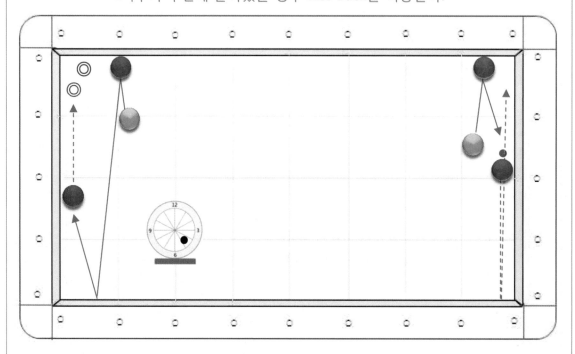

Kiss Back으로 공을 칠 때는 두께에 집중하고 하단 당점을 사용해야 하며 짧고 빠른 스트록을 구사해야 한다.

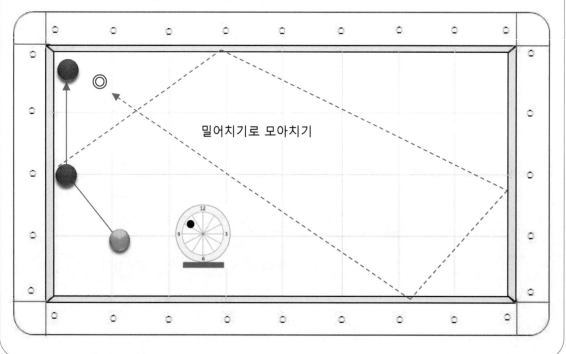

밀어치기로 모아치기

◆ 뒤로 걸어치기로 모아치기

뒤로 걸어서 모아치기 할 때는 1쿠션 지점 앞에 가서 정확한 지점을 판단해야 한다.

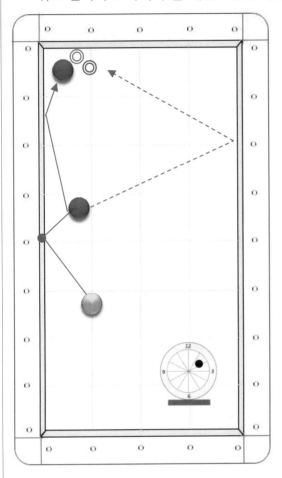

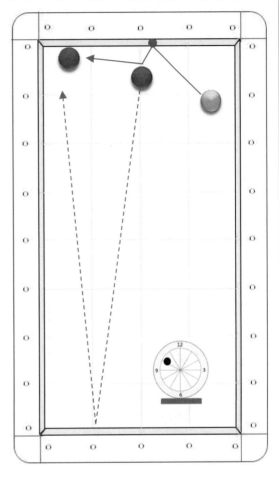

[해설]

뒤로 걸어서 모아치기 하는 원 뱅크샷 도형이다.

1쿠션 지점 앞에 가서 그곳에서 공을 친다는 생각을 하면 계산도 쉬워지고 당점 선택도 쉬워진다.

또 한가지 핵심은 1적구가 맞은편 쿠션을 맞고 코너로 모일 만큼의 힘 조절을 해야 한다,

[해설]

뒤로 걸어서 1적구를 장쿠션 횡단시켜 모아치기 하는 원 뱅크샷 도형이다.

마찬가지로 1적구의 어느 부분을 맞추는가가 모아치기의 핵심이다.

마찬가지로 1적구가 맞은편 쿠션을 맞고 코너로 모일 만큼의 힘 조절을 하는 것이 핵심이다.

113

모아치기을 위한 다음 공 배치를 만든다.

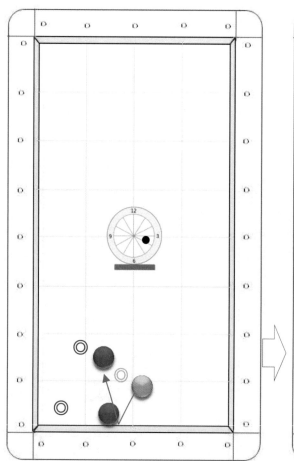 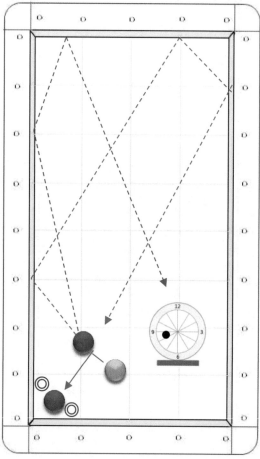

[해설]

위와 같은 공 배치에서는 다음 공을 모아
치기 할 수 있는 모양을 만들어야 한다.
우측 회전으로 최대한 약하게 치면 대부분
다음 공이 우측 도형처럼 모아치기 할 수
있는 좋은 형태가 나온다.

타법 : 최대한 약하게 쳐서 1적구를 코너로
　　　　보내놓고 끌어치기 모양을 만든다.

[해설]

위와 같은 공 배치에서는 1적구를 최대한
두껍게 끌어쳐서 1적구를 대회전 시켜야
된다.
1적구를 얇게 끌어치기 하면 적색 점선
처럼 노력한 대가를 얻을 수 없게 된다.

타법 : 중 하단 정회전 3Tip 주고 눌러치
　　　　면서 죽여치기로 끌어치기 한다.

모아치기을 만들기 위한 다음 공 배치를 만든다.

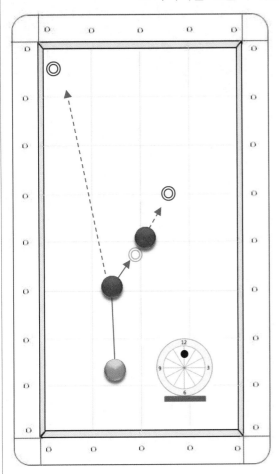 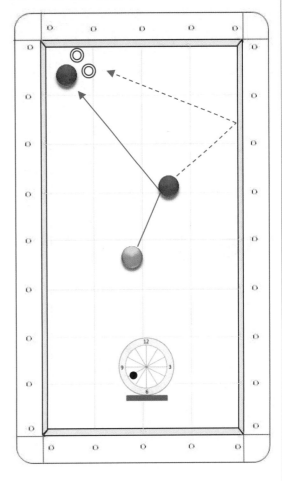

[해설]

위와 같은 공 배치에서 모아치기 하는
핵심은 힘 조절이다.
1적구는 코너로 보내고 2적구의 정면을
약하게 맞춰 놓으면 도형에 표시된 이미지
볼처럼 다음 공에 끌어치기 할 수 있는
모양이 만들어지게 된다.

타법 : 아주 약하게 굴려서 맞춰야 한다.

[해설]

좌측 도형의 공 배치를 2단계로 모아치기
모양을 만든 형태이다.

수구와 1적구의 각도가 대략 45°형태로
된다면 끌어치기 두께 조절로 공 3개를
코너로 모을 수 있게 된다.

Point : 45°각도를 유지하면 다음 공은
            얼마든지 두께 조절이 쉬워진다.

모아치기을 만들기 위한 다음 공 배치를 만든다.

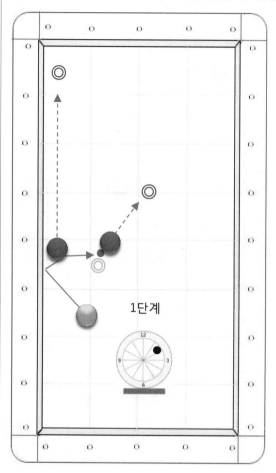

1단계

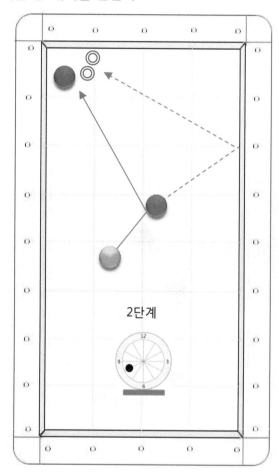

2단계

[해설]

위와 같은 공 배치에서는 어차피 공 3개가 벌어질 수 밖에 없다. 그렇다면 코너로 공을 모으기 위한 다음 공 배치를 만드는 것이 보다 좋은 방법이다.

타법 : 1적구가 코너로 내려갈 정도의 힘을 가하면서 수구는 2적구의 ●지점을 맞추고 멈춰서야 한다.

[해설]

좌측 도형의 공을 다음 공 모아치기 형태로 만든 도형이다.

공의 배치가 대략 45° 정도로 배치되면 그 다음에는 두께 조절로 얼마든지 코너로 모아치기 공을 만들 수 있다.

타법 : 분리각 이론을 활용하여 1적구의 두께를 조절하면서 죽여치는 타법.

당구의 꽃

마세 Masse

당구의 꽃으로 불리는 찍어치기

기술은 일반적인 타구법으로

득점이 불가능할 경우

큐를 세워서 득점하는 기술이다

마세는 큐의 수평각과 스트록의

강약에 따라 다양한 형태의 예술구를

소화해 낼 수 있다

마세 Masse는 일반적인 샷으로는 득점이 불가능한 경우 큐를 세워 득점하는 타구법으로 찍어치기로 강한 비틀기와 커브를 만들어 득점한다.

[타구 방법]
1. 위에서 공을 내려다 보고 얼굴은 큐보다 앞쪽에 위치한다.
2. 약지와 새끼손가락을 바닥에 고정하고 엄지손가락으로 큐를 고정시킨다.
3. 그립은 엄지, 검지, 중지 세손가락으로 가볍게 그립을 잡는다.
4. 찍어 칠 때는 큐의 무게로만 찍어친다.

[마세 Masse의 종류]
1. 수구의 커브를 이용하여 득점하는 타구법
2. 수구의 역회전을 이용하여 득점하는 타구법
3. 수구와 1적구가 가까울 때 공을 후진시켜 득점하는 타구법
4. 쿠션을 이용하여 회전력을 극대화시켜 득점하는 타구법
5. 공의 배치에 따른 다양한 타구법으로 예술구를 칠 수 있는 타구법이 마세 Masse 타구법이다.

마세 Masse는 공 지름의 60% 이내에서 당점을 겨냥해야 한다

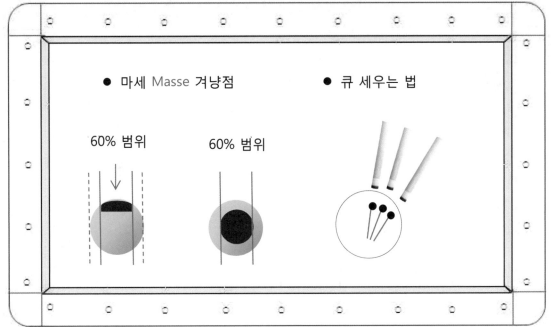

- 마세 Masse 겨냥점
- 큐 세우는 법

60% 범위

60% 범위

큐를 세우는 것은 횡회전을 높이고, 큐를 눕히는 것은 전진력을 높이기 위함이다. 공의 위치에 따라 큐의 각도를 적절하게 조절하는 것이 마세의 기본이다.

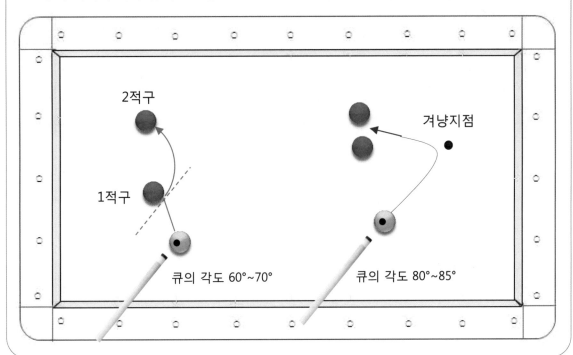

2적구

겨냥지점

1적구

큐의 각도 60°~70°

큐의 각도 80°~85°

마세 Masse는 공 지름의 60% 이내에서 당점을 겨냥해야 한다

마세 Masse의 활용 범위

큐의 각도 수직 65°~75°

큐의 각도 수직 70°~80°

겨냥점

큐의 각도 수직 70°~80°

마세는 큐스틱의 기울기와 스트록의 강도에 따라 수구의 진로가 결정된다.

큐스틱의 수평각을 이용해 전진운동과 병진운동을 조절하며, 많은 연습을 해야 된다.

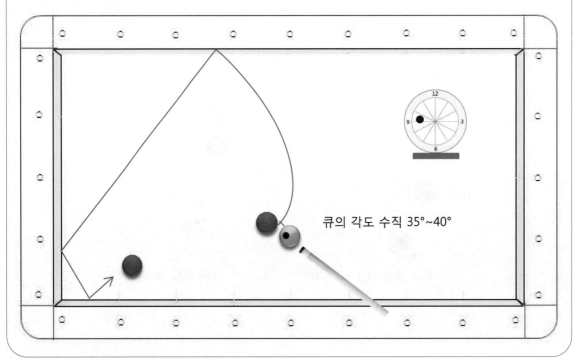

큐의 각도 수직 35°~40°

4구의 마지막 기술
세리 Serie

4구 경기에서 마지막 기술이라고 하는

세리 (Serie) 기술은 공을 모은 상태에서

쿠션을 따라 연속해서 득점해 가는 기술이다.

힘 조절, 당점, 두께, 분리각, 끌어치기 등

세리를 치고 또 만들기 위해서는

고도의 기술이 필요하다.

세리를 배우기 위해서는 이론을 바탕으로

많은 훈련이 필요하다.

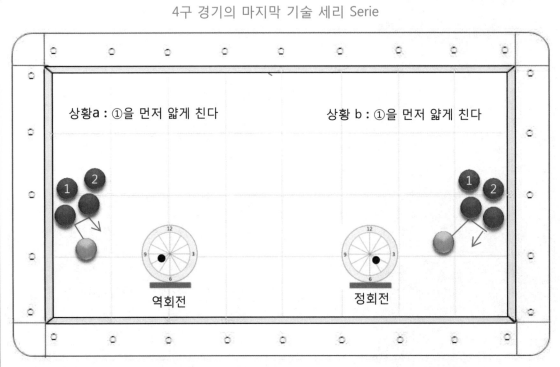

4구 경기의 마지막 기술 세리 Serie

세리 기술은 이론을 터득해야 하지만 동영상을 통해 공의 움직임을 배우고
많은 연습을 통해 기술을 손에 익히는 것이 세리를 배울 수 있는 빠른 길이다.

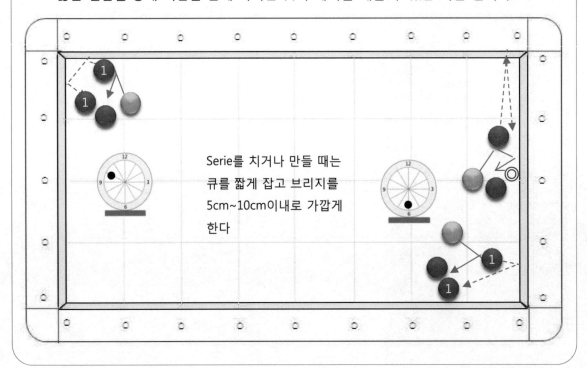

Serie를 치거나 만들 때는
큐를 짧게 잡고 브리지를
5cm~10cm이내로 가깝게
한다

◆ 세리 Serie

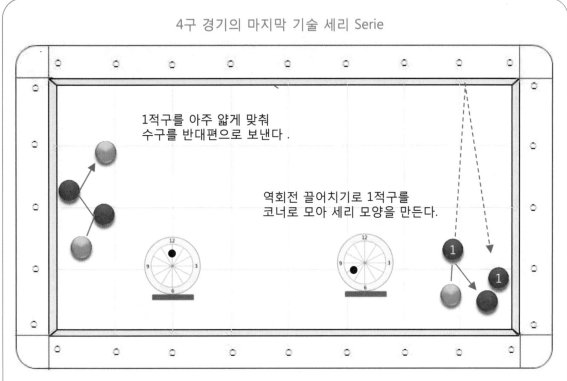

4구 경기의 마지막 기술 세리 Serie

1적구를 아주 얇게 맞춰 수구를 반대편으로 보낸다 .

역회전 끌어치기로 1적구를 코너로 모아 세리 모양을 만든다.

세리 기술은 이론을 터득해야 하지만 동영상을 통해 공의 움직임을 배우고 많은 연습을 통해 기술을 손에 익히는 것이 세리를 배울 수 있는 빠른 길이다.

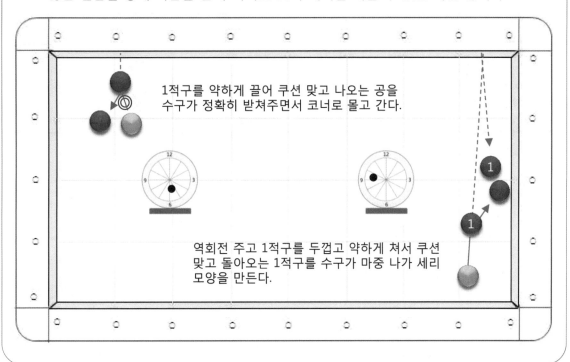

1적구를 약하게 끌어 쿠션 맞고 나오는 공을 수구가 정확히 받쳐주면서 코너로 몰고 간다.

역회전 주고 1적구를 두껍고 약하게 쳐서 쿠션 맞고 돌아오는 1적구를 수구가 마중 나가 세리 모양을 만든다.

123

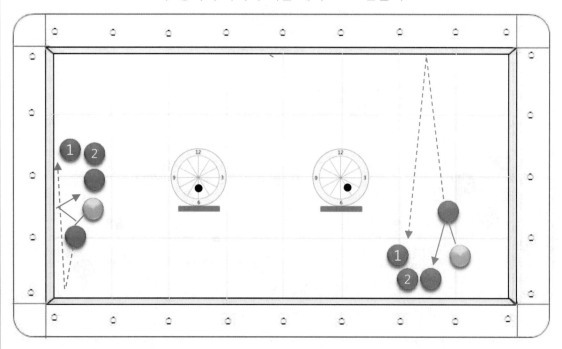

◆ 세리 Serie

4구 경기의 마지막 기술 세리 Serie 만들기

Serie를 잘 다루는 것도 중요하지만 Serie 공을 만드는 기술이 더 중요하다.

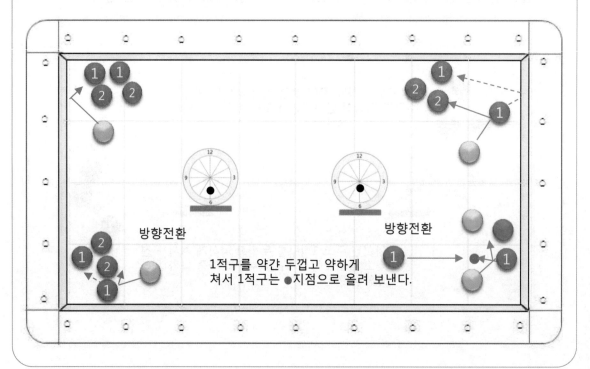

방향전환

방향전환

1적구를 약간 두껍고 약하게
쳐서 1적구는 ●지점으로 올려 보낸다.

당구의 비법과 타법

당구의 비법 코너에는

당구를 잘 치기 위한 특별한 비법들과

고수들의 타법

그립과 브리지의 중요성과 특성

공의 두께 다루는법

포지션 별 득점 확률을 높이기,

공을 쉽게 다루는 기술

득점을 위한 사전 준비

멘탈 부분 등에 이르기까지

상세히 설명되어 있다.

* 고수들의 타법

* 1적구의 분리각

* 예비 스트록의 중요성

* 타격감 없는 스트록 연습 방법

* 고점자와 하점자의 차이점

◆ 당구의 비법

▪ **두께가 일정치 않다면 두께 조준법을 먼저 배우고 익혀야 한다.**
공을 잘 치는 요소 중의 하나는 1적구의 두께를 정확히 맞추는 것이다.
따라서 두께 조준법을 먼저 익히고 그 원칙에 입각해서 조준하는 습관을 들여야 한다.

▪ **타법이 당구의 70%다.**
타법을 크게 세가지로 나누면 밀어치는 Follow stroke와 임펙트와 동시에 큐를 잡아
주는 Jab stroke, 그리고 그 중간 형태로 아주 가볍게 큐를 잡아주는 Soft jab stroke가
있다. 타법이란 임펙트 후 어느 순간에 그립을 적절히 잡아주는가가 중요하며,
큐를 뻗어주는 길이가 구질에 어떻게 영향을 미치는지를 이해하는 것도 중요하다.
타석에 들어서 자세를 취하기 전에 어떤 타법을 구사할지를 먼저 결정해야 한다.

▪ **펌 그립과 루즈 그립의 특성을 알아야 한다.**
공의 배치에 따라 그립의 선택은 아주 중요하다.
그립을 크게 둘로 나누면 큐 전체를 부드럽게 감싸주는 펌 그립(firm grip)과, 느슨하게
큐를 잡아주는 루즈 그립(Loose grip)이 있다.
펌 그립은 입사각 분리각을 이용해 공을 정교하게 각대로 칠 때 유리할 수 있으며,
루즈 그립은 (밀어치기, 끌어치기, 횡단 샷, 스핀 샷)등 공의 변화와 기교가 요구될 때
다양하게 활용할 수 있다.
어느 그립이 좋고 나쁜 것은 아니며 최소한 그립이 구질에 미치는 영향을 알고 공을
쳐야한다. (28페이지 참조)

▪ **브리지의 역할과 중요성**
약간 짧은 형태로 뒤돌려치기 해야 할 경우 또는 약간 끌어치는 형태로 제각돌리기를 할
경우에는 브리지를 짧게 잡아주는 것이 좋다.
브리지를 짧게 잡으면 큐가 앞으로 밀려나는 것을 사전에 어느 정도 방지할 수 있으며,
약간의 끌림 현상을 만들어 주기 때문이다.
반대로 공을 얇고 길게 치기 위해서는 얇게 겨냥하는 것도 중요하지만 큐를 길게 내밀
면서 끝까지 큐를 잡지 말아야 한다. 만일 더 길게 쳐야 할 상황이라면 자세를 취한 후
몸을 최대한 뒤로 빼주고 스트록을 하면 정말 얇고 긴 각을 칠 수 있다

▪ **스텐스**
스텐스가 중요한 것은 스텐스를 먼저 정확하게 취해야 나머지 자세를 꼬임없이 안정적
으로 취할 수 있기 때문이다.
스텐스를 취하는 방법은 오른발은 1시 방향으로 왼발은 10시 방향으로 45°로 벌리는 것
이 표준이며, 정교한 각을 칠 때는 왼발을 약간 닫아주고, 파워있는 스트록을 해야 할
경우에는 왼발을 약간 open stance로 취하는 것이 좋다.

▪ **공을 얇게 치는 기술**
공을 얇게 치는 비법은 1적구 옆에 이미지볼을 만들고 1적구를 바라보지 말고 이미지
볼을 향해 허공을 치듯이 큐를 뻗어주는 것이다.
더 세부적으로 말하면 큐의 왼쪽 끝과 오른쪽 끝을 1적구의(내측 외측) 어느 지점에 겨냥
해야 되는지 스스로 확인하면서 두께 연습을 하면 당구를 쉽게 배울 수 있게 된다.

- **공의 진로를 길게 만드는 기술**
  앞돌려치기 또는 앞돌려치기 대회전에서 공을 길게 치는 방법은 몇 가지가 있다.
  1. 두께보다 중요한 것은 타격감 없이 큐를 일정한 속도로 뻗어주는 등속 샷을 한다.
  2. 큐가 비틀리지 않고 곧게 뻗는다.
  3. 하체와 브리지를 제외한 상체의 모든 부분의 힘을 다 빼고 천천히 느리게 샷을 한다
  4. 큐를 평소보다 길게 잡으면 90° 전에 임펙트가 되어 타격감을 줄일 수 있다.

- **공의 진로를 짧게 만드는 기술**
  공의 각도를 짧게 만드는 방법은 여러 가지가 있지만 가장 편안하게 사용할 수 있는
  방법은 Jab을 사용하는 것이다. 권투 선수가 jab으로 상대방을 찌르듯이 임펙트 순간
  가볍게 큐를 잡아 끊어치기 하는 것이며,
  어느 순간에 jab을 넣어주는가에 따라 공이 짧아지는 정도를 조절할 수 있다.
  또 다른 방법은 1적구를 스피드로 강하게 때려 분리각을 짧게 만드는 방법도 있으며,
  공의 진로를 짧게 만들어야 할 때는 브리지를 짧게 하는 것도 요령이다.

- **뒤돌려치기 득점 확률 높이는 방법**
  뒤돌려치기에서 가장 중요한 것은 Tip조절이다. 초 중급자의 경우 항상 일관되게 3Tip
  을 주고 두께로 조절하려는 경우가 많은데, 그 방법보다 두께는 편한 두께로 가져가고
  수구의 진로는 Tip으로 조절하면 뒤로 돌리기가 아주 쉬워진다. (199페이지 참조)
  뒤돌려치기는 Kiss를 빼는 것이 큰 과제이므로 평소 Kiss빼는 원리를 익혀두어야 한다.

- **제각돌리기 득점 확률 높이는 방법**
  제각돌리기을 칠 때는 루즈 그립보다 부드러운 펌 그립(Firm grip)을 사용하는 것이 공의
  진행 동선을 일정하게 그릴 수 있어 득점 확률을 높일 수 있다.
  포지션별로 ½ ~⅓ 두께와 Tip 조절로 공식화시켜 놓는 것이 좋으며, 스트록은 비틀어
  치지 않고 부드럽게 눌러치는 듯 큐를 관통하는 방법으로 생각보다 두껍게 치면서 맞을
  만큼 약하게 치는 것이 요령이다. (Ball System 182페이지 참조)

- **앞돌려치기 득점 확률 높이는 방법**
  스트록이 가장 예민한 공이 앞돌려치기이다
  앞돌려치기 또는 길게 치기를 할 때는 상체의 모든 힘을 빼고 뱅크 샷 하듯이 느린
  샷을 구사하는 것이 요령이다. 특히 1적구가 수구에서 멀리 있을 경우에는 더욱 그렇다.

- **당점에 대한 개념을 세분화해야 한다**
  게임에서 가장 많이 나타나는 공 배치는 제각돌리기와 뒤돌려치기이다.
  특히 이 두 가지 형태에서 당점 개념이 정리되어 있다면 공을 아주 쉽게 다룰 수 있다.
  예를 들어 1Tip을 더 주거나 덜 주면 1Point ~ 반 Point 차이가 날 수도 있는데 많은
  동호인들이 당점에 대한 개념없이 무작정 오른쪽 왼쪽 3Tip으로 공을 다루고 있다.

- **팔로우 샷과 긴 스트록(샷의 길이)의 차이점**
  팔로우 샷이란 1적구를 맞춘 수구가 앞으로 전진할 수 있도록 큐를 뻗어 수구의 전진력
  을 높여주는 것을 말하며,
  샷의 길이로 친다는 의미는 N자 더블 샷, 또는 역회전을 최대한 살려야 할 경우에
  타격감 없이 일정한 속도로 큐를 부드럽고 길게 수구를 관통하듯 치는 것을 말한다.

- **타석에 천천히 들어서라**

  타석에 들어서는 속도가 게임의 리듬을 좌우하는 영향은 아주 크다.
  타석에 천천히 들어선다는 것은 게임을 신중하게 이끌고 나가겠다는 결의이다.
  또한 타석에 들어서면 전체적인 점검을 해야 한다. 예를 들어 Kiss의 유무, 다음 공의 배치,
  타법과 스트록의 강약 등을 먼저 결정하는 습관을 들여야 한다.
  단, 이러한 점검을 하는 시간이 길어서는 안된다.

- **모든 것이 결정되기 전에 엎드리면 안된다.**

  타석에 업드린 다음에는 스트록에만 집중해야 한다.

- **집중력이 승부다.**

  골프에서도 3대 요소를 말하라면 집중력, 기술력, 체력 이라고 한다.
  당구에서도 장시간 게임을 하는 경우에 가장 중요한 것은 집중력이다.
  어차피 당구수야 평소 정해진 것이고 수많은 멘트와 디펜스, 신경전이 오가는 기류 속에
  서 자신이 흔들리지 않으려면 초고도의 집중력뿐이다.

- **자신감**

  모든 게임처럼 당구에서도 마찬가지로 자신감을 잃으면 끝장이다.
  정확하게 수치를 계산해야 하는 두뇌와, 미세한 신경세포를 동원해 스트록을 해야 하는
  당구 게임에서는 한번 자신감을 잃게 되면 다시 돌이키기가 쉽지 않다.
  항상 자신이 이겨있는 게임이라고 생각하고 자신의 스트록이 제대로 되고 있는지를
  지속적으로 체크하고 관리해야 된다. 득점을 몇 차례 놓치더라도 자신있는 스트록을
  해 나가다 보면 게임은 저절로 풀리게 된다.

- **수비**

  당구 게임에서 수비는 최후의 수단이다. 하지만 수비가 꼭 필요할 때도 있다.
  예를 들어 상대가 운이 없게 몇 차례 득점을 놓쳐 흔들릴 때 나에게 득점 확률이 낮은
  공이 배치되었다면 수비쪽을 선택하는 것이 게임을 유리하게 이끌고 나갈 수도 있다.
  상대방의 집중력을 분산시킬 수 있기 때문이다.
  하지만 당구를 재미있게 치고 발전하려면 수비 위주의 Play 보다는 창의력을 발휘한 공격
  위주의 경기를 하는 것이 더 바람직하다.

- **타법에 대한 이해도를 높여야 한다.**

  당구의 타법은 수십 가지에 이르지만 크게 분류하면 10가지 미만으로 요약할 수도 있다.
  타법에 따라 공의 진로가 어떻게 바뀌고 변화하는지를 먼저 이해해야 된다.

- **예비 스트록을 습관화 한다.**

  공을 의지대로 치기 위해서는 반드시 예비 스트록이 필요하다.
  예비 스트록은 본 스트록을 하는데 탄력을 더해주는 것은 물론 정렬과 자세를 최종적
  으로 점검하는 과정이기 때문이다.

- **타격감 없는 스트록 연습을 많이 한다.**

  고점자와 하점자의 큰 차이점은 타격감 없는 스트록을 할 수 있느냐 없느냐에 달려
  있다. 타격감 없는 샷이란 1적구에 무리한 타격을 가하지 않는 것인데, 타격감 없는 샷을
  위해서는 상체의 힘을 빼고 일정한 속도로 큐를 길게 뻗어주는 것이 요령이다.

- 수구를 1쿠션 또는 2쿠션에 정확히 보내는 연습을 많이 해야 한다.

  수구를 3쿠션 또는 2적구를 맞춰야 한다는 생각으로 스트록을 하면 생각보다 힘이 들어가 정확도가 떨어질 수 있다.
  특히 제각돌리기 대회전이나 길게 뒤돌려치기 대회전 같은 경우에는 1적구를 1쿠션 지점에 정확히 보내는 것에 집중하면서 스트록을 해야 된다.
  그러기 위해서는 시선을 1적구와 1쿠션에만 두고 두께에만 집중해야 된다.

- 한 가지를 배우면 자신 있을 때까지 반복해서 연습한다.

  알고 있는 공이라고 해서 반드시 득점과 연결되는 것이 아니다.
  10번 쳐서 10번 성공할 때까지 반복해서 연습해야 비로소 내 것이 된다.

- 타법, 당점, 두께, 샷의 완급 조절에 대해 더 정밀해지도록 많은 노력을 기울인다.

  중급자 대부분이 타법, 당점, 두께, 샷의 강약에 정밀하지 못하다.
  고점자가 되려면 이 네 가지 사항들에 대한 개념이 확실히 정립되어야 한다.

- 프로 선수 또는 고점자가 공을 칠 때 브리지의 간격, 그립의 형태와 움직임, 샷을 뻗는 모양과 스피드 등을 유심히 관찰하는 것이 가장 빨리 스트록을 배우는 길이다.

- 모든 연습은 System에 입각해서 실전처럼 연습한다.

  평소 System을 토대로 연습해나가다 보면 당구의 길이 서서히 눈에 들어오게 된다.

[득점을 위한 사전 준비]

1. 초크를 바르면서 1적구의 궤도, Kiss의 유무, 포지션 Play 가능성, 내 공이 멈추어야 할 지점을 머리속에 그리고 어떤 타법을 구사할지를 결정한다.

2. 1적구와 수구와 오른발을 일렬로 맞추고 왼발을 벌린 후 큐가 오른발 앞부분 위에 위치하도록 정렬한다.

3. 어깨의 힘을 빼고 큐가 당구대 바닥과 최대한 수평이 되도록 유지하고 그립이 편안한지 최종 점검을 한다.

4. 호흡을 가다듬은 후 큐를 움직이지 말고 당점을 겨냥한다.

5. 당점을 겨냥하고 2회의 예비 스트록을 한 뒤 세 번째 본 스트록을 하는 습관을 갖는다.

6. 스트록 할 때는 스트록의 강약과 타법에만 집중한다.

7. 스트록 요령은 상박은 고정하고 하박의 전후 운동으로 타구하되 상박과 하박이 90°일 때 임펙트를 가한다.

8. 스트록 이후에도 그립을 풀지 말고 자세를 일정 동안 유지한다.

관통 샷

관통 샷은 3쿠션에서 고수들이 가장 많이 활용하는 대표적인 샷이다.
수구에 겨냥한 당점 지점을 비틀림없이 일직선으로 뚫고 나가듯이 관통하는 샷이다.
회전력을 극대화시켜야 할 때도 많이 사용되며, 수구의 구질에 부작용을 최소화시킬 때
큐를 곧게 뻗어주는 부드러운 관통 샷을 많이 사용한다.
어쩌면 모든 샷을 비틀림 없이 당점을 일직선으로 관통하는 관통 샷을 해야 할 것이다.

잽 샷

잽 샷은 마치 권투 선수가 상대 선수에게 잽을 넣듯이 가볍게 끊어 치는 샷을 말하며, 수구
의 회전을 억제시킬 경우 또는 뒤돌려치기 등에서 각을 짧게 만들고자 할 때 잽 샷을
사용한다. 잽 샷의 또 다른 특성은 얇게 친 공은 더 길게, 두껍게 친 공은 더 짧게 만든다

허공 샷

허공 샷은 수구를 얇게 다루어야 할 경우, 또는 수구를 최대한 가볍게 다루어야 할 경우
에 많이 사용한다. 예를 들어 1적구를 얇게 맞추어야 할 경우 1적구를 직접 겨냥하면
얇게 맞추기가 쉽지 않다. 이러한 경우 두께 조준법에 따라 허공에 이미지볼을 만들고
그 이미지볼을 향해 큐를 뻗으면 수구를 가볍게 다루며 경쾌한 샷을 날릴 수 있다.

던져치기

던져치기 샷은 수구를 빠르게 진행시켜야 할 경우 많이 사용된다.
던져치기 타법은 수구의 구질에 변화가 없도록 하기 위한 방법으로도 많이 사용되며,
Kiss를 빼기 위해 수구를 빨리 진행시키고자 할 때도 사용된다.
던져치기 샷을 할 때는 그립을 부드럽게 잡고 손목의 스냅을 활용하면 도움이 된다.

스피드 샷

프로들의 샷을 보면 정말 시원하다. 아마츄어가 볼 때 분명히 끌어쳐야 할 공의 배치임에도
불구하고 그들은 스피드로 분리각을 짧게 만들어 해결하는 경우가 많다.
스피드 샷은 수구와 1적구와 1쿠션에서의 분리 각도를 짧게 조절하며 공의 전진력을 증가
시켜 주기도 한다. 고수들이 수시로 스피드 샷을 하는 이유 중에 하나는 긴장에서 벗어나고
스트록의 감각을 유지하기 위해서 스피드 샷을 활용하기도 한다.

스핀 샷

하단에 당점을 주고 스피드하게 밀어치면 순간 끌렸다가 회전력에 의해 앞으로 나가는 타법
이다. 뒤돌려치기 짧은 각에서 키스를 빼기 위해 많이 사용하는 타법이다.

쇼트

Short 타법은 공 한 개 정도 통과하는 짧고 빠른 스피드 샷으로, 스트록과 동시에 급격히 큐를 잡아주면 수구의 각도가 급격히 짧아지는 타법이다. 1적구가 수구와 가까이 있는 예각의 뒤돌려치기에서 끌어치지 않고 쇼트 샷을 구사하면 1적구를 얇게 맞춰 키스를 방지할 수 있으며, 쿠션에 붙어있는 공을 끌어 돌려야 할 때 쇼트 타법으로 최대한 속도를 빠르게 끌면 얇게 쳐도 쉽게 끌어 돌릴 수 있다.

팔로우 샷

당구에서 가장 기본이 되는 타법으로 모든 샷의 근원이 된다.
잡아주는 타법과는 달리 1적구를 맞춘 후 수구의 전진력을 위해 밀어치는 타법을 말한다.
밀어치는 타법은 키스를 빼야 할 경우 1적구를 두껍게 맞춰 먼저 내보내고 수구를 천천히 움직여야 할 때도 사용하며, 롱 스트록으로 곡구(휘는 공)를 만들어 각을 길게 만들 때도 사용된다.

굴리는 샷

굴리는 샷은 의외로 활용도가 많은 샷이다.
특히 1적구와 2적구가 단쿠션쪽에 치우쳐 있는 뒤돌려치기의 경우는 거의 굴려서 쳐야 되는 경우가 많다. 다시 말해 공의 구름관성을 이용해 Tip을 조절하면서 자연스럽게 각도를 형성하면서 득점하면 된다. 또한 부드럽고 약하게 쳐야 할 경우 또는 플레이트(접시) 샷 같은 경우에도 수구의 변화를 적게 하려면 공을 굴려서 쳐야 한다.

기타

스트록의 길이로만 타격감 없이 부드럽게 등속(천천히 같은 속도로)으로 치는 샷

회전력을 극대화시키기 위해 큐를 옆으로 비트는 횡비틀기 타법.

밀어치기에서 공의 전진력을 높이기 위해 임펙트 이후 큐를 위로 비트는 종비틀기 타법.

임펙트 이후 큐를 밑으로 내리는 다운 샷.

수구의 변화를 최소화 시키면서 대회전을 돌리기 위한 부드러운 롱 샷.

제각돌리기에서 각을 급격히 짧게 만들기 위해 밀어치면서 큐를 놓아주는 타법.

두 가지 이상의 타법을 이용해 치는 복합 샷.

공쿠션을 이용하는 Kiss 샷 등 타법에는 수많은 종류가 있다.

● 스트록을 팔로 치지 않고 큐의 무게로 치고 있는 것을 느끼고 있다면 그 동호인님은 상당히 높은 스트록 수준에 올라와 있다고 할 수 있다.

관통 샷은 큐가 수구의 당점 뒷부분을 뚫고 나가듯 비틀림 없이 일직선으로 뻗어주는 샷이다.

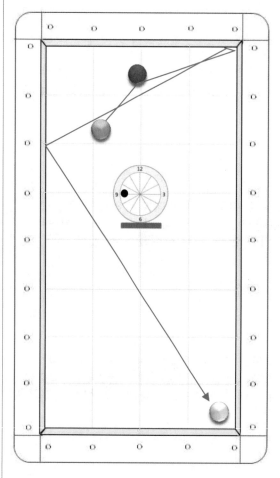 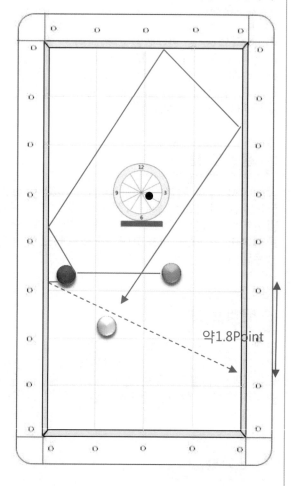

약1.8Point

[해설]

위 도형의 득점 핵심은 관통 샷이다.
이와 같은 경우 공을 얇게 맞추면서
회전을 최대한 준다는 생각으로 빗겨
치면 득점에 실패할 확률이 높다.
1적구를 얇게 겨냥하고 큐를 스피드하게
일직선으로 뻗어주면 수구는 최대의
회전력이 살아나면서 코너웍을 그리며
득점 궤도를 그리게 된다.

[해설]

위 도형은 Kiss를 얇게 빼야 할지 두껍게
빼야 할지 결정이 필요한 상황이다.
이 경우에는 1적구를 ⅔두께로 비틀기
없이 두껍게 일직선으로 관통시키면서
큐를 살짝 놓아주면 키스도 피하면서
공은 짧게 진행되어 득점할 수 있다.
수구와 1적구가 일직선인 경우 1적구를
½두께로 맞추면 1적구는 2.3Point , ⅔
두께로 맞추면 약 1.8Point 정도 내려간다.

잽 샷은 임펙트와 동시에 그립을 잡아주는 정도에 따라 수구의 진행 궤도가 달라진다.

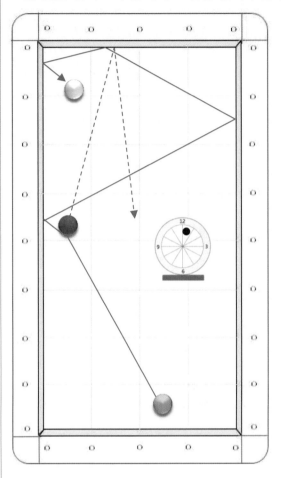
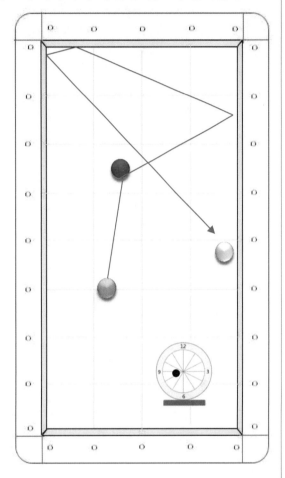

[해설]

위 도형의 공 배치에서 Kiss를 빼려면 1적구를 얇게 쳐야 하는데 공이 길게 늘어지는 것을 방지하기 위해서는 임펙트와 동시에 부드럽게 그립을 잡아주는 잽 샷을 구사해야 된다.

[해설]

위 도형은 아주 짧게 뒤로 돌리기로 득점하는 장면이다.
평범하면서 두껍게 밀어쳐서는 수구가 도형처럼 짧게 진행되지 않는다.
임펙트와 동시에 잽을 넣어 회전력을 감소시켜야 한다.

[잽 샷]

잿 샷은 3쿠션에서 아주 빈번하게 사용되는 만큼 반드시 익혀두어야 하는 기술이다.
회전력을 억제하고 공이 길게 늘어지는 것을 방지할 때 잽 샷을 대부분 사용하는데,
미리 그립을 감싸고 샷을 하는 경우도 잽 샷과 같은 결과를 얻을 수 있다.

쇼트는 빠른 스피드 샷과 동시에 큐를 급격히 잡아주는 것을 말한다.

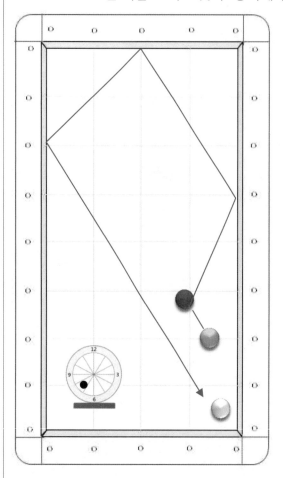 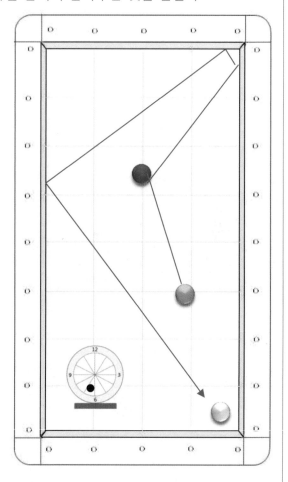

[해설]

위 도형의 득점 핵심은 브리지를 12cm 정도로 짧게 잡고 임펙트와 동시에 큐를 급격히 정지시키는 것이 요령이다.

결코 두껍게 치거나 끌어치는 공이 아니며, ⅓정도 두께로 큐가 1적구를 통과하지 않는다는 생각으로 임펙트와 동시에 큐를 급격히 멈추면 된다. 따라서 큐가 밀려나가는 것을 방지하기 위해 브리지를 짧게 하는 것이다.

[해설]

좌측 도형보다 쉽지 않은 장면이다.

이와 같은 공의 배치에서는 1적구를 빠르게 부딪쳐 코너 부근까지 분리시켜 놓고 수구가 알아서 돌아오기를 기다리면 된다.

절대 끌어서 돌리려는 생각은 금물이다. 스트록은 스피드로 분리시키고 마지막 단계에 큐를 가볍게 잡아주면 된다.

말하자면 복합 샷이 된다.

그립을 단단히 결속하고 치면 도움이 된다.

◆ 스핀(회전) 샷과 굴려치는 샷

짧은 각 뒤로 돌리기를 잘 치려면 공의 구름 관성을 이용해 굴려치는 샷을 잘해야 된다.

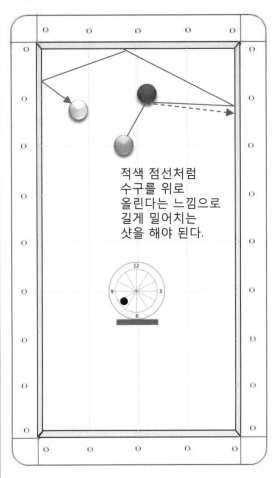

적색 점선처럼
수구를 위로
올린다는 느낌으로
길게 밀어치는
샷을 해야 된다.

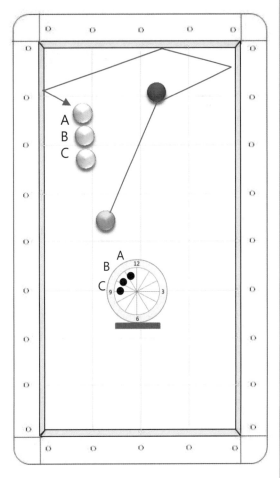

[해설]

위 도형은 하단 3Tip주고 1적구와 일직선 되는 지점까지 분리시켜 회전력으로 진행하는 스핀(회전) 샷으로 득점해야 한다.
스트록 요령은 절대 끌어치면 안되고 스피드로 밀어쳐서 1적구와 일직선 되는 지점까지 분리시킨 후 회전력으로 진행되도록 해야 된다.
득점 포인트는 하단 3Tip주고 길게 밀어쳐 수구를 일직선 가까이 분리시키는 것.

[해설]

위와 같은 형태에서는
A B C 각각의 위치에 따라 회전력을 조절하고 천천히 부드럽게 굴리는 샷으로 득점할 수 있는 도형이다.

회전을 많이 주고 두껍게 밀어치거나 끌어치면 방향성을 보장받을 수 없다.
회전을 조절하고 천천히 굴리면 수구의 큰 변화 없이 편하게 득점할 수 있다.

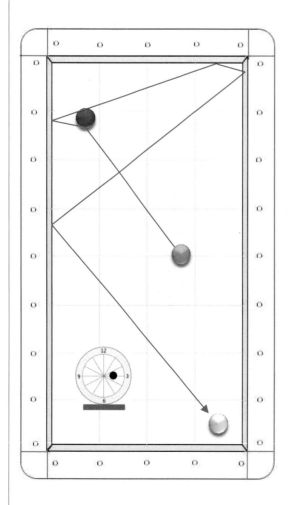

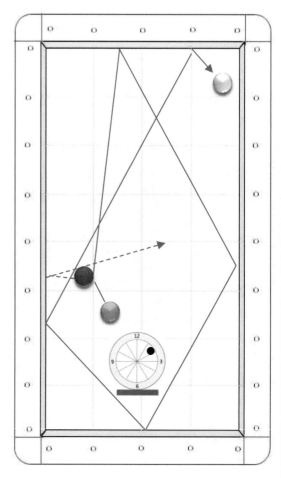

[해설]

위 도형은 스피드를 이용해 짧게 뒤로 돌려 리버스 형태로 득점하는 장면이다.
스피드 샷의 경우 회전을 3Tip 주어야 상단 단쿠션에 먼저 맞출 수 있으며, 그립을 가볍게 잡고 손목의 스냅을 사용해 최대의 스피드로 타격을 가해야 4쿠션에서 늘어지지 않고 짧게 꺾이며 득점할 수 있게 된다.

[해설]

위 도형은 던져치기로 득점하는 장면이다.
1적구를 두껍게 칠 경우 2번의 Kiss를 빼야 된다.
1적구를 아주 얇게 겨냥하고 큐를 던져쳐서 수구의 속도를 높이고 1적구는 아주 적게 움직이게 하여 Kiss를 빼고 득점해야 된다.

◆ Up Shot과 Down Shot의 비교

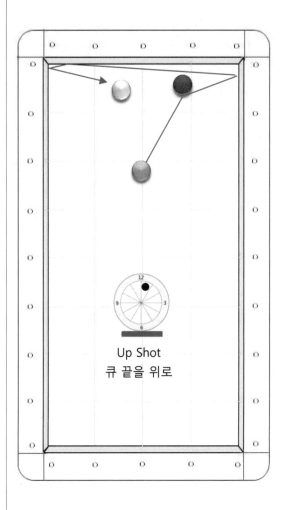

Up Shot
큐 끝을 위로

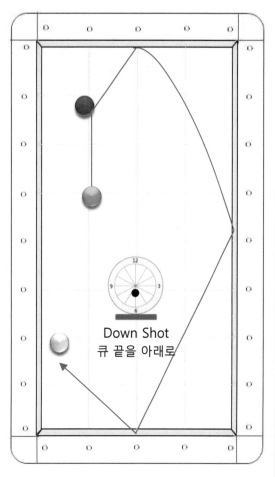

Down Shot
큐 끝을 아래로

[해설]

위 도형은 1적구와 2적구가 단쿠션 가까이 위치해 있는 상황이다.

이 경우 득점을 위한 가장 중요한 핵심은 스트록이다.

– 느낌 Tip주고 임펙트 이후 큐 끝 이 위로 올라가는 Up Shot을 하면 수구는 전진력에 의해 단쿠션 부근 에서만 이동한다.

[해설]

일반적인 얇게 치기로는 아주 많이 얇아야 득점할 수 있는 장면이다.

이 경우에는 좌측 도형과는 반대로 큐 끝이 아래로 향하는 Down Shot을 해주면 1쿠션 에서 2쿠션으로 이동하는 중 그림과 같이 곡선을 그리면서 긴 각을 형성해 준다.

(스트록 요령은 중단에서 하단, 또는 중 하단에서 하단으로 Down Shot 한다)

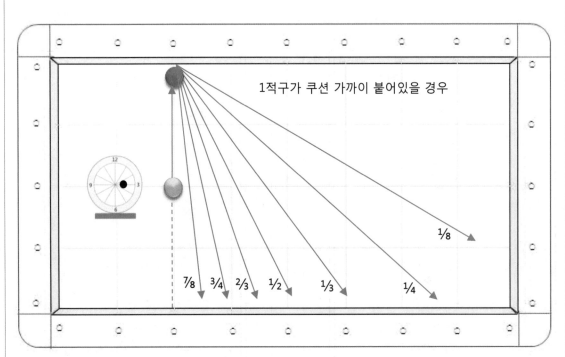

1적구가 쿠션 가까이 붙어있을 경우

수구로 1적구를 각각의 두께로 쳤을 때 1적구의 분리각을 알아두면 Kiss를 빼는데 도움이 된다.

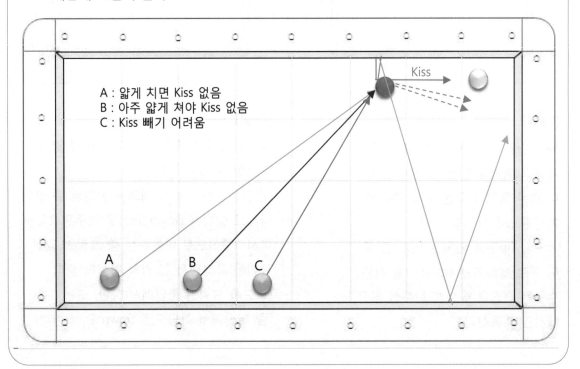

A : 얇게 치면 Kiss 없음
B : 아주 얇게 쳐야 Kiss 없음
C : Kiss 빼기 어려움

◆ 예비 스트록의 중요성

공을 의지대로 치기 위해서는 반드시 예비 스트록이 필요하다.

예비 스트록은 본 스트록을 하는데 탄력을 더해주는 것은 물론 정렬과 자세를 최종적으로 점검하는 과정이기 때문이다.

예비 스트록을 하는 것은 절대 Slow Play가 아니므로 항상 일정한 예비 스트록을 꾸준히 습관들여야 한다.

상대 경기자와 만났을 때 기본 자세와 예비 스트록을 보게 되면 상대의 실력을 어느 정도 가늠할 수 있게 된다.

[예비 스트록 전에 점검해야 할 사항]

1. 오른발 앞부분이 1적구와 수구와 일직선이 되도록 위치한 다음 왼발을 45°로 벌린다.

2. 1적구와 수구와 큐스틱을 일직선으로 정렬한다.

   (큐 스틱이 오른발 앞부분 수직 위에 일치되어야 함)

3. 그립, 팔, 머리, 코가 큐 스틱과 일렬로 정렬한다.

   (주안시를 큐 선 위에 일직선으로 맞춘다)

4. 왼팔은 뻗고 상체를 낮춘다.

5. 브리지는 견고하면서 편안하게 취한다.

6. 양발에 균형을 유지하고 체중의 55% 정도를 뒤쪽에 둔다.

7. 하박을 축 늘어뜨린 상태에서 큐를 꼬임없이 가볍게 잡는다.

8. 어깨와 상박을 고정한 상태에서 하박이 상박과 90°가 될 때 임펙트를 가해야 한다.

9. 만일 전체적인 자세에 어색함이 있다면 자세를 풀고 다시 세팅해야 된다.

[위의 동작들은 동시에 이루어져야 하는 동작이므로, 평소 자세를 잡는 꾸준한 훈련이 필요하다]

대부분의 아마추어 동호인들이 너무나 타격을 주는 샷에 길들여져 있는 것 같다.
어쩌면 타격감 없는 샷이란 용어 자체가 생소하게 들릴지도 모른다.

타격감 없는 샷이란 팔로우 샷과는 달리 일정한 속도로 수구를 관통하듯이 큐를 길게
뻗어주는 것인데, 부드러운 타법으로 공의 전진력을 최대한 유지시켜주는 효과가 있으며,
특히 리버스 형태에서 회전력을 끝까지 살리기 위해서는 절대적으로 필요한 샷이다.

큐를 부드럽게 감싸고 1적구의 두께에 상관없이 임펙트 순간을 느끼지 못하도록 오직 큐의
길이로만 수구에 힘을 가해 당점을 관통하는 샷이 타격감 없는 샷이다.
브리지를 약간 멀리 잡으면 큐를 길게 뻗어주는데 도움이 된다.

고점자가 되기 위해서는 반드시 타격감 없는 샷을 구사할 수 있어야 한다.

[연습 방법]
1) 가상의 수구 당점 부분을 겨냥하고 천천히 백스윙 한다.
2) 가상의 수구 당점을 일직선으로 관통하며 느리게 샷을 한다.
3) 큐가 나갈 때 보다 더 느리게 백스윙 한다.
4) 공 세 개를 관통하는 부드러우면서 긴 스트록을 한다.
5) 그립을 부드럽게 감싸고 큐를 일정한 속도로 일직선으로 뻗어주는 연습을 한다.

(위 다섯 가지 동작은 연결된 동작이다)
백스윙과 릴리즈가 부드럽게 물 흐르듯이 그리고 아주 천천히 구사되지 않으면 절대
타격감 없는 샷을 구사할 수 없다.

[Tip]
많은 초 중급자들의 그립 잡는 모습을 보면 대체적으로 강하게 잡는 경향이 있다.
그립을 단단히 잡는 것이 나쁜 것은 아니지만 그립의 특성을 모르고 강하게 잡는 것은
바람직하지 않다. 그립을 부드럽고 정교하게 잡는 방법 중의 하나는 그립을 잡은 손을 놨다
잡았다 놨다 잡았다를 두 번 정도 반복해주면 어깨의 힘도 빠지고 중립적인 그립을 잡는데
도움이 된다. 특히 3쿠션은 스트록이 70%이고 스트록은 그립이 좌우하는 것을 잊지 말자.

◆ 고점자와 하점자의 차이점

1. System을 최대한 활용한다.

2. 기본 당구일수록 최선을 다한다.

3. 당점과 스피드에 집중한다.

4. 항상 일정한 리듬을 유지하려 노력한다.

5. 타법을 마음속에 확실히 결정한 후 타구를 한다.

6. 자세, 그립, 브리지 등을 수시로 점검한다.

7. 쿠션 상태를 수시로 파악한다.

8. 안 맞은 공에 대해 크게 개의치 않는다.

고점자

9. 에러마진이 큰 공을 식별할 줄 안다.

10. 상대방의 다득점에 동요하지 않는다.

11. 항상 이겨있다고 자신감을 갖고 게임한다.

12. 초크를 한 가지만 사용 한다. (미스 샷 방지)

13. 샷하기 전에 몇 가지 체크와 구상을 한다.
    (Kiss, 수구가 멈추는 지점, 포지셔닝, 타법 등)

14. 그립을 아주 부드럽게 잡는다.

──────────────── ◇ ────────────────

1. 감각에만 의존한다.

2. 기본 당구라고 너무 쉽게 생각한다.

3. 당점과 스피드 개념이 정립되어 있지 않다.

4. 서두르는 경향이 많고 템포 조절을 안한다.

5. 타법 결정없이 습관적으로 샷이 나간다.

6. 자세, 그립, 브리지 등이 정립되지 않았다.

7. 쿠션 상태에 따른 보정 이유를 모른다.

8. 안 맞은 공에 대해 실망이 크다.

9. 득점 확률이 높은 공 식별이 약하다.

하점자

10. 상대방의 다득점에 동요된다.

11. 게임에 질 것 같다는 생각을 미리 한다.

12. 한 가지 초크만을 사용하는 이유를 모른다.

13. Kiss를 행운에 맡기고 타법에 대한 결정없이
    샷이 나가 버린다.

14. 그립도 강하고 어깨에 힘이 들어가 있다.

System 수치는 각각의 당구대마다 차이가 날 수 있다
대대, 중대, 또는 같은 대대, 같은 중대라도 조금씩
차이가 난다

내가 알고 있는 System을 기준으로 자주 사용하는
당구대의 쿠션 상태를 파악하고
짧거나 긴 만큼 보정해서 치는 것이 실력이다

Five & Half System

가장 오래되고 가장 많이 사용하는
System으로 3쿠션의 기본이면서
활용도가 가장 높은 System이다.

하지만 계산이 복잡하고 당구대에 따라
수치의 오차가 많이 발생하므로
폭 넓은 이론과 경험이 필요하다.

Five & Half System의 고수가 되려면
타법, 당점, 포인트계산법, 스피드,
보정 이론 등에 대하여
확실하게 알아야 한다.

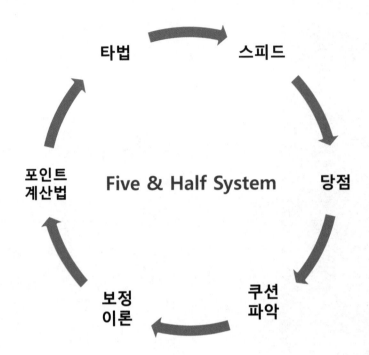

타법 : 공 한 개 통과하는 부드러운 관통 샷으로 곧게 1쿠션을 부드럽게 밀어쳐 굴려준다.

스피드 : 2.5레일 스피드를 일관되게 지킨다.

당점 : 3쿠션 수가 10미만인 경우에는 3Tip을, 3쿠션 수가 10 ~ 29까지는 2시(10시)2Tip 준다.
3쿠션 수가 30에서 40정도일 때는 2시30분(9시30분) 방향 3Tip을 주는 것이 좋다.
3쿠션이 60~100까지 긴 각 일 때는 회전력에 따라 포인트 차이가 크게 나므로
3 ~ 4Tip을 멕시멈으로 주고 회전력을 최대한 살려주어야 한다.

포인트 : 수구 수와 1쿠션은 프레임 포인트로 계산하고, 3쿠션은 레일 포인트로 계산한다.
계산법 (레일 포인트 사용 시는 레일 포인트라 별도로 칭한다)

쿠션파악 : 게임 전에 반드시 쿠션 상태를 파악하고 그에 따른 보정을 해야 한다.
코너에서 1쿠션 30을 쳤을 때 3쿠션 20을 거쳐 단쿠션 코너로 떨어지면 정상적인
쿠션 상태로 본다.
(게임 후 시간이 경과되면 20분에 0.1포인트씩 짧아지며 최대 0.4포인트까지 짧아
질 수 있다)

보정 이론 : 당구대는 제조메이커, 중대, 대대, 온도, 습도, 시간 경과 등 수많은 환경에 따
라 반사각이 달라지므로 보정 이론을 반드시 알고 있어야 한다.

최근 국제식 당구대가 널리 보급되면서 게임 운영 방식에 따라 초구의 득점 공략은 게임의 승부를 좌우할 만큼 아주 중요한 부분을 차지하고 있다.

최근 공식 경기에서는 후구제로 바뀌기는 했지만 아직 아마추어 경기에서는 초구를 선점하여 기선을 제압하는 것이야말로 게임을 유리하게 이끌어 나갈 수 있다.
초구를 포지션 시키게 되면 바로 다득점으로 연결할 수 있기 때문이다.

따라서 일정한 스피드와 일정한 당점, 일정한 두께, 일정한 타법을 자신의 것으로 익혀 나가야 한다.
1적구를 Kiss지역에서 완전히 벗어나게 하는 것은 2목적구를 맞히는 것보다 더 어려운 숙제인 만큼 시간 날 때마다 꾸준히 연습해야 된다.
그 결과 초구에서 포지션으로 연결시킬 수 있다면 경기의 승률은 매우 높아질 것이다.
또한 초구를 득하기 위해서는 뱅킹 연습 또한 게을리해서는 안되며, 뱅킹을 할 때의 요령은 브리지와 큐를 짧게 잡고 연습하면 도움이 될 수 있다.

[초구를 효과적으로 치는 방법]

1. 당점을 1.5Tip 또는 2Tip으로 고정화 시킨다.
2. 두께는 $5/8$두께로 맞추는 것이 이상적인데 공의 당점에 의해 밀리는 스쿼트 현상을 고려하여 $3/4$의 두께로 겨냥하면 $5/8$두께로 맞게 된다.
3. 스피드는 2.5레일 강약으로 쳤을 때 다음 공의 포지션이 이루어진다.
4. 타법은 Soft stop shot 샷으로 1적구에 적당히 부딪치면서 그립을 가볍게 잡아주면 수구는 자연스럽게 반사각을 이루면서 2목적구에 도달하게 된다.

◆ 초구 득점에 실패하는 경우를 보면 크게 두 가지 경우이다.
  1. 스쿼트 현상을 감안하지 않아 공을 얇게 겨냥하는 경우이다.
  2. 3Tip을 주고 밀어쳐 공이 길게 늘어지는 경우이다.

[Tip]

초구를 성공하기 위해서는 1적구를 부딪쳐 수구를 분리시키는 것으로 스트록이 끝나야 한다.
분리시킨 다음에는 수구가 알아서 굴러오는 것을 기다리면 된다.

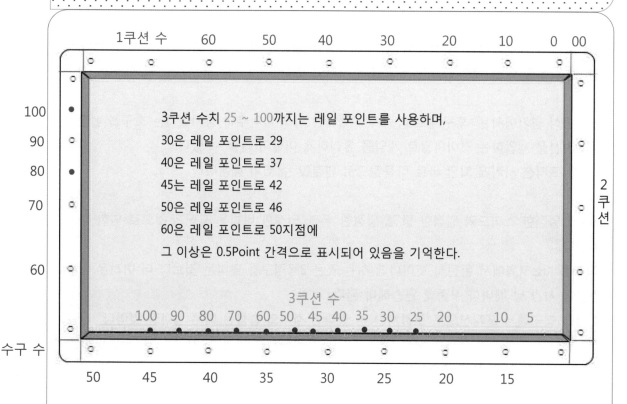

[Five & Half System]

Five & Half System의 기본 포인트 수치이다.

적색 숫자는 수구 수, 청색 숫자는 1쿠션 수, 녹색 숫자는 3쿠션 수이다.

수구 수와 1쿠션 수는 무조건 프레임 포인트를 사용하고, 3쿠션 수 25부터 100까지는 당구대의 쿠션에 따라 차이는 있지만 레일 포인트를 사용하는 것이 계산법 적용에 더 잘 맞는다. 예를 들어 3쿠션 30에 오려면 레일 포인트는 28이고, 3쿠션 40에 오려면 레일 포인트는 37 정도가 된다. 다시 말해 프레임 포인트와 레일 포인트의 차이는 공의 반지름만큼 공이 미리 쿠션에 맞아 꺾이기 때문이다. 이러한 현상을 관찰하고 이해하면서 연습하시기를 권장한다.

[Five & Half System 계산법]

　(수구수치 – 3쿠션 수치 = 1쿠션 수치)

1. 3쿠션 지점 수치를 먼저 확인한다 (레일 포인트)
2. 수구의 출발점 수치를 계산한다 (프레임 포인트)
3. 수구 수(프레임 포인트)에서 3쿠션 수를 뺀 수치를 치면 된다.
　(3쿠션 지점을 계산할 때는 긴 각과 짧은 각을 고려해야 한다)

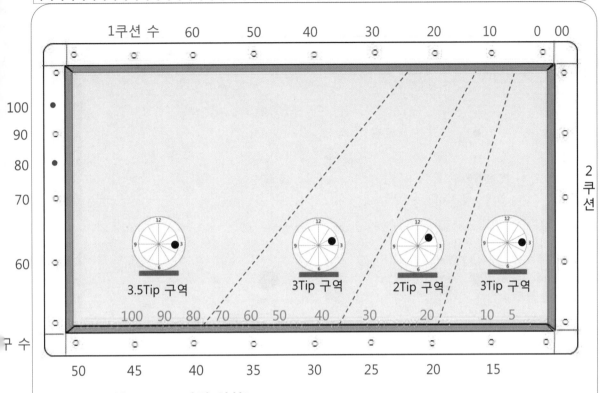

[Five & Half System 당점 위치]

Five & Half System은 수구 수가 어디에 있든 3쿠션 수에 따라 당점을 달리해야 한다.

3쿠션 수가 코너에서 10 미만인 경우 3Tip.

3쿠션 수가 20 ~ 29일 경우 2Tip ~ 2Tip반.

3쿠션 수가 30~ 40인 경우 3Tip,

3쿠션 수가 50 이상인 경우 3Tip ~ 3.5Tip을 각각 주는 것이 효과적이다.

다시 살펴보면 코너에 가까울수록 3Tip을 주어야 하며,

중간지점 (20 ~ 30)으로 오면서 2Tip ~ 2.5Tip으로 쳐야 한다

40을 기점으로 3쿠션 수치가 커질수록 3Tip ~ 3.5Tip으로 늘어나는 것이 특징이다.

Tip : 다이아 궤도가 정사각형에 가까울수록 Tip의 차이가 많이 나지 않는다. 예를 들어
수구 수 50에서 30을 무Tip, 1Tip, 2Tip, 3Tip을 주고 각각 쳐보면 20에 거의 비슷
하게 간다. 단, 4쿠션 수가 달라진다 (Tip이 많을수록 길어진다)

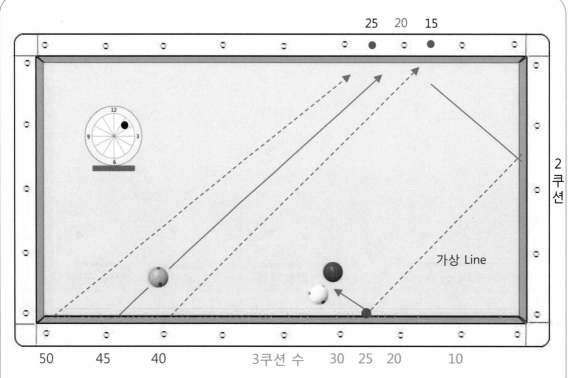

[수구 수를 정확히 계산하는 법]

1. 3쿠션 수 25를 먼저 확인한다.

2. 40에서 25를 뺀 15에 큐 스틱으로 재본다.

3. 50에서 25를 뺀 25에 큐 스틱으로 재본다.

4. 수구는 중간 지점인 1쿠션 20과 수구 수 45에 연결되어 있음을 알 수 있다.

◆ 3쿠션 수치를 계산할 때, 레일 포인트 또는 프레임 포인트로 반드시 계산해야 한다는
   원칙은 없다.
   평소 짧아지는 경우가 많았다면 레일 포인트로, 길어지는 경우가 많았다면 프레임
   포인트를 적용하면 된다.

◆ 3뱅크 샷 계산법에서 길어지고 짧아지는 이유는 스트록의 영향도 물론 있지만 공의
   방향이 3쿠션 프레임 포인트를 향하다 공의 반지름 크기만큼 레일 포인트에 미리 맞아
   수치의 오차가 발생한다는 것을 간과하기 때문이다.

◆ 이 점을 염두에 두고 새롭게 3뱅크 샷을 정리해 볼 필요가 있다.

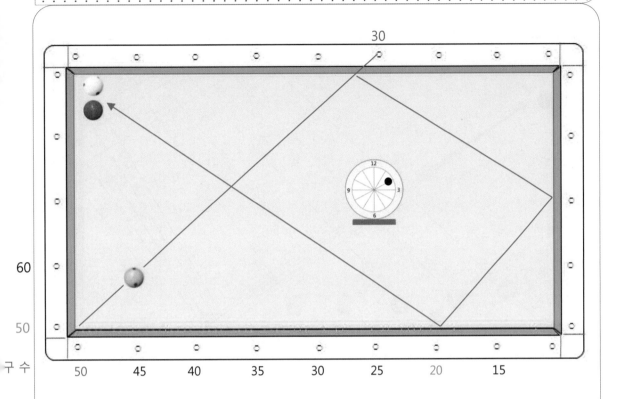

[해설]

Five & Half 시스템에서 처음에 배우는 가장 기본적인 System 도형이다.

수구 수 50에서 30을 쳤을 때 3쿠션 20을 거쳐 코너로 간다.

처음 치는 당구대에서는 반드시 이 각을 확인하고 각이 늘어지는지 짧아지는지 틀리는 수치만큼 보정해서 쳐야 된다.

많은 동호인들이 수구 수 50은 적색(장쿠션) 이 50인가 ? 녹색(단쿠션)이 50인가 ? 라고 묻는 경우가 많다. 이 경우 어느 것이 맞는가 보다는 자신이 게임하는 당구대의 특성이 어디에 잘 맞는가를 알아내는 것이 더 중요하다.

하지만 수구 수를 구별해야 한다면 장쿠션 50에서 30을 치면 맞은편 코너 장쿠션 흰점으로 가고, 단쿠션 50에서 30을 치면 맞은편 코너 단쿠션 흰점으로 가고, 코너에서 치면 맞은편 코너로 간다는 기준을 스스로 정해 정리해 나간다면 그만큼 보정하기가 쉬워질 것이다.

타법 : 중 상단 2시 30분 방향 3Tip 다 주고 큐의 비틀림 없이 부드럽게 코너에 2.5레일 스피드로 밀어쳐서 굴려주면 된다.

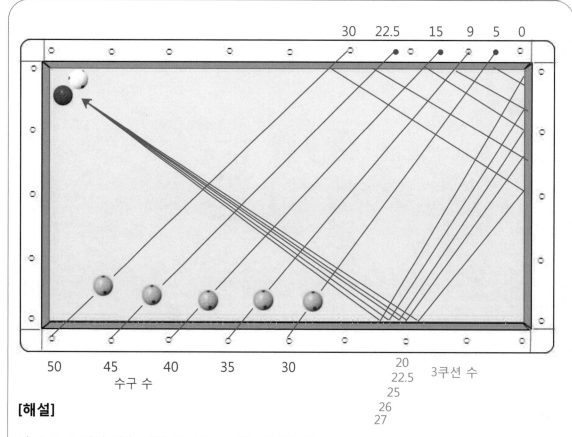

[해설]

각 수구 수에서 좌측 상단 코너로 보내는 도형이다.

50에서 30을 치면 3쿠션 20

45에서 22.5를 치면 3쿠션 22.5

40에서 15를 치면 3쿠션 25

35에서 9를 치면 3쿠션 26

30에서 5를 치면 3쿠션 27을 거쳐 각각 좌측 상단 코너로 가게 된다.

단, 비틀림 없는 부드러운 관통 샷으로 계산된 것이며 당점은 중 상단 2시30분 방향 3Tip, 스피드는 변함없는 2.5레일이다.

[Point]

수구 수 50에서 1쿠션 수 30을 치면 3쿠션 20에 가는 것을 기준으로,

수구 위치 1Point가 옮겨질 때마다 1쿠션 수치는 0.75Point 변동된다.

하지만 수구 수 35가 넘으면 입사각이 작아지면서 코너웍이 더 생겨 수치가 변화되는데 이러한 현상을 트랙의 변화라고 말한다.

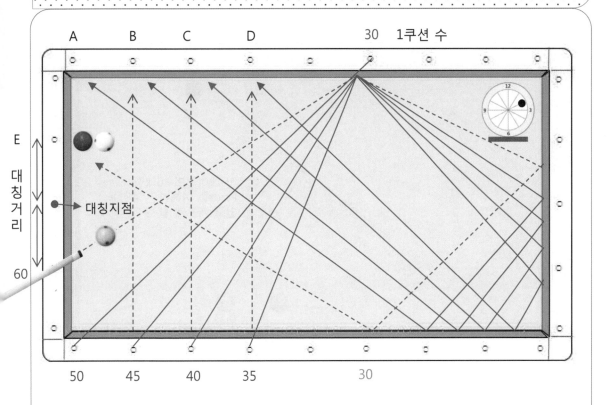

[3Point의 비밀]

수구 위치가 어디에 위치하던 1쿠션 30(3포인트)을 치면 수구 출발점 포인트의 맞은편으로 도착한다.

수구 수 50에서 치면 A지점으로

수구 수 45에서 치면 B지점으로

수구 수 40에서 치면 C지점으로

수구 수 35에서 치면 D지점으로

수구 수 60에서 치면 E지점으로 각각 간다.

만일 좌측 단쿠션 중앙 포인트 대칭지점 70에서 30을 치면 제자리로 돌아온다.

(단, 70에서 30을 쳐서 제자리로 오려면 부드러운 샷, 또는 27정도 치는 것이 안전하다)

타법 : 중 상단 3Tip 주고 비틀기 없이 1쿠션에 부드럽게 밀어치며 부딪쳐 굴려준다.

스피드 : 2.5레일

Tip : 당구대가 새로 시작할 때는 프레임 포인트를 사용하고, 시간이 지나 짧아지기 시작하면 레일 포인트를 사용하는 것을 권장한다.

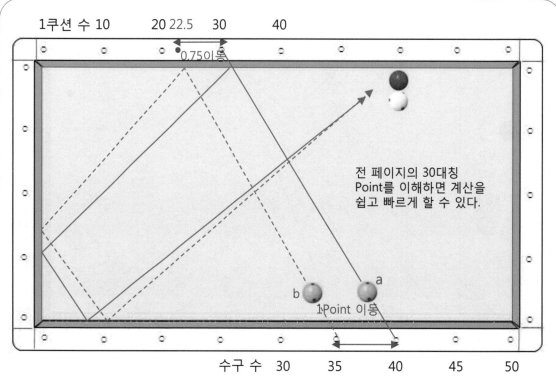

1쿠션 수 10   20 22.5   30   40

0.75이동

전 페이지의 30대칭
Point를 이해하면 계산을
쉽고 빠르게 할 수 있다.

b   a
1Point 이동

수구 수   30   35   40   45   50

도형 a는 수구 수 40에서 1쿠션 30을 치면 수구의 맞은편 대칭지점으로 가는 장면이다.

점선 도형 b처럼 수구가 1Point 위에 있다면 1Point의 ¾인 0.75Point를 이동해서 치면 된다.

목적구의 맞은편 지점을 수구 위치로 설정하고 수구가 이동한 거리의 0.75를 계산한 1쿠션 지점을 친다.

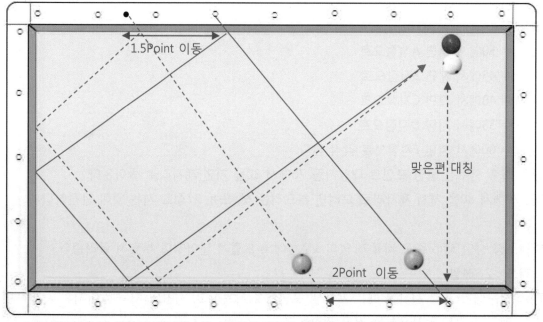

1.5Point 이동

맞은편 대칭

2Point 이동

● 수구 수가 30 이하로 내려갈수록 4분의 3 법칙의 폭은 조금씩 줄어든다.

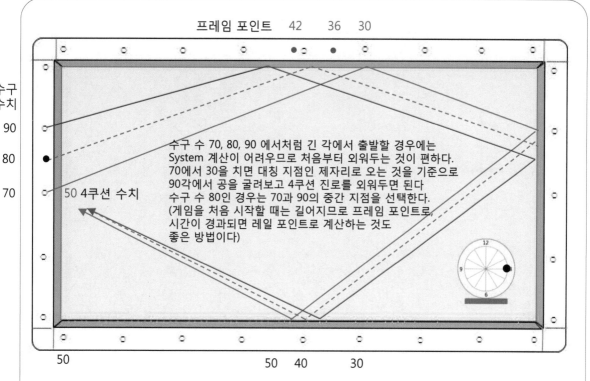

프레임 포인트   42   36   30

수구
수치

90

80

70

50 4쿠션 수치

수구 수 70, 80, 90 에서처럼 긴 각에서 출발할 경우에는
System 계산이 어려우므로 처음부터 외워두는 것이 편하다.
70에서 30을 치면 대칭 지점인 제자리로 오는 것을 기준으로
90각에서 공을 굴려보고 4쿠션 진로를 외워두면 된다
수구 수 80인 경우는 70과 90의 중간 지점을 선택한다.
(게임을 처음 시작할 때는 길어지므로 프레임 포인트로,
시간이 경과되면 레일 포인트로 계산하는 것도
좋은 방법이다)

50   50   40   30

아래 도형을 살펴보면 좌측 단쿠션 30은 수구 수 60에서 출발했을 때 정확히 30이 된다.

3쿠션이 30일 경우 수구 출발지점에 따라 4쿠션 지점은 달라진다. (짧은 각과 긴 각의 차이)

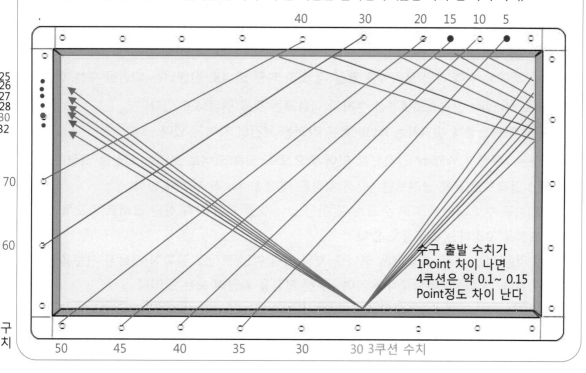

40   30   20 15 10   5

25
26
27
28
30
32

70

60

수구 출발 수치가
1Point 차이 나면
4쿠션은 약 0.1~ 0.15
Point정도 차이 난다

수구
수치

50   45   40   35   30   30 3쿠션 수치

153

◆ Five & Half System (짧은 각)

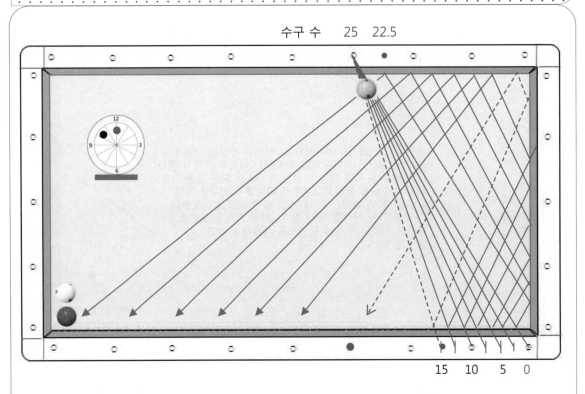

[해설]

수구 수 25에서 출발했을 때 4쿠션 진로를 나타내는 Five & Half System 짧은 각 도형이다.

적색 점선으로 된 Line은 무회전으로 쳤을 때 수구의 진로이며 4쿠션 지점은 수구 위치

맞은편 지점●이 된다.

수구 수 25에서 우측 하단 코너 0을 쳤을 때 좌측 하단 코너로 진행되는 회전을 주는 것을

기준으로 ¼Point 간격으로 4쿠션 수치가 이동되는 것을 나타내고 있다.

3Tip주고 자연스럽게 빗겨치는 joy의 짧은 각과는 약간의 차이가 있다.

위 도형은 1쿠션이 ¼Point 간격으로 되어 있으므로, 좌측 코너로 보내는 회전을 고정하고

4분의 1 간격으로 공을 굴려보면 4쿠션 지점은 대략 1Point씩 차이가 난다.

참고로 수구 수 22.5에서 3TiP 주고 우측 하단 코너(0)를 치면 좌측 하단 코너로 가도록 스트

록과 회전을 고정하는 프로들도 많다.

중요한 것은 나는 수구 수 몇에서 코너를 치면 좌측 하단 코너로 정확히 가는지 기준을 갖고

있으면 된다. 그 다음 4분의 1씩 옮기며 4쿠션 지점을 확인해 보는 것이다.

타법 : 중 상단 10시 방향 3Tip 주고 큐의 비틀림 없이 부드럽게 2.5레일로 굴린다.

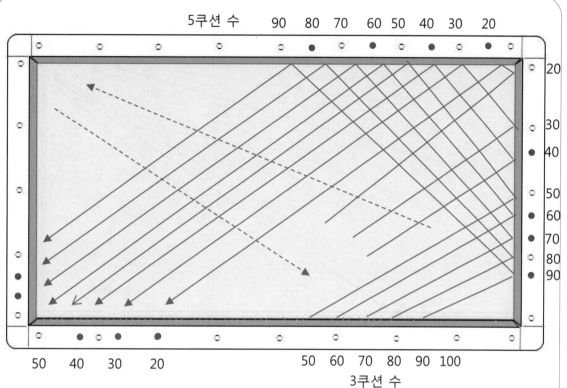

[연장된 Five & Half System]

Five & Half System에서의 연장시스템은 4번째 쿠션 입사점 이후의 진로를 말한다.

회전력의 효과가 극대화되기 시작하는~

4쿠션 수치,

5쿠션 수치,

6쿠션 수치를 외워두면 활용 가치가 아주 높은 시스템이다.

(같은 수치 Line 선상에 있는 공은 계산하기가 아주 쉬워진다)

❖ 4쿠션은 50을 중심으로 1/3 포인트씩, 5쿠션은 반 포인트씩, 6쿠션 90~ 60까지는
   1/3 포인트씩, 6쿠션 장쿠션으로 떨어지는 수치 50 ~ 20까지는 별도 적색점으로
   표시된 것처럼 2/3 포인트씩 차이가 나는 것을 기억한다.

타법 : 강하게 치는 것이 아니라 부드러운 롱 스트록으로 길게 밀어쳐야 변화가 적다.

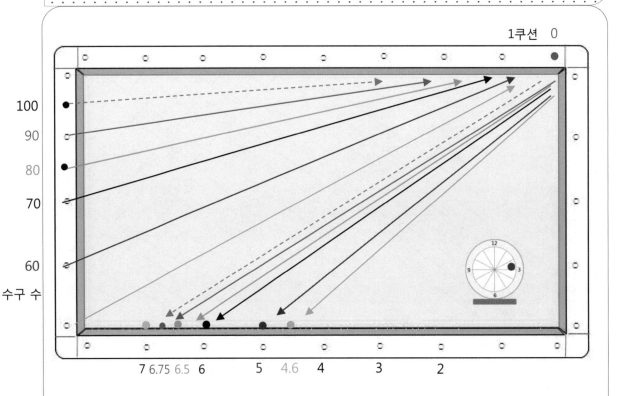

[Five & Half System 긴 각의 한계각]

위 도형은 수구 수 (50~90)에서 멕시멈 회전 주고 코너를 쳤을 때 3쿠션으로 진행되는 한계각 수치를 나타낸 도형이다.

Point 보는 방법은 우측 하단에서 다섯 번째 있으면 5Point이고,

여섯 번째 있으면 6Point이며 3쿠션 수치는 모두 레일 포인트로 기준한다.

수구 수 50에서 코너 0을 치면 3쿠션 4.6Point

수구 수 60에서 코너 0을 치면 3쿠션 5Point

수구 수 70에서 코너 0을 치면 3쿠션 6Point

수구 수 80에서 코너 0을 치면 3쿠션 6.5Point

수구 수 90에서 코너 0을 치면 3쿠션 6.75Point

수구 수 100에서 코너를 치면 3쿠션 7Point로 각각 진행된다.

경기 중에 수시로 나타나는 형태이므로 외워두면 아주 요긴하게 활용할 수 있다.

타법 : 수구 수가 60이 넘을 때는 최대한 멕시멈 회전으로 부드럽게 치면 된다.

　　　　1쿠션을 스치고 2쿠션에서 회전을 최대한 살리는 느낌으로 부드럽게 굴린다.

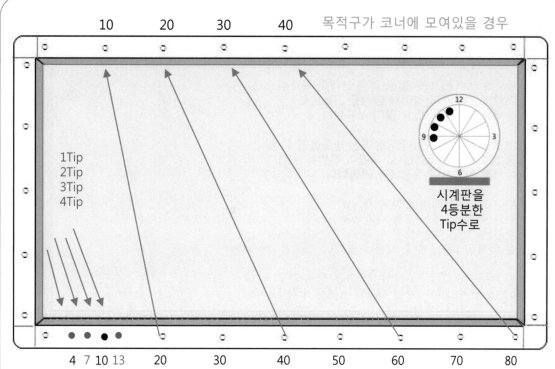

목적구가 코너에 모여있을 경우

시계판을
4등분한
Tip수로

수구가 어디에 있든 수구 수의 절반을 겨냥하고 Tip수로 조절하면 좌측 하단 수치로 간다.

1Tip주면 0.33, 2Tip주면 0.66, 3Tip주면 0.99, 4Tip주면 132로 각각 간다.

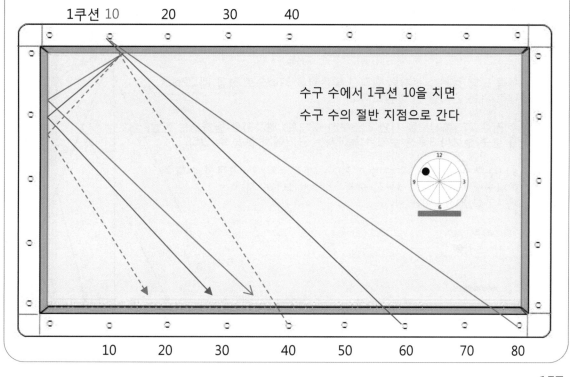

수구 수에서 1쿠션 10을 치면
수구 수의 절반 지점으로 간다

157

Five & Half System 짧은 각에서 보정하는 방법

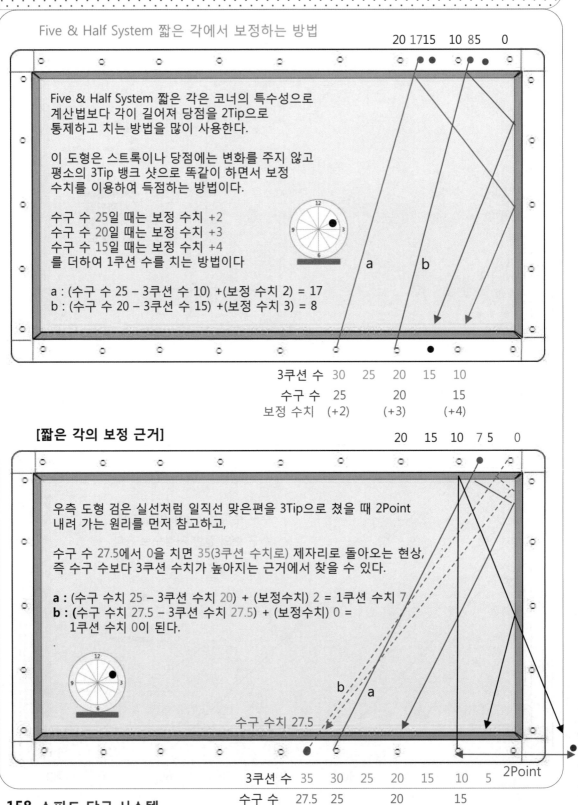

Five & Half System 짧은 각은 코너의 특수성으로
계산법보다 각이 길어져 당점을 2Tip으로
통제하고 치는 방법을 많이 사용한다.

이 도형은 스트록이나 당점에는 변화를 주지 않고
평소의 3Tip 뱅크 샷으로 똑같이 하면서 보정
수치를 이용하여 득점하는 방법이다.

수구 수 25일 때는 보정 수치 +2
수구 수 20일 때는 보정 수치 +3
수구 수 15일 때는 보정 수치 +4
를 더하여 1쿠션 수를 치는 방법이다

a : (수구 수 25 – 3쿠션 수 10) +(보정 수치 2) = 17
b : (수구 수 20 – 3쿠션 수 15) +(보정 수치 3) = 8

3쿠션 수	30	25	20	15	10
수구 수	25		20		15
보정 수치	(+2)		(+3)		(+4)

[짧은 각의 보정 근거]

우측 도형 검은 실선처럼 일직선 맞은편을 3Tip으로 쳤을 때 2Point
내려 가는 원리를 먼저 참고하고,

수구 수 27.5에서 0을 치면 35(3쿠션 수치로) 제자리로 돌아오는 현상,
즉 수구 수보다 3쿠션 수치가 높아지는 근거에서 찾을 수 있다.

a : (수구 수치 25 – 3쿠션 수치 20) + (보정수치) 2 = 1쿠션 수치 7
b : (수구 수치 27.5 – 3쿠션 수치 27.5) + (보정수치) 0 =
1쿠션 수치 0이 된다.

수구 수치 27.5

3쿠션 수	35	30	25	20	15	10	5	2Point
수구 수	27.5	25		20		15		

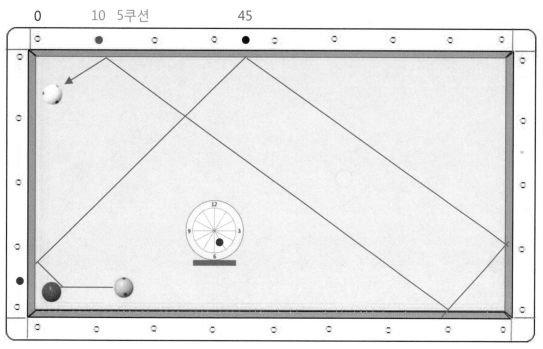

[해설]

Five & Half System을 이용한 앞으로 돌리기 대회전 장면이다.

이 경우도 마찬가지로 Five & Half System을 적용하면 아주 쉽게 해결할 수 있다.

먼저 마지막 5쿠션 지점 ●을 설정한 다음 그 지점으로 보내기 위한 제 4쿠션 지점을
설정한다.

(5쿠션 원 포인트(10)으로 가기 위한 4쿠션 경로는 원 포인트(10)) 이 된다.

수구 수 55에서 4쿠션 10을 빼면 2쿠션 수치는 45가 된다.

앞돌려치기 대회전인 경우 스트록이 짤리거나 비틀어치기를 하면 공이 짧아질 수 있으
므로 부드러운 롱 샷을 구사하는 것이 전제되어야 한다.

타법 : 중 하단 5시 방향에 1Tip 주고 비틀기 없이 부드러운 롱샷으로 45지점까지 보내준다.

스피드 : 3레일 ~ 3.5레일

Tip : 이러한 공 배치에서 중요한 것은 일단 수구 수치 55 지점으로 가서 빈쿠션으로 2목적구
를 맞히는 계산을 해보고 2쿠션 지점을 점검하는 습관을 들여야 한다..

159

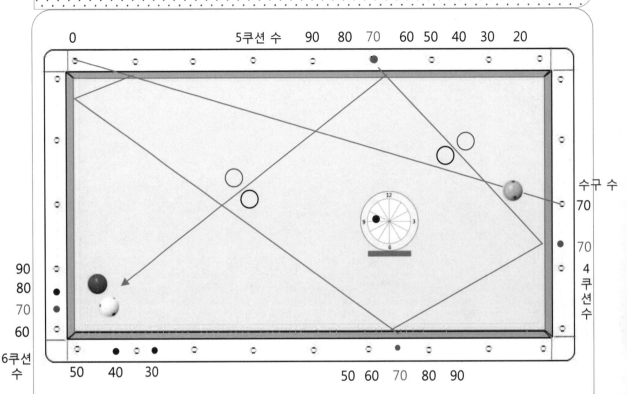

[연장된 Five & Half System]

빈쿠션 대회전 돌리기 도형이다.

수구 수 70에서 코너를 향해 대회전 시키면 70Line을 타고 돌게 된다.

평소 70에서 0을 쳐 70에 떨어지는 스트록만 익힌다면 대회전 뱅크도 아주 쉽게 해결할 수 있다.

예를 들어 위 도형 중앙에 배치된 공은 모두 70Line 선상임을 쉽게 알 수 있게 된다.
당구대의 특성에 따라 길고 짧은 부분들을 조금씩 보정해서 치면 공식은 모두 같다.
Line만 외워두면 20 ~ 90까지는 편안하게 공략할 수 있다.

타법 : 강하게 치면 궤도가 짧아진다.

  3시 방향 3Tip 다 주고 부드러운 롱 샷을 구사해야 된다.

35 & ½ System

당구대의 절반에서 운영되는 System으로
Five & Half System의
보조 System이라 할 수 있다.

35 & ½ System을 완성하면 Five & Half
System과 연결하여 빈쿠션 돌리기를
완성해 나갈 수 있다.

35 & 1/2 System의 비밀은
수구 수가 어디에 있든 코너를 치면
35와 수구 위치의 중간 지점으로 진행된다

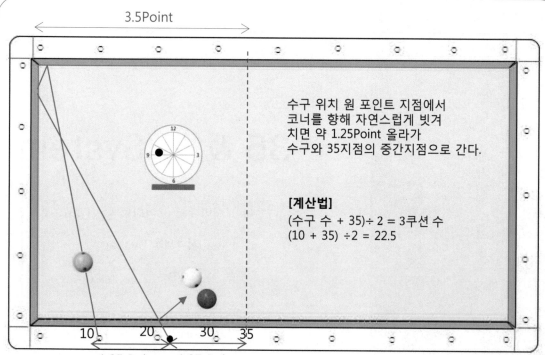

3.5Point

수구 위치 원 포인트 지점에서
코너를 향해 자연스럽게 빗겨
치면 약 1.25Point 올라가
수구와 35지점의 중간지점으로 간다.

[계산법]
(수구 수 + 35)÷ 2 = 3쿠션 수
(10 + 35) ÷2 = 22.5

10   20   30   35

1.25 Point   1.25 Point

[외워두는 35 & ½ System]

일명 joy의 짧은 각으로 불리는 System이다.

원 포인트 지점에서 3Tip주고 자연스럽게 코너를 치면 약 1.25Point 올라가고, 더 횡비틀기

를 하면 최대 1.4Point~1.5Point 까지 올라간다.

Tip : 수구가 어디에 있던 코너를 치면 수구지점과 35지점의 절반 지점으로 진행된다.

타법 : 3Tip 다 준 상태에서 비틀기 없이 1쿠션 코너에 굴려준다.

스피드 : 1.5레일

당점 : 9시 3Tip

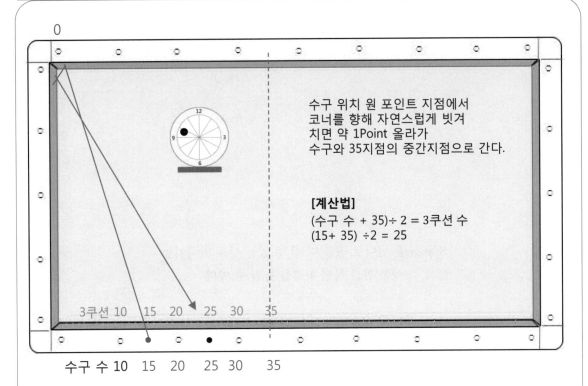

0

수구 위치 원 포인트 지점에서
코너를 향해 자연스럽게 빗겨
치면 약 1Point 올라가
수구와 35지점의 중간지점으로 간다.

[계산법]
(수구 수 + 35)÷ 2 = 3쿠션 수
(15+ 35) ÷2 = 25

3쿠션 10　15　20　25　30　35

수구 수 10　15　20　25　30　35

[35 & ½ System]

35 & ½ System은 당구대 절반(수구 수 35) 안에서 운영하는 System이다.

위 도표에 표시된 3쿠션 수는 Five & Half System 수치를 사용한 것이고,

수구 수는 좌측 코너에서부터 1Point에 10간격으로 수치를 나타낸 것이다.

[수구 수에서 코너를 칠 경우]

10에서 코너를 치면 1.25Point올라가 3쿠션 22.5 지점에 도착하고,

15에서 코너를 치면 1Point 올라가 3쿠션 25 지점에 도착하고,

20에서 코너를 치면 0.75Point 올라가 3쿠션 27.5 지점에 도착한다.

25지점에서 코너를 치면 0.5Point 올라가 3쿠션 30 지점에 도착하고,

30지점에서 코너를 치면 0.25Point 올라가 3쿠션 32.5 지점에 도착한다.

35지점에서 코너를 치면 제자리인 3쿠션 35지점으로 되돌아 온다.

위 수치를 Five & Half System 수치로 계산한다면,
 3쿠션 수는 수구 수에 0.75Point를 더한 수치가 되는 것을 알 수 있다.

System을 안다고 공을 다 칠 수 있는 것은 아니지만
아는 만큼 득점 확률을 높일 수 있다

오랜 세월 당구가 늘지 않는 사람은
System에 관심이 적고
감각에만 의존하기 때문이다

Plus System

Plus System은 Five & Half System과
더불어 반드시 배워야 하는 System이다.

3뱅크 샷의 활용은 물론 앞으로 돌리기와 연결해
다양하게 응용되는 System으로
빗겨치기에서도 Plus System을
응용하면 보다 쉽게 계산할 수 있다.

하지만 Plus System은 어떠한 System 보다
일정한 회전력과 스트록이 요구된다.

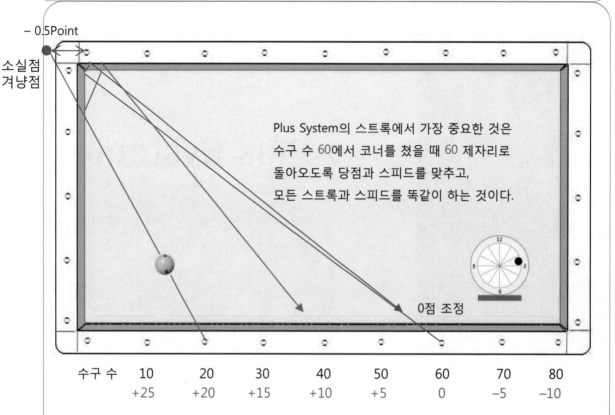

– 0.5Point

소실점
겨냥점

Plus System의 스트록에서 가장 중요한 것은
수구 수 60에서 코너를 쳤을 때 60 제자리로
돌아오도록 당점과 스피드를 맞추고,
모든 스트록과 스피드를 똑같이 하는 것이다.

0점 조정

수구 수	10	20	30	40	50	60	70	80
	+25	+20	+15	+10	+5	0	−5	−10

[Plus System의 기본 수치]

위 도형은 각각의 수구 수치에서 겨냥점 ●(–0.5 Point지점)을 쳤을 때 + 되는 수치이다.

20에서 코너를 치면 +17을 더해 37에 가고,

20에서 소실점(겨냥 점)인 -0.5Point를 치면 20을 더해 40으로,

30에서 코너를 치면 +15를 더해 45로,

40에서 코너를 치면 +10을 더해 50으로,

50에서 코너를 치면 +5를 더해 55로, / 60에서 코너를 치면 제자리인 60으로

70에서 코너를 치면 -5를 빼 65로, / 80에서 코너를 치면 -10을 빼 70으로 간다.

타법 : 회전은 다 주고 비틀기는 없이 2레일 스피드로 친다.

당점 : 중 중상단 2시30분 방향 3Tip

Point : Plus System 스트록을 완성하려면 위 도형 수구 수치 60에서 코너 0을 쳐서
다시 60으로 되돌아 오는 회전력으로 스트록을 고정해야 된다.

❖ 수구 수 60에서 코너 0을 겨냥하면 소실점(겨냥점)과 일직선으로 연결된다.

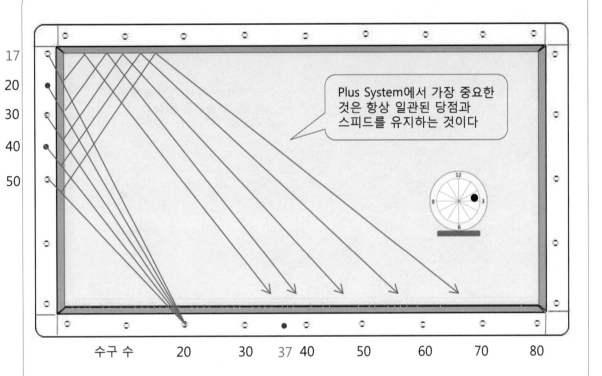

[해설]

수구 수 20에서 출발한 기본 도형이다.

20에서 각각 1쿠션 수를 치면 각각 화살표 지점으로 간다.

(자세히 보면 코너를 제외하고 좌측 수치 반 포인트 마다 한 칸씩 더 내려감을 알 수 있다)

타법 : 비틀기 없이 회전은 다 살려준다.

당점 : 중 중상단 9시 30분 방향 3Tip

스피드 : 2레일

계산 방법 : 3쿠션 지점 수치 - 수구 수치 = 1쿠션 수치.

Point : Plus System은 수구 수 60에서 코너를 쳐서 60 제자리로 되돌아 오는 것을 0점 조정이라고 한다.

따라서 Plus System을 배우려면 60에서 0점 조정을 통해 스트록을 익혀야 한다.

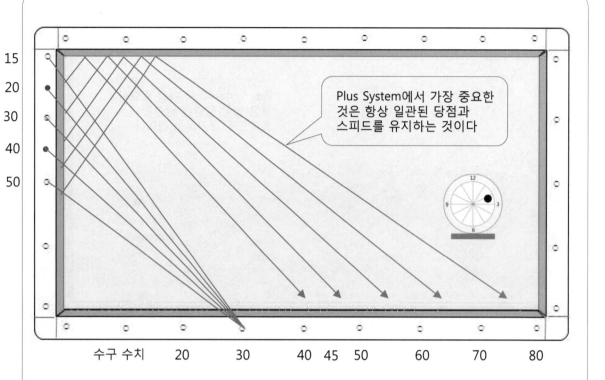

[해설]

수구 수치 30에서 출발한 Plus System 기본 도형이다.

30에서 각각 1쿠션 수치를 치면 각각 화살표 지점으로 간다.

코너를 치면 1Point 내려가는 것을 기준으로 반 포인트에 한 칸씩 더 내려감을 알 수 있다.

계산 방법 : 3쿠션 수치 - 수구 수치 = 1쿠션 수치.

타법 : 비틀기 없이 회전은 다 살려 1쿠션을 부드럽게 밀어친다.

　　　(수구 수치 60에서 코너를 쳐서 60 제자리로 오는 당점과 스트록이 Plus System 에 맞는 타법이므로 모든 Plus System은 똑같은 타법으로 치면 된다)

당점 : 중 중 상단 2시 30분 방향 3Tip

스피드 : 2레일

Point : Plus System을 배우게 되면 앞돌려치기와 짧은 각 빗겨치기에 활용도가 아주 높다.

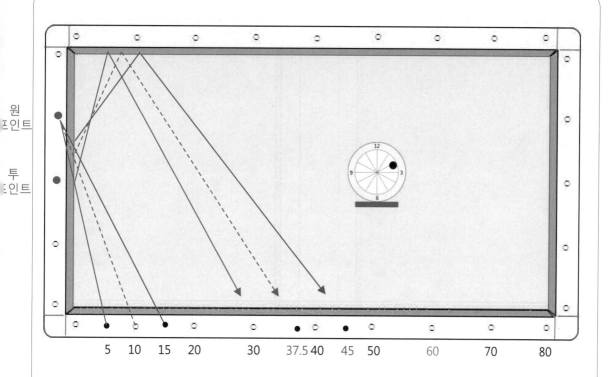

원
포인트

투
포인트

5 10 15 20 30 37.5 40 45 50 60 70 80

[해설]

위 도형은 수구 수 15 미만에서 활용하는 Plus 2 System 이다.

Plus 2 System의 의미는 수구 수와 1쿠션 수를 더한 수치에 2Point (20)가 더 내려간다는 의미이다.

Plus 2 System의 경우는 위의 수치를 아예 외워두는 것이 편리하다.

수구 수 5에서 원 포인트를 치면 3쿠션 30으로

수구 수 10에서 원 포인트를 치면 3쿠션 37.5로

수구 수 15에서 원 포인트를 치면 3쿠션 45로 각각 진행된다.

수구 수 5에서 투 포인트를 치면 35

수구 수 10에서 투 포인트를 치면 45

수구 수 15에서 투 포인트를 치면 55로 각각 진행된다.

타법 : 2시 30분 3Tip 주고 1쿠션을 부드럽게 밀어친다.

169

Plus 4 System은 실전에서 많이 사용된다.

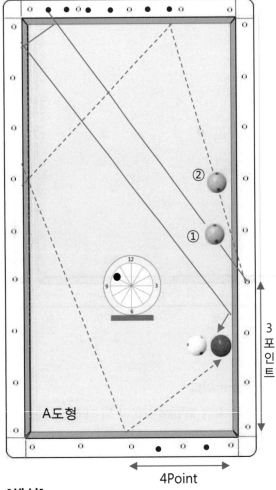

A도형

4Point

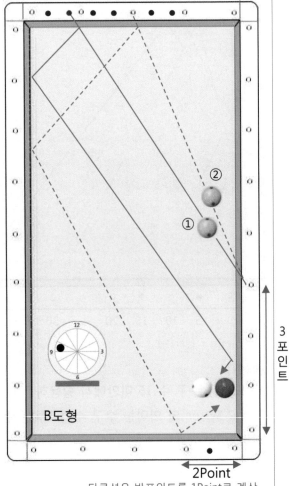

B도형

2Point

단쿠션은 반포인트를 1Point로 계산

[해설]

Plus 4 System은 수구 수에서 1Point
차이마다 0.4Point씩 계산하는 System이다.
단, 장쿠션은 1Point 마다 4를 계산하지만
아래 단쿠션은 반 포인트를 1로 계산한다.

A도형에서 ①처럼 짧게 치는 경우는 1Point
차이이므로 1 × 4 = 4를 치지만, ②처럼 길게
칠 때는 단쿠션 4와 장쿠션 3을 더한 7을 곱해
4 × 7 = 28을 치면 된다.

[해설]

도형 B의 경우는 수구 위치가 장쿠션
3Point 지점에 있고, 2적구는 우측 하단
1Point 지점에 있다.
이 경우 짧게 치려면 수구와 목적구의
차이는 2Point이므로 4 × 2 = 8을 치고,
길게 치려면 단쿠션 2Point와 장쿠션 3
Point를 더한 5에 4를 곱해 20을 치면 된다.
▶ 비틀어치기 없이 10시 3Tip으로 1쿠션
   을 부드럽게 밀어치면 된다.

◆ Plus System 계산 방식

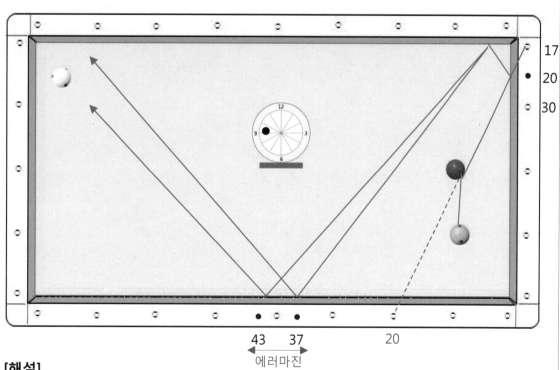

43　37
에러마진

20

[해설]

Plus System을 응용해 득점하는 도형이다.

이러한 형태에서 가장 먼저 확인해야 하는 것은 1적구의 Line이다.

1적구의 수구 수는 20이고 2목적구는 3쿠션 37~ 43 수치 선상에 있다.

(Plus System 분리각 참조)

3쿠션 수 40에 보내려면 1적구를 20으로 계산해 코너로 수구를 보내면 된다.

타법 : Plus System 빈쿠션 돌리기 감각으로 10시 30분 방향 3Tip 다 주고 경쾌하게 1적구
　　를 부딪쳐 코너로 굴려 경쾌하게 반사시킨다.

[Point]

이와 같은 상황에서는 2적구의 위치를 고려할 때, 길게 공략하는 것 보다는 짧은 쪽으로
겨냥하는 것이 1적구가 두껍게 맞거나, 빠지더라도 리버스로 맞는 찬스가 한번 더 있으므로
3쿠션을 37지점으로 겨냥하고 치는 것이 바람직하다.

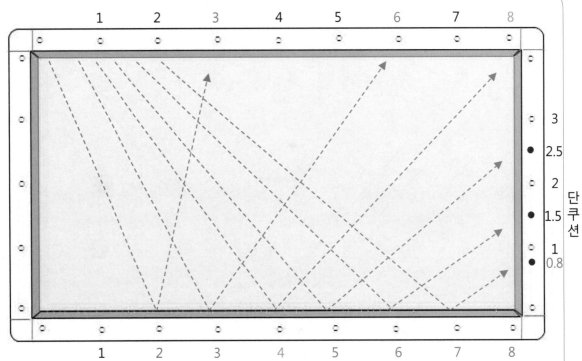

[Plus System 입사각 반사각]

Plus System에서 3쿠션으로 부터 반사되는 각으로 외워두면 앞으로 돌리기와 Plus System 짧은 각을 계산할 때 반사각으로 유용하게 활용할 수 있다.

예 : 3쿠션 3지점에 왔을 때 공은 장쿠션 6으로 가고, 4지점에 왔을 때 공은 맞은편 8코너로 향한다.
   5지점에 왔을 때 공은 단쿠션 투 포인트 반으로 내려가고, 6지점에 왔을 때 공은 원 포인트 반 지점으로 가고, 7지점에 왔을 때는 단쿠션 0.8Point 지점으로 간다.

[Tip]

위 반사각 도형은 수구가 점선과 같은 지점에서 반사될 경우의 반사 지점을 나타낸 것이며, 만일 수구의 반사 지점이 달라지면 2쿠션 분리각도 당연히 달라진다.

앞돌려치기 System

경기 중에 수시로 전개되는 앞돌려치기는
Plus System을 응용하면 쉽게 계산할 수 있다.

하점자일 때 가장 먼저 배우고 가장 쉬운 공이지만
고점자가 되면서 다시 어려워지기도
하는 것이 앞돌려치기이다.

앞돌려치기를 잘하려면 4구를 치듯이 공을
일정한 속도로 천천히 굴리는 습관부터 들여야 하며
비틀림 없이 일직선으로
부드럽게 공을 굴려주는 연습을 많이 해야 한다

특히 얇게 앞돌려치기를 할 경우에는
상체의 모든 힘을 빼고 큐를 끝까지
잡지 않는 스트록 연습을 많이 해야 한다..

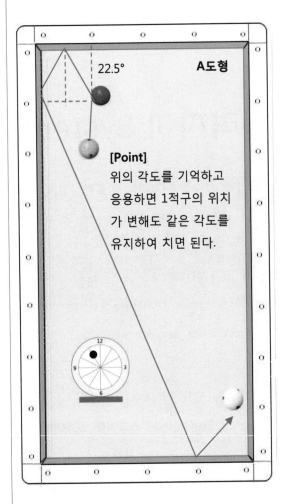

A도형

22.5°

[Point]
위의 각도를 기억하고
응용하면 1적구의 위치
가 변해도 같은 각도를
유지하여 치면 된다.

B

45°

22.5°

2Tip

0Tip   1Tip

B도형

[해설]

A의 경우처럼 1적구가 장쿠션과 단쿠션
1포인트 지점 (정사각형)에 있을 때 절반
지점을 향해 1Tip 주고 부드럽게 굴려주
면 하단 원 포인트 지점으로 가고,
B처럼 장쿠션과 단쿠션 각각 2포인트 지
점 (정사각형)에 걸쳐 있을 경우에도 절반
지점을 향해 부드럽게 굴려주면 하단 3쿠
션 지점으로 간다.

[해설]

중 상단 1Tip주고 부드럽게 분리시켜
굴려준다.
A도형과 B도형의 차이점은
1적구가 쿠션에 가까이 있는 A도형의
경우를 좀더 부드럽게 쳐야 한다.
같은 두께로 무회전으로 치면 하단 중앙
2포인트 지점으로 가고 2Tip을 주면
직접 코너로 간다.

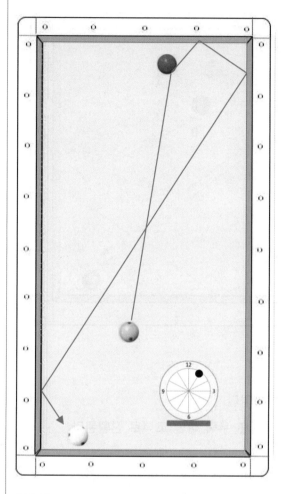

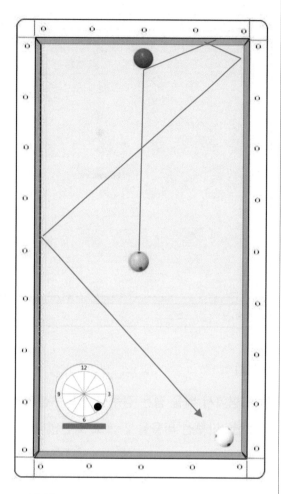

[해설]

위 도형의 득점 방법은 스트록이다.

1적구를 얇게 맞추는 것도 중요하지만
스트록이 더 중요하다.

스트록이 조금만 강해도 공은 짧게 꺾여
버리기 때문이다.

브리지를 제외한 상체 모든 부분의 힘을
빼고 느린 속도로 뱅킹하듯이 천천히
맞을 만큼만 굴리는 것이 요령이며,
큐를 약간 길게 잡는 것도 요령이다.

[해설]

위 도형처럼 2적구가 코너에 붙어있는
경우의 득점 방법은 짧게 앞돌려치기
하는 것이다.

하단 2Tip주고 ½을 맞추면 도형대로
대략 진행되는데, 하단 회전일 경우 커
브가 발생되므로 ¾두께로 겨냥해야 된
다. 스피드에 따라 꺾이는 각도가 달라
지므로 평소 스피드 조절 연습이 필요
하다.

◆ 앞돌려치기 System

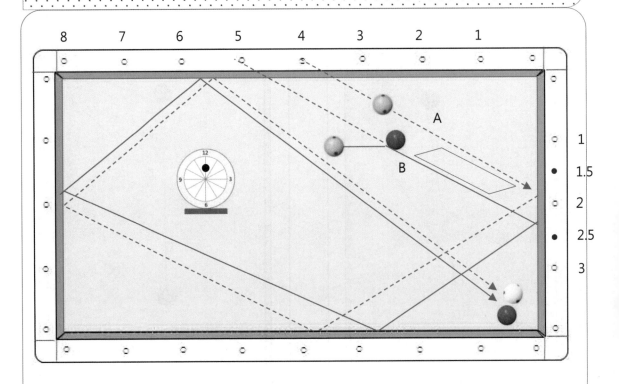

[해설]

위 도형에서 배울 점은 장쿠션과 단쿠션의 비례 법칙이다.

장쿠션 : 단쿠션 비율을 2 : 1로 회전없이 대회전 시키면 우측 하단 코너로 진행된다.

다시 말해 수구의 위치에 상관없이 장쿠션 수치의 절반(단쿠션)을 치면 코너로 간다.

A : 장쿠션 4지점에서 절반인 단쿠션 2지점을 무회전으로 빈쿠션 돌리기를 하면 대략
　우측 하단 코너로 간다.

B : A의 궤도를 응용 평행 이동해 상단에 있는 공을 득점한 장면이다.

타법 : 무회전 중 상단 Tip주고 큐의 비틀림없이 1적구를 부드럽게 분리시켜 굴려준다.

스피드 : 2.5레일~3레일

Point : 장쿠션 대비 단쿠션 비례는 약 2 : 1이다. 수구 수가 6이라면 1쿠션은 3지점으로,
　　　　수구 수가 3Line 이라면　단쿠션 1.5 지점으로 보내면 된다.

회전 수를 이용한 앞돌려치기 계산법

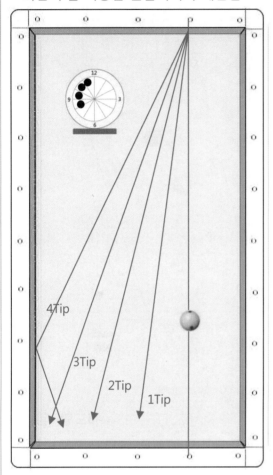

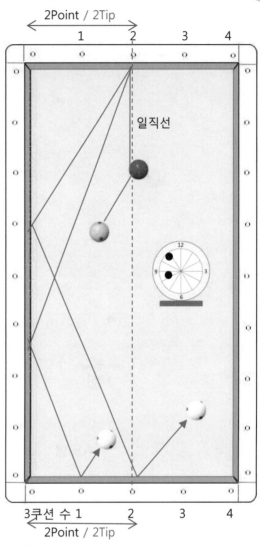

[해설]

위 도형은 회전 수를 이용해 앞으로 돌리기 하는 장면이다.

좌측 도형은 수구로 반대편 쿠션을 일직선으로 쳤을 때 Tip수에 따른 수구의 진로를 나타낸 장면이고, 우측 도형은 좌측 도형을 응용해 앞돌려치기 하는 장면이다.

1적구의 두께를 단쿠션과 일직선으로 맞추고 3Tip과 4Tip을 각각 주면 도형처럼 진행된다.

만일 2적구가 3쿠션 3 또는 4의 위치에 있다면 1적구를 맞추는 기울기로 조절하면 된다.

⅓Point에 약 1Point씩 짧아지는 것으로 계산하면 된다.

계산법 : 1쿠션 Point 수 + 3쿠션 Point 수 = Tip수

타법 : 타격감 없는 부드러운 스트록으로 마지막까지 그립을 잡아주는 행동을 억제한다.

일직선

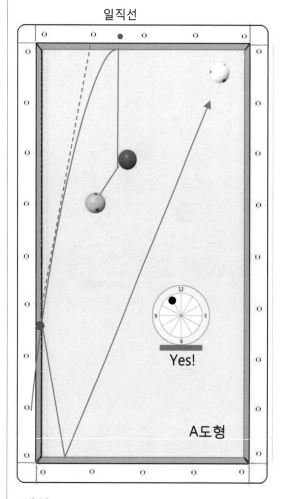

Yes!

A도형

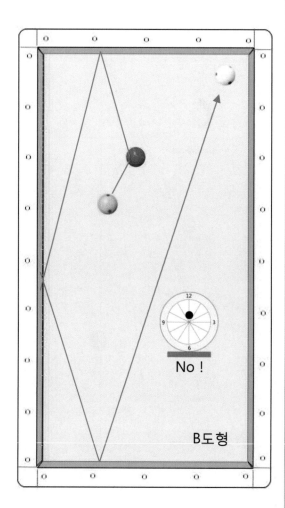

No !

B도형

[해설]

위 A도형과 B도형은 똑같은 공 배치로 길게 앞돌려치기 하는 장면이다.

이 경우에 어떤 방법으로 타구를 하는 것이 에러마진이 크고 공 다루기가 쉬울까 ?

A : 1적구의 두께를 일직선으로 맞추고 1.5Tip ~ 2Tip 회전으로 좌측 하단 ●지점을 겨냥

하고 밀어친 장면이다.

B : 무회전 분리각으로 스트록한 장면이다.

※ A의 선택이 훨씬 쉽고 타법도 간단하다. 단 A를 선택할 경우 1.5Tip ~ 2Tip주고 좌측

하단 ●지점으로 겨냥하고 부드럽게 밀어치면 수구는 그림처럼 커브를 그리면서 3쿠션

부터 길게 퍼져 올라와 득점하게 된다.

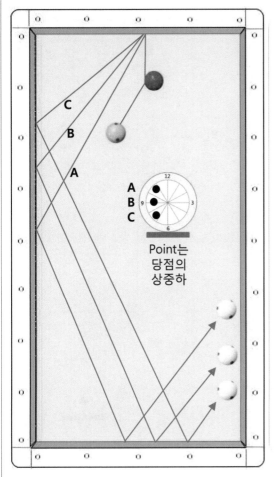

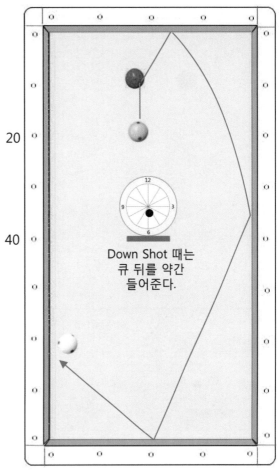

[타법]

끌림이나 밀림 현상이 없도록 경쾌하게 부딪쳐 분리시켜 반사각을 이용해 공을 굴린다.

수구의 위치에 따라 당점을 달리하고 1적구를 일직선으로 부딪치며 탄력만 조절하면 생각보다 어렵지 않게 해결할 수 있는 공이다.

[타법]

길게 앞돌려치기 하는 도형이다.
이와 같은 장면에서 1적구를 얇게 치는 것만으로는 득점이 쉽지않다.
1적구를 얇게 겨냥하면서 부드러운 Down Shot으로 해결해야 한다.
6시 방향 중 하단에 겨냥하고 스트록 하면서 큐를 더 하단으로 향하면 도형처럼 곡구를 그리면서 길게 진행된다.

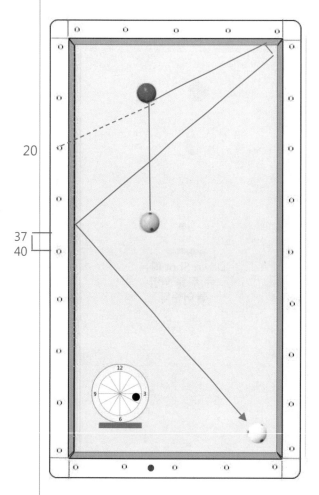

[해설]

위 도형은 Plus System 반사각을 이용해 득점하는 장면이다.

대부분의 짧게 앞으로 돌리기는 Plus System을 이용하는 방법이 가장 쉽고 편하다.

좌측 장쿠션 37 ~ 40 지점으로 보내면 우측 하단 코너로 반사된다.

그립을 살짝 잡아주는 잽샷을 사용해야 수구가 길게 늘어지지 않고 짧게 진행된다.

[해설]

위 도형은 1적구가 상단 단쿠션에 프로즌되어 있고 수구 역시 1적구로부터 거리가 멀리 떨어져 있는 장면이다.

이 경우 해결 방법은 6시 방향 무회전으로 ¼두께 정도 맞히면서 부드러운 잽샷으로 쿠션 끌어치기를 해야 득점확률이 높다.

공이 붙어있을 경우에는 아무리 얇게 쳐도 곡구 현상이 일어나기 때문이다.

부드럽게 끌면서 그립을 살짝 잡아준다.

제각돌리기 System

경기 중에 4분의1 이상을 차지하는 아주 중요한
System으로 가장 쉬우면서 어려운 System이다.

특히 제각돌리기는 다양한 각도로 전개됨에
따라 일정한 System을 도입하여 해결 방법을
공식화해 나가는 것이 바람직하다.

당구대 절반에서 제각돌리기 요령은 생각보다 조금
두껍게 치면서 약하게 치는 것이 요령이다.

또한 하단 당점을 억제하면서 관통 샷으로
두껍고 자신있는 스트록으로 습관화 한다.

◆ 제각돌리기 System

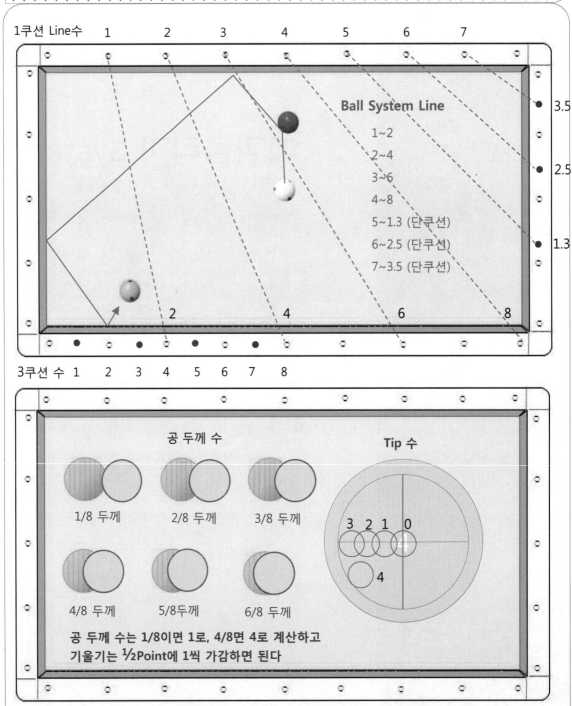

1쿠션 Line수 1 2 3 4 5 6 7

Ball System Line

1~2
2~4
3~6
4~8
5~1.3 (단쿠션)
6~2.5 (단쿠션)
7~3.5 (단쿠션)

3.5
2.5
1.3

2 4 6 8

3쿠션 수 1 2 3 4 5 6 7 8

공 두께 수

1/8 두께 2/8 두께 3/8 두께

4/8 두께 5/8두께 6/8 두께

Tip 수

3 2 1 0

4

공 두께 수는 1/8이면 1로, 4/8면 4로 계산하고
기울기는 ½Point에 1씩 가감하면 된다

계산법 : 1쿠션 Line 수(3) + 3쿠션 수(2) +기울기(0) = 공 두께 수 + Tip 수
예를 들어 위 도형처럼 1적구의 Line 수가 3이고 3쿠션 수가 2라면 총 수치는
5다. 따라서 4/8 두께에 1Tip을 주던지 3/8두께에 2Tip을 주면 된다.
◆ 수구의 위치가 1적구와 일직선이 아니고 기울기가 있을 때는 반 포인트에 1씩 가감한다.

◆ 제각돌리기 Ball System

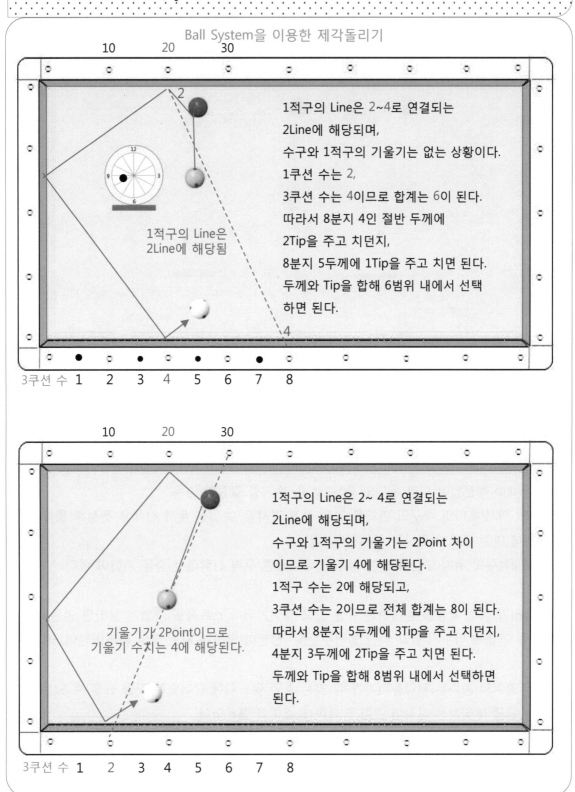

Ball System을 이용한 제각돌리기

10 20 30

1적구의 Line은 2~4로 연결되는
2Line에 해당되며,
수구와 1적구의 기울기는 없는 상황이다.
1쿠션 수는 2,
3쿠션 수는 4이므로 합계는 6이 된다.
따라서 8분지 4인 절반 두께에
2Tip을 주고 치던지,
8분지 5두께에 1Tip을 주고 치면 된다.
두께와 Tip을 합해 6범위 내에서 선택
하면 된다.

1적구의 Line은
2Line에 해당됨

3쿠션 수 1 2 3 4 5 6 7 8

---

10 20 30

1적구의 Line은 2~ 4로 연결되는
2Line에 해당되며,
수구와 1적구의 기울기는 2Point 차이
이므로 기울기 4에 해당된다.
1적구 수는 2에 해당되고,
3쿠션 수는 2이므로 전체 합계는 8이 된다.
따라서 8분지 5두께에 3Tip을 주고 치던지,
4분지 3두께에 2Tip을 주고 치면 된다.
두께와 Tip을 합해 8범위 내에서 선택하면
된다.

기울기가 2Point이므로
기울기 수치는 4에 해당된다.

3쿠션 수 1 2 3 4 5 6 7 8

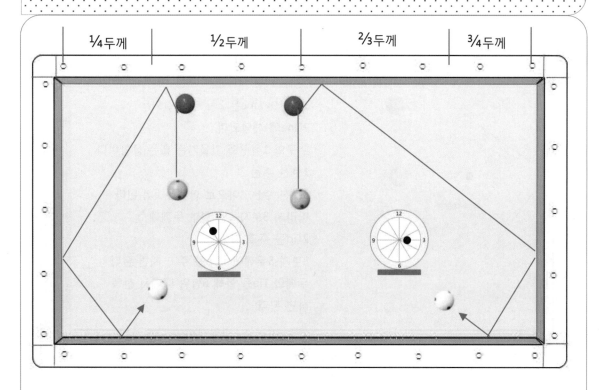

[해설]

위 도형은 1적구의 위치에 따라 안정적으로 공을 다루기 위한 두께 선택을 나타낸 도형이다.

Ball System 계산법에 따라 두께와 Tip수로 총 수치를 결정할 경우,
1적구의 위치에 따라 수구의 변화를 가장 적게 가져갈 수 있는 두께 선택은 득점 확률을
높이는데 아주 중요한 역할을 하게된다.
따라서 2적구의 위치 또는 특별한 경우가 아니라면 두께 선택에 신중을 기해야 한다.

제각돌리기 득점 확률을 높이려면 큐를 끌고 들어가거나 스트록을 가볍게 날리면 안된다.
1적구를 가볍게 다루지 말고 약간 눌러주는듯 천천히 약하게 치는 것이 에러마진이 크다.

대부분 경기의 승패는 제각돌리기가 잘 맞느냐 안 맞느냐에 달려있는 것을 느낄 수 있는데
당구는 공을 부딪치는 감각이 가장 중요한 요소이기 때문이다.
많은 동호인들께서는 제각돌리기를 할 때 스트록을 머뭇거리거나 큐를 중간에 놓는 경향이
많다. 제각돌리기는 자신있게 한방에 1적구를 부딪쳐 분리각으로 승부해야 된다.

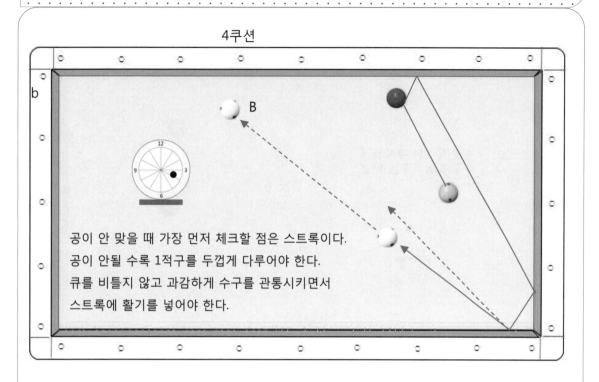

4쿠션

공이 안 맞을 때 가장 먼저 체크할 점은 스트록이다.
공이 안될 수록 1적구를 두껍게 다루어야 한다.
큐를 비틀지 않고 과감하게 수구를 관통시키면서
스트록에 활기를 넣어야 한다.

[해설]

위 도형은 제각돌리기에서 샷의 강약을 나타낸 도형이다.
수구와 1적구가 예각인 경우 득점을 위해서는 스트록의 강약이 아주 중요하다.

2적구의 방향성에 긴장하다 보면 큐가 나가지 못해 점선처럼 짧게 말리는 경우를 흔히
경험하게 된다.

이와 같은 공 배치에서의 해결 방법은 2적구에 스트록 강약을 맞추지 말고,
B지점까지의 스트록 강약을 맞추는 것이 요령이다.

타법 : 1적구를 부드럽게 눌러치듯 큐를 부드럽게 관통시키며 수구를 B지점까지 보낸다는
　　　느낌으로 샷의 강약을 결정한다.

Point : 위 도형과 유사한 공의 패턴에서는 공을 치기 전에 3쿠션과 4쿠션 연장선을 파악
　　　　한 후 스트록하는 것이 득점에 도움이 된다.

185

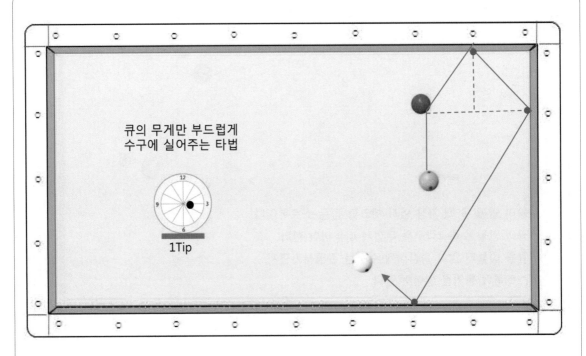

[해설]

위 그림은 쇼트 앵글 제각돌리기에서 가장 기본이 되는 도형이다.

1목적구가 장쿠션 2포인트 단쿠션 1포인트 선상에 걸쳐 있을 때, 수구를 절반 지점인 ●원 포인트 지점까지 무회전으로 보내면 2쿠션 ●원 포인트 지점을 통과해 3쿠션 ●2포인트 지점으로 가게 된다.

타법 : 1쿠션 지점에 집중하고 1적구를 그 지점까지 적당히 부딪쳐 굴려주면 된다.
주의할 점은 무회전 시 역회전이 들어갈 수 있으므로 1적구와 브리지 거리를 가까이 하고 아주 미세하게 정회전 느낌Tip을 주는 듯 하는 것이 안전할 수 있다.

Tip : 1적구를 너무 강하게 부딪치거나 너무 약하게 치는 것도 분리각에 변화가 생길 수 있으므로 항상 일정한 강도로 감을 익히는 것이 중요하다.

Piont : 제각돌리기을 할 때는 시선을 1적구와 1쿠션에 함께 두고 정확한 스트록을 하는데 집중해야 된다.

◆ 제각돌리기 System

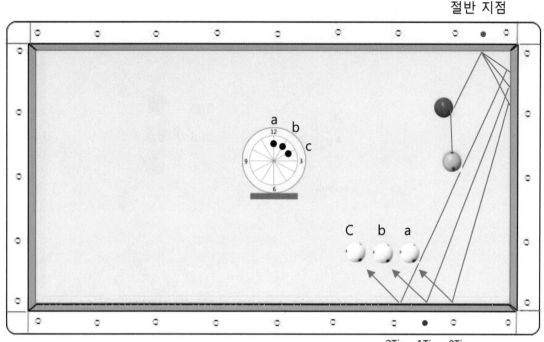

[해설]

위 그림은 쇼트 앵글 제각돌리기 도형이다.

1적구가 장쿠션 원 포인트 지점과 단쿠션 원 포인트 지점에 걸쳐 있을 경우,

무회전으로 1쿠션 절반 지점에 보내면 3쿠션은 원 포인트 지점이 된다.

1Tip주고 절반 지점으로 보내면 원 포인트 반 지점으로 진행되고,

2Tip주고 절반 지점으로 보내면 2포인트 지점으로 진행된다.

기본 앵글이므로 분리 각도를 익혀두면 제각돌리기를 완성하는데 많은 도움이 될 수 있다.

타법 : 큐 무게만 수구에 얹어 1적구를 부드럽게 부딪쳐 분리시킨다.

Point : 1적구를 강하게 부딪치거나 너무 약하게 부딪치지 말고 1적구를 자연스럽게 부딪쳐 빈쿠션 돌리기 느낌처럼 자연각으로 꺾이도록 한다.

Tip : 제각돌리기를 잘 치려면 공을 잘 부딪쳐 분리각을 잘 다룰 줄 알아야 하며, 생각보다 조금 두껍게 치면서 부드럽게 치는 것이 요령이다.

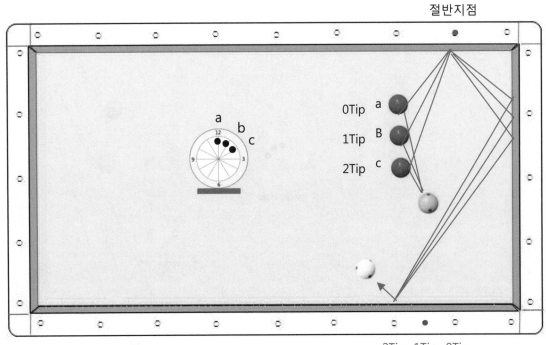

[해설]

위 도형은 1적구가 2포인트 선상에 있을 때 1쿠션을 1포인트 지점으로 고정하고 각각 1적구의 위치에 따라 회전을 달리해 3쿠션 지점인 2포인트로 보내는 제각돌리기 쇼트앵글 도형이다.

1적구가 a처럼 장쿠션 2포인트 단쿠션 1포인트 지점에 걸쳐있을 경우 무회전으로 중간 지점인 1포인트 지점으로 보내 돌리면 3쿠션은 2포인트 지점이 된다.
1적구가 b처럼 장쿠션 2포인트와 단쿠션 1포인트 반 지점에 걸쳐있을 때는 1Tip,
1적구가 c처럼 장쿠션 2포인트 단쿠션 2포인트 지점에 걸쳐있을 때는 2Tip을 주고,
각각 원 포인트 지점으로 보내면 3쿠션 2포인트 지점으로 간다.

타법 : 큐 무게만 수구에 얹어 1적구를 부드럽게 부딪쳐 준다.

Point : 1적구를 강하게 부딪치거나 너무 약하게 부딪치지 말고 1적구를 자연스럽게 부딪쳐 분리시켜 자연각으로 꺾이도록 한다.

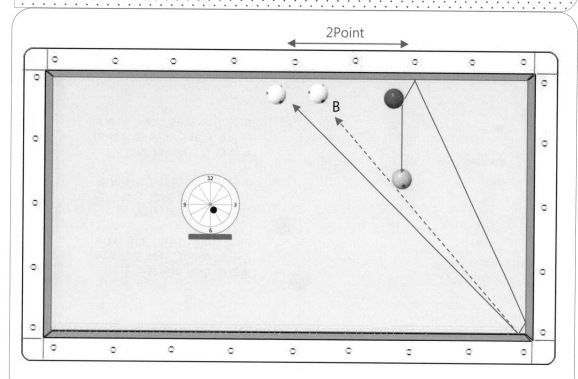

[해설]

경기 중에 자주 등장하는 형태이다.

이러한 형태가 배치되면 먼저 수구와 2적구의 간격을 확인해야 한다.

Plus2 System을 적용하면 수구 위치 20에서 코너를 치면 2Point 내려가기 때문이다.

수구와 2적구의 간격이 2Point 이상이므로 선택이 가능한 공 배치이다.

만일 2적구가 점선 처럼 약간의 차이로 B지점에 있다면 득점 확률은 거의 없다.

이러한 경우의 득점 요령은

1. 회전을 반Tip 이상 주지 않는다.

2. 브리지를 짧게 한다.

3. 가벼우면서 빠른 잽 스트록을 한다. (잽스트록의 특징은 얇게 친 공은 더 얇게 만들어준다)

4. 강하게 치지 않는다.

특히 집중하지 않고 회전을 많이 주거나 큐를 끌고 들어가면 이 공은 점선처럼 길게 빠진다.

다시 정리하면 툭 샷이다. 가볍게 툭 끊어쳐 놓고 기다리면 된다.

평소 잽 스트록 연습을 통해 그 감각을 갖고 있어야 된다.

189

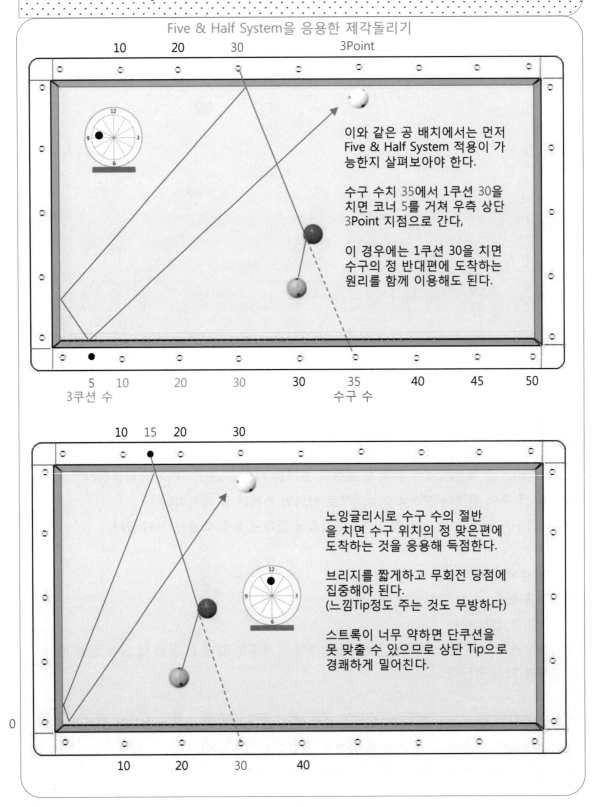

Five & Half System을 응용한 제각돌리기

이와 같은 공 배치에서는 먼저 Five & Half System 적용이 가능한지 살펴보아야 한다.

수구 수치 35에서 1쿠션 30을 치면 코너 5를 거쳐 우측 상단 3Point 지점으로 간다,

이 경우에는 1쿠션 30을 치면 수구의 정 반대편에 도착하는 원리를 함께 이용해도 된다.

노잉글리시로 수구 수의 절반을 치면 수구 위치의 정 맞은편에 도착하는 것을 응용해 득점한다.

브리지를 짧게하고 무회전 당점에 집중해야 된다.
(느낌Tip정도 주는 것도 무방하다)

스트록이 너무 약하면 단쿠션을 못 맞출 수 있으므로 상단 Tip으로 경쾌하게 밀어친다.

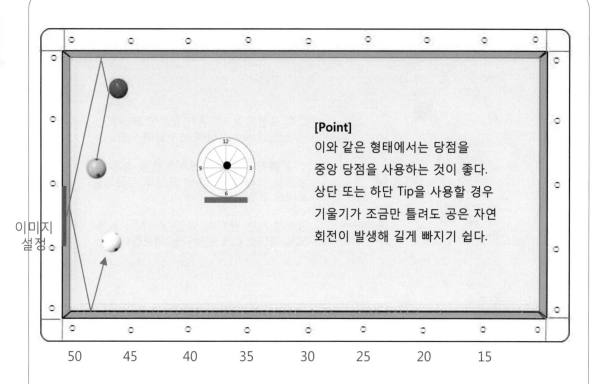

50   45   40   35   30   25   20   15

[Point]
이와 같은 형태에서는 당점을
중앙 당점을 사용하는 것이 좋다.
상단 또는 하단 Tip을 사용할 경우
기울기가 조금만 틀려도 공은 자연
회전이 발생해 길게 빠지기 쉽다.

[해설]

아주 얇은 형태의 제각돌리기 형태의 도형이다.

이와 같은 도형의 득점 방법은,

1. 좌측 단쿠션 Ⅰ 부분(2쿠션)에 이미지를 먼저 설정한다.

2. 수구와 2쿠션 Ⅱ지점을 입사각 반사각으로 그려본다.

3. 1목적구를 얇게 맞추는 것도 중요하지만 더 중요한 것은 큐를 비틀지 않는 것이다.

4. 가장 중요한 것은 브리지의 견고함이다. 큐가 조금만 흔들려도 큰 오차가 발생한다.

타법 : 브리지를 견고히 하고 큐의 무게로만 수구를 관통하듯이 천천히 부드럽게 친다.

당점 : 중단 무회전

Point : 아무리 얇게 1적구를 맞춘다 해도 타격이 조금이라도 들어가면 공은 비틀어진다.

큐의 무게만 수구에 얹어 천천히 수구를 관통하는 스트록을 해야 한다.

Tip : 1적구를 얇게 겨냥할 때는 무조건 자세를 낮추어야 두께를 얇게 겨냥할 수 있다.

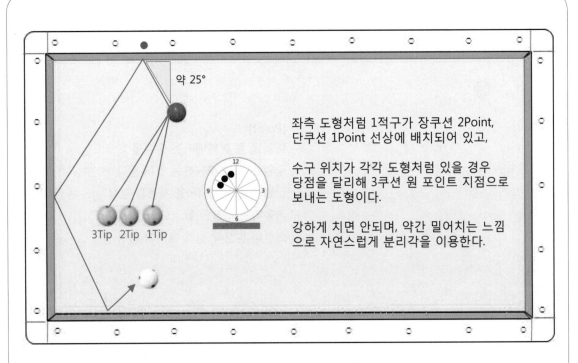

약 25°

3Tip 2Tip 1Tip

좌측 도형처럼 1적구가 장쿠션 2Point,
단쿠션 1Point 선상에 배치되어 있고,

수구 위치가 각각 도형처럼 있을 경우
당점을 달리해 3쿠션 원 포인트 지점으로
보내는 도형이다.

강하게 치면 안되며, 약간 밀어치는 느낌
으로 자연스럽게 분리각을 이용한다.

제각돌리기가 쉬워 보이면서도 어려운 이유는 1적구와 수구의 기울기가 상황마다
다르고, 1적구가 붙어있는 경우와 떠 있는 경우 등, 시시각각 상황이 변하기 때문이다.
수구의 변화를 최소화할 수 있는 1적구를 다루는 법을 터득해야 한다.

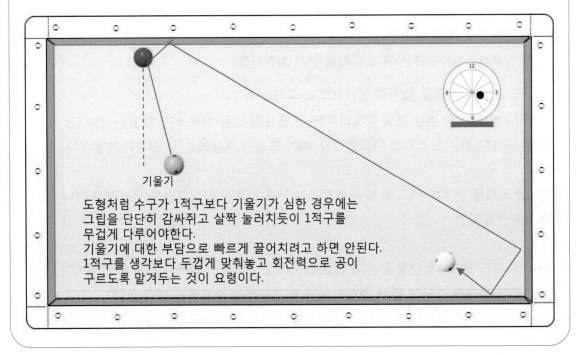

기울기

도형처럼 수구가 1적구보다 기울기가 심한 경우에는
그립을 단단히 감싸쥐고 살짝 눌러치듯이 1적구를
무겁게 다루어야한다.
기울기에 대한 부담으로 빠르게 끌어치려고 하면 안된다.
1적구를 생각보다 두껍게 맞춰놓고 회전력으로 공이
구르도록 맡겨두는 것이 요령이다.

◆ 제각돌리기 System

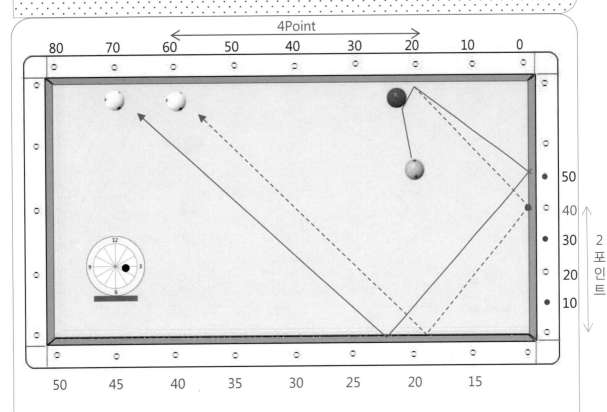

[해설]

Plus System을 응용해 1쿠션 지점을 산정하는 제각돌리기 도형이다.

20에서 출발한 수구를 60에 보내기 위해 빈쿠션으로 계산한다면 우측 30의 지점을 거쳐야
된다.

하지만 공을 끌어 칠 경우에는 공의 말림 현상을 감안해 반 포인트 정도 길게 보내는 것이
로드리게즈 System이다. 따라서 30이 아닌 40까지 수구를 보내야 한다.

계산법 : 3쿠션 수치(60) – 수구 수치 (20) = 1쿠션 수치(40)

Point : 프레임 포인트가 아닌 ●레일 포인트를 사용하며 우측 2쿠션 부여 수치만 외워
　　　　　두면 된다. (Plus System보다 1쿠션 수치가 10이 차이나는 것을 기억해야 한다)

❖ 이 System을 쉽게 기억하는 방법은, 수구와 4쿠션 거리의 절반이 수구를 보내야 할
　　단쿠션 지점이 된다는 것이다. (4Point ÷ 2 = 2Point) 우측 단쿠션 40지점

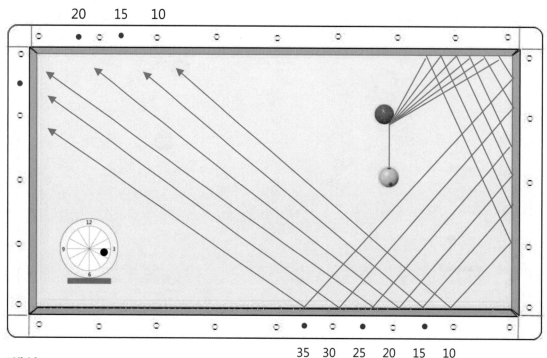

[해설]

쇼트 앵글에서 제각돌리기 할 때 4쿠션 진행 동선을 나타낸 도형이다.

Five & Half System에서 빈쿠션으로 돌릴 때보다 반 포인트 정도 짧아지는 것을 알 수 있다.

쇼트 앵글인 경우 정확도를 위해 공을 약하게 치게 되는데 공을 약하게 치는 경우에 생기는 말림 현상과 당점에 의한 회전력으로 계속 조금씩 더 말리는 현상 때문이다.

4쿠션에 있는 목적구 수치를 확인한 후 3쿠션 수치 지점을 겨냥하고 치면 된다.

제각돌리기를 할 때는 비틀어치지 말고 수구를 관통하듯 두껍게 치는 습관을 들여야 한다.

1적구를 항상 일정하게 부딪쳐 1쿠션까지 수구가 변화없이 각대로 구르도록 하기 위해서는 부드러운 펌 그립(Firm grip)을 잡아주는 것도 도움이 된다.

타법 : 2Tip 주고 자연스럽게 1적구를 관통하듯이 부딪쳐 분리되는 각으로 돌린다,
　　　큐를 끌고 나가거나 큐를 놓으면 길어지거나 짧아질 수 있다.

Firm grip : 다섯 손가락으로 큐를 부드럽게 감싸쥐는 그립방법.

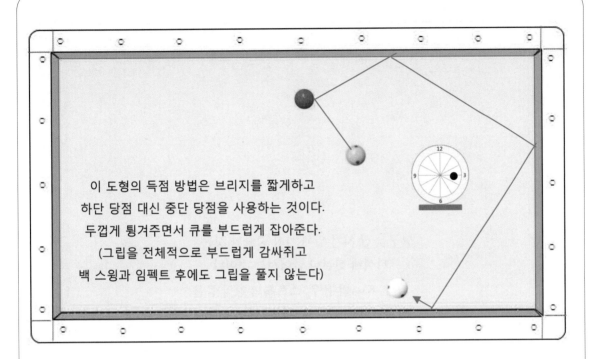

◆ 제각돌리기 System

이 도형의 득점 방법은 브리지를 짧게하고
하단 당점 대신 중단 당점을 사용하는 것이다.
두껍게 튕겨주면서 큐를 부드럽게 잡아준다.
(그립을 전체적으로 부드럽게 감싸쥐고
백 스윙과 임펙트 후에도 그립을 풀지 않는다)

중단 Tip으로 두껍게 끌어치기하는 요령은 1적구를 약간 튕겨주는 느낌으로
스트록하면서 동시에 큐를 부드럽게 잡아주면 쉽게 끌어치기 할 수 있다.

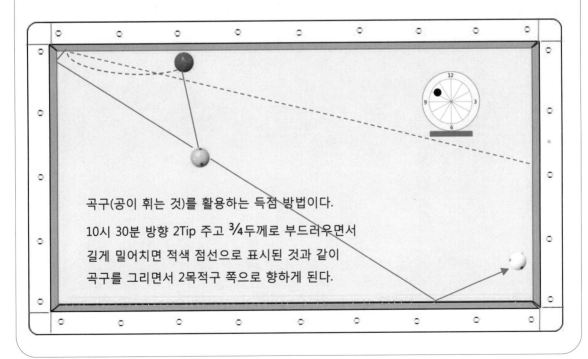

곡구(공이 휘는 것)를 활용하는 득점 방법이다.

10시 30분 방향 2Tip 주고 ¾두께로 부드러우면서

길게 밀어치면 적색 점선으로 표시된 것과 같이

곡구를 그리면서 2목적구 쪽으로 향하게 된다.

당구를 잘 치기 위해 가장 중요한 것은
타석에 천천히 들어서는 것이다
타법, Kiss의 유무, 스트록의 강약 등을
결정하기 전에 급하게 업드리면 안된다

뒤돌려치기 System

뒤돌려치기는 경기 중에 30% 이상을
차지하는 가장 중요한 System으로
그 날의 경기 승패가 좌우된다.

뒤돌려치기가 쉽고도 어려운 이유는
Kiss가 항상 도사리고 있기 때문이다.
분리각과 타법으로 이를 극복해야 된다.

또한 뒤돌려치기는 포지션플레이가 대부분
가능하기 때문에 다득점의 기회도 가장 많다.
따라서 이 부분에 많은 시간을 투자해야 된다.

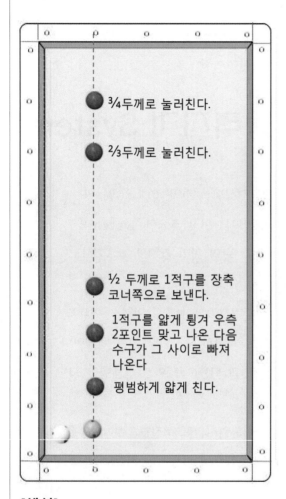

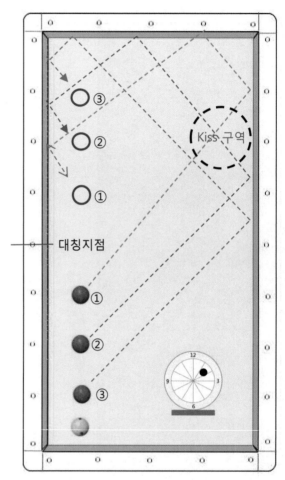

[해설]

위 도형은 경기 중에 수시로 나타나는 뒤돌려치기 장면이다.

1적구는 각각의 위치에 있고, 수구가 일직선으로 배치되어 있다고 가정한다.

좌측 도형은 1적구의 장쿠션 위치에 따라 맞혀야 할 각각 1적구의 두께를 나타낸 것이며,

우측 도형은 1적구의 분리각과 진행 동선을 나타낸 것이다.

1적구를 ○점선 2Point지역으로 보내면 Kiss를 피하기 어렵다.

그 지점은 수구가 1적구를 맞히고 돌아오는 길이기 때문이다.

[Tip}

우측 도형에 나타낸 것처럼 1적구의 두께 선택을 이용하면 1적구를 각각의 ①②③의 대칭 지점으로 보내 포지션 플레이를 할 수 있다. (1적구를 대칭지점으로 보내는 연습을 한다)

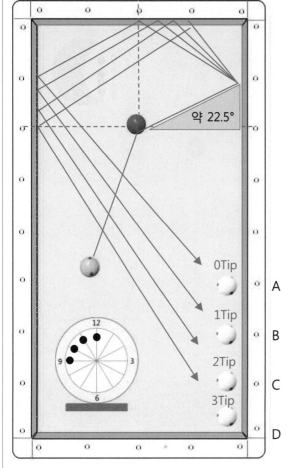
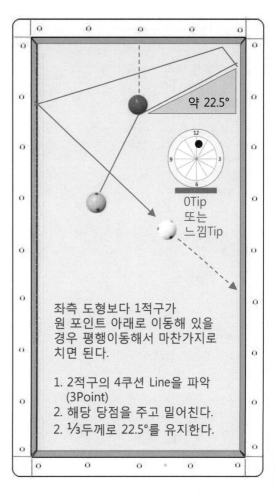

[해설]

뒤돌려치기에서 당점의 중요성을 나타내는 가장 중요한 기본 도형이다.

1적구가 장쿠션과 단쿠션 2Point 점선 선상에 있을 경우 2적구의 위치에 따라 당점만 달리하면 된다.

1. A지점으로 보내려면 무회전으로 원 포인트 지점으로 보내면 된다.

2. B지점으로 보내려면 1Tip 주고 원 포인트 지점으로 보내면 된다.

3. C지점으로 보내려면 2Tip 주고 원 포인트 지점으로 보내면 된다.

4. D지점으로 보내려면 3Tip 주고 조금만 얇게 치면 된다.

　(1적구와 1쿠션의 각도 (22.5°)를 기억해 유사한 형태에서는 같은 각도를 유지해 주면 된다.

　만일 Kiss의 우려가 있다면 조금 두껍게 치면서 Tip을 조금 더 주면 된다)

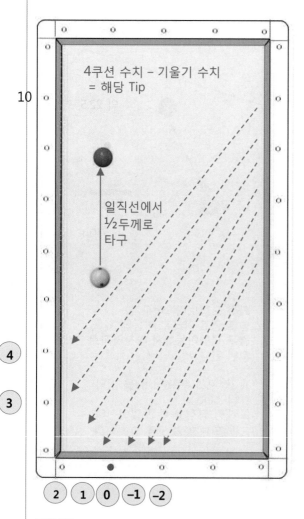

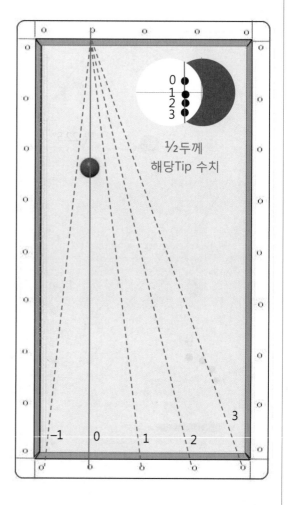

[해설]

뒤돌려치기 Ball System은 1적구와 수구
가 일직선으로 배치되어 있을 경우 1적구
를 ½두께로 맞추는 것을 기준으로,
위 도형 좌측 하단에 표기한 수치에서
위 우측 도형에 표기된 수구의 기울기를
계산해 우측 도형 상단에 표시된 해당 당점
을 치는 방식이다.

위 도형의 경우 ●지점에 오게 하려면 기울
기가 0이므로 ½두께로 우측 도형 상단에
있는 해당 당점 0의 지점에 당점을 주면 된다.

[기울기 계산 방법]

1적구와 수구가 일직선으로 배치되어
있을 때 기울기를 0으로 계산하고,
일직선에서 1Point 간격으로 기울어 있
을 때마다 1씩 가감해서 계산하면 된다.
예를 들어 수구가 −1 지점에 위치해 있
다면 기울기 수치 1만큼 당점 위치를
한단계 내려 0이 아닌 1지점에 주고,
수구 수치가 1지점에 있다면 ⅛두께
만큼 얇게 치면 된다.

[뒤돌려치기 Ball System 계산법]

4쿠션 수치 − 기울기 수치 = 해당 당점

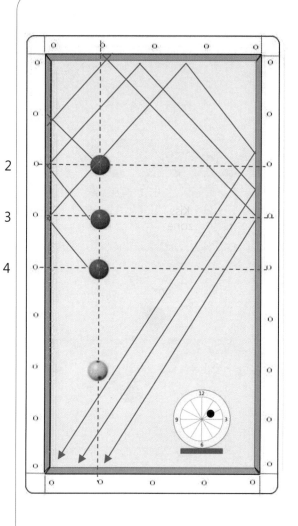

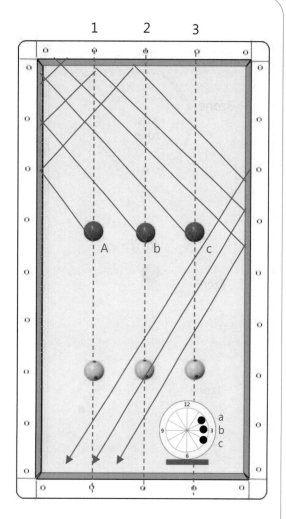

[해설]

위 도형은 수구와 1적구가 일직선이고
1적구가 각각 2, 3, 4Line에 배치되어 있을
경우, 중 상단 1Tip 주고 ⅓ 두께로 쳤을 때
수구의 진행 동선을 나타낸 도형이다.

수구와 1적구의 거리가 1Point 차이나면
4쿠션은 반 포인트씩 길어진다.

[해설]

위 도형은 수구와 1적구는 같은 거리에
있고, 1적구가 좌측 쿠션으로부터 1, 2, 3
처럼 각각 떨어져 있을 경우, 마찬가지로
중 상단 1Tip주고 ⅓ 두께로 쳤을 때 각각
수구의 진행 동선을 나타낸 도형이다.
1적구가 쿠션에서 1Point 차이나면 4쿠션
은 반 포인트씩 길어진다.
a b c 당점으로 친다.

뒤로 돌리기 Kiss의 기본 원리

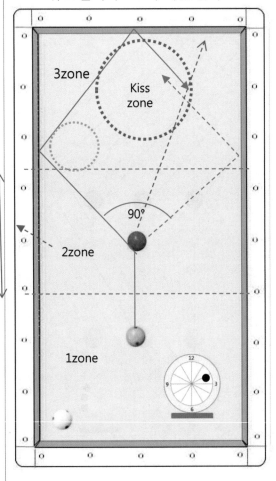

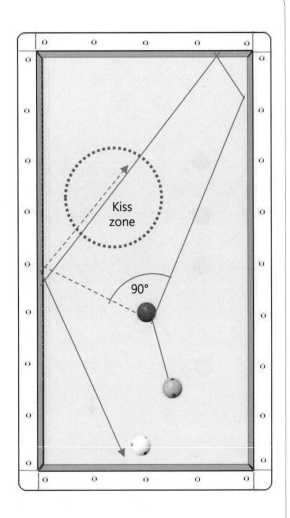

[해설]

1적구가 2의 Zone에 있고 수구가 일직선으로 있는 뒤돌려치기 도형이다.

1적구가 2의 Zone에 있을 경우에 평범한 두께로 공을 치면 Kiss를 피하기 어렵다.

공은 부딪치면 90도의 각도로 벌어지는데 서로 좌우로 돌다가 3Zone 중앙 부근◯에서 충돌하게 된다.

[Point]

Kiss를 피하기 위해서는 1적구를 적색 Line 처럼 아주 두껍게 밀어쳐서 먼저 보내고 수구가 천천히 레일을 돌도록 치는 방법이 가장 안전하다.

1적구를 ◯지점으로 갈 수 있도록 힘 조절을 하면 뒤돌려치기를 다시 한번 칠 수 있다.

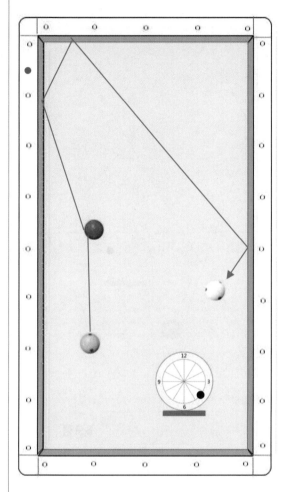

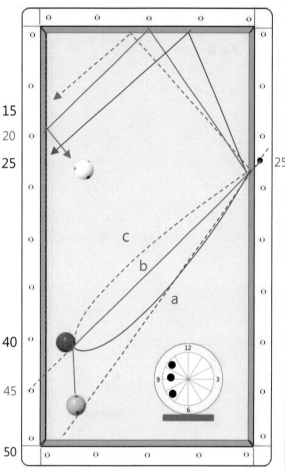

[해설]

길게 뒤돌려치기 하는 공의 배치에서.

[수구를 길게 보내기 위한 요령]

1. 두께 조준법을 활용해 정확히 두께를
   겨냥한다.
2. 상체를 최대한 뒤로 빼고 큐를 천천히
   부드럽게 밀어주면 수구는 길게 늘어진다.
3. 브리지를 조금 멀리하면 큐를 길게 뻗어
   주는데 도움이 된다.
4. 4Tip 회전을 최대한 활용한다.

[해설]

위 도형은 스트록에 따라 변하는 수구의 동
선을 나타낸 도형이다.

a : 밀어치기로 확장 샷을 할 경우 도형처럼
   공은 길게 진행된다. (50 – 25 = 25)
b : System 샷으로 굴린다 (45 – 25 = 20)
C : 컷 샷으로 축소 샷을 할 경우 수구는 짧게
   진행된다. (40 – 25 = 15)

공을 쉽게 치려면 천천히 굴리는 샷을 해야
  System을 활용하면서 득점률을 높일 수 있다.

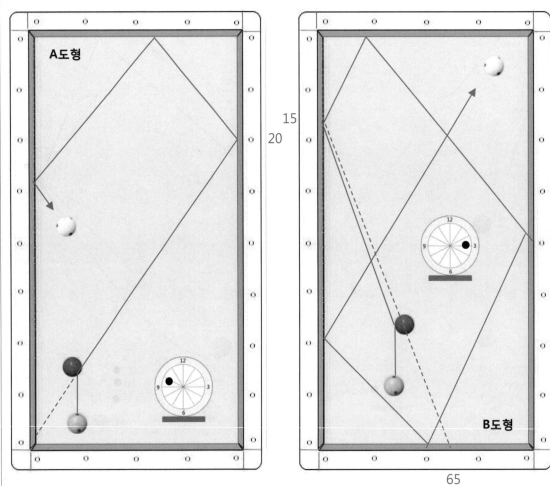

[해설]

A 도형은 Five & Half System을 이용한 뒤돌려치기 기본 도형이다.

수구 수 50 – 3쿠션 수 30 = 1쿠션 수 20이 된다.

빈쿠션 돌리기 때와 마찬가지 계산법을 적용하기 위해서는 1적구에 무리를 가하지 말고 타격감 없는 System 샷을 구사해야 한다.

B 도형의 경우 핵심 포인트는 시선을 1적구와 1쿠션에만 두어야 함을 강조한 것이다.

뒤로 돌리기 대회전에서 득점에 실패하는 가장 큰 이유는 크게 돌린다는 강박관념 때문에 자신도 모르게 1적구에 타격이 가해지기 때문이다.

1쿠션에 집중하고 큐를 길게 밀어주기만 하면 된다.

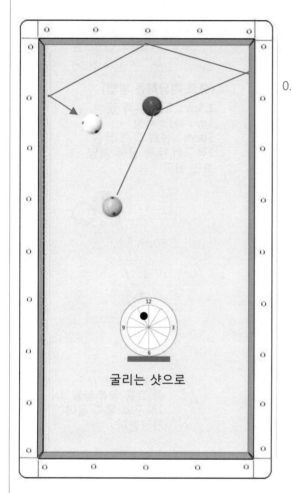

굴리는 샷으로

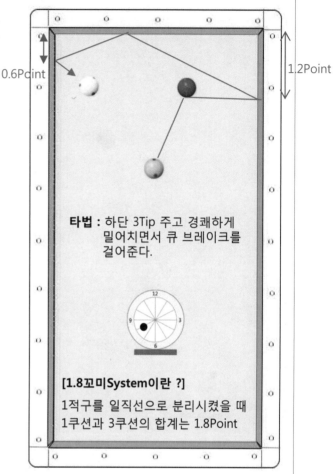

0.6Point

1.2Point

타법 : 하단 3Tip 주고 경쾌하게
밀어치면서 큐 브레이크를
걸어준다.

[1.8꼬미System이란 ?]

1적구를 일직선으로 분리시켰을 때
1쿠션과 3쿠션의 합계는 1.8Point

[타법]

위와 같은 공의 배치는 끌어치기 하는
것이 아니라 천천히 굴리는 샷으로 득점
해야 한다.

당점을 3쿠션 지점에 따라 조절하고 큐를
일직선으로 천천히 굴려주면 공은 변화
없이 결대로 굴러와 득점하게 된다.

회전을 많이 주고 두껍게 치는 것은
방향성을 보장받을 수 없다.

[타법]

위 도형은 스핀(회전)으로 치는 샷이다.

3Tip 하단 주고 1적구를 일직선으로 밀어
쳤을 경우 1쿠션과 3쿠션의 기울기 합계는
대략 1.8Point가 된다.

1적구 수가 1.2이면 3쿠션 수치는 0.6,

1적구 수가 0.9면 3쿠션 수치는 0.9라는
개념을 갖는다.

당점을 중단에 주고 치면 곡구 현상이 생긴다.

반드시 하단 3Tip주고 밀어쳐야 된다.

관통 샷 얇게치기 겨냥법

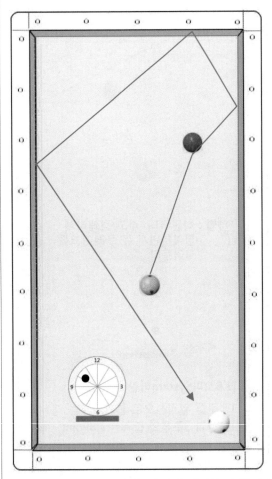

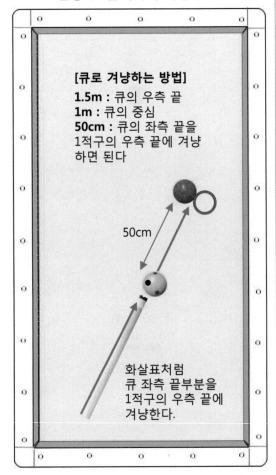

[큐로 겨냥하는 방법]
1.5m : 큐의 우측 끝
1m : 큐의 중심
50cm : 큐의 좌측 끝을
1적구의 우측 끝에 겨냥
하면 된다

50cm

화살표처럼
큐 좌측 끝부분을
1적구의 우측 끝에
겨냥한다.

그립을 가볍게 감싸면 수구의 분리각이 작아져 길게 칠 때 도움이 된다.

[타법]

위 도형은 관통 샷으로 득점하는 장면과 겨냥법을 나타낸 도형이다.

프로들의 샷이 깔끔하고 시원해 보이는 이유도 관통 샷을 주로 사용하기 때문이다.

또한 관통 샷은 초 얇게치기, 또는 회전을 극대화시킬 때도 적합한 샷이다.

관통 샷은 말 그대로 수구 당점의 뒷부분을 관통하듯이 비틀림없는 샷을 하면 된다.

관통 샷을 하는 요령은 1적구의 좌 우측에 이미지볼을 만들어놓고 그립을 가볍게 감싸고
이미지볼을 향해 허공을 치듯이 큐를 곧게 뻗어주면 된다.

1.5m에서는 큐 우측 끝을 1적구의 오른쪽 끝에 겨냥하고 허공을 치듯이 큐를 뻗는다.

개개인의 스트록에 따라 스쿼트와 커브 양이 다르므로, 두껍게 맞는다면 조금 우측에 겨냥
하고, 공이 안 맞는다면 공의 겨냥점을 안쪽으로 조금 옮기면서 고정해 나가면 된다.

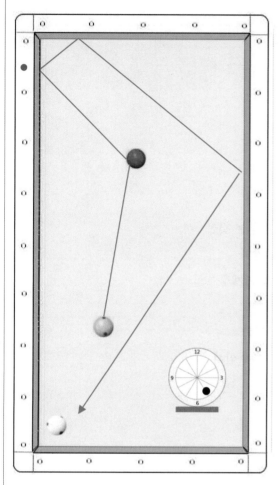

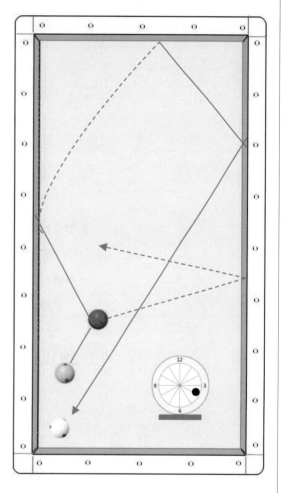

[해설]

중 하급자의 경우 이러한 공의 배치에서
끌어치기를 시도하는데, 이 공 배치는 끌어
치는 공이 아니라 스피드로 밀어쳐서 공을
분리시켜 각을 만들어야 한다.

손목에 힘을 빼고 강한 스냅을 사용해야
스피드를 낼 수 있어 얇은 각으로 수구를
분리시킬 수 있다. 더 중요한 것은 큐가
밀려나가지 않도록 브리지를 12cm정도로
짧게하고 임펙트 후에도 그립을 풀지 않는다.

[해설]

이러한 공의 배치는 요령만 알면 Kiss
걱정없이 쉽게 득점할 수 있는 공이다.

쇼트 타법을 구사하는데 1적구를 ⅓두께
정도로 때리면서 큐를 급격히 멈추면 된다.
큐가 수구를 통과하지 않고 멈추어야 한다.
끌어치면 안되며 빠른 스피드로 1적구를
때리고 큐를 급격히 멈추면 수구는 1쿠션
에서 바운드되면서 짧게 짧게 진행되어
득점하게 된다.

노잉글리시로 공을 다루는 것은

생각처럼 쉽지 않다

주안시와 공의 두께 관계를

확실하게 이해하고

짧은 브리지 사용과

정확한 당점에 집중해야 한다

노잉글리시 System

노잉글리시 System은 당구대 안에서
폭 넓게 응용되며, 노잉글리시 System을
터득했을 때 비로소 당구의
고수가 될 수 있다.
무회전으로 공을 정확히 치는 것은
생각보다 쉽지 않다.
브리지를 가까이하고 당점에 집중하면서
항상 일정하게 공을 굴리는
스트록 연습을 많이 해야 된다.
또한 분명히 공의 중심을 겨냥한 것 같은데
실제로는 공의 중심에서 큐가 벗어나 있는
경우를 흔히 볼 수 있다.
각자의 주안시 영향 때문이라는 것을
반드시 기억하고 자신의 주안시 관계를
면밀히 파악해야 된다.

1쿠션 수치 6 5.5 5 4.5 4 3.5 3 2.5 2 1.5 1 0.5 0

수구 수치

12 11 10 9

8 7 6 5 4 3 2 1 0

[해설]

각 수구의 위치에서 무회전으로 절반을 쳤을 때 우측 단쿠션 코너로 향하는 노잉글리시 System 도형이다.

수구 수 8은 절반인 4, 7은 3.5, 6은 3, 5는 2.5, 4는 2, 3은 1.5, 2는 1, 1은 반 포인트를 각각 치면 된다.

수구 수 9 ~ 12까지는 도형을 참작하고, 5와 5.5와 6은 ¼ 포인트 간격이다.

코너가까이 공이 있을 때는 Five & Half System보다 훨씬 쉽게 응용할 수가 있다.
(2적구 또는 3쿠션 지점이 1Point 지점이라면 1쿠션은 절반을 길게 치면 된다)

[Point]

분리각이 큰 경우에는 스트록을 약간 강하게 쳐야 늘어지는 현상을 방지할 수 있고,
분리각이 작을 경우에는 약하게 쳐서 급격한 반사를 막아주는 것이 요령이다.

타법 : 중 상단 당점으로 1쿠션에 자연스럽게 부딪쳐 반사시킨다.
스피드 : 1.5레일

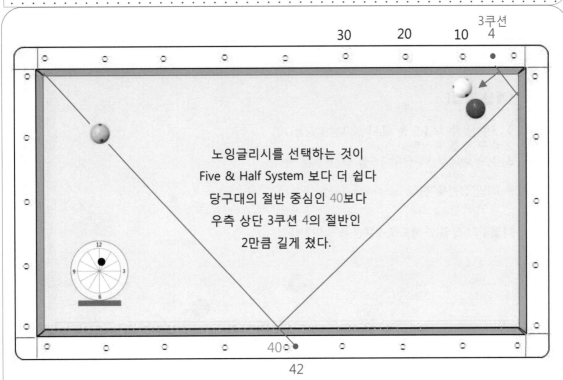

노잉글리시를 선택하는 것이
Five & Half System 보다 더 쉽다
당구대의 절반 중심인 40보다
우측 상단 3쿠션 4의 절반인
2만큼 길게 쳤다.

노잉글리시에서 가장 중요한 것은 정확한 당점과 스트록이다.
시간날 때마다 입사각 반사각을 확인하며 일관된 스트록을 갖추어야 한다.

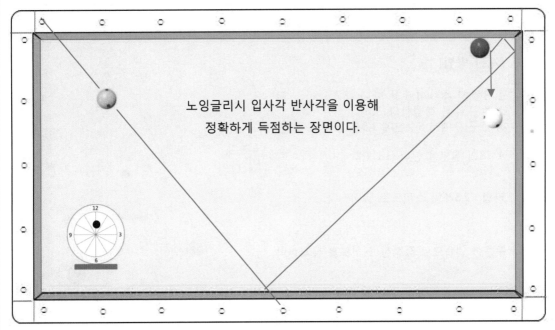

노잉글리시 입사각 반사각을 이용해
정확하게 득점하는 장면이다.

노잉글리시는 스트록의 강약에 따라 오차가 발생하므로 일정한 스피드를 유지해야 한다.

211

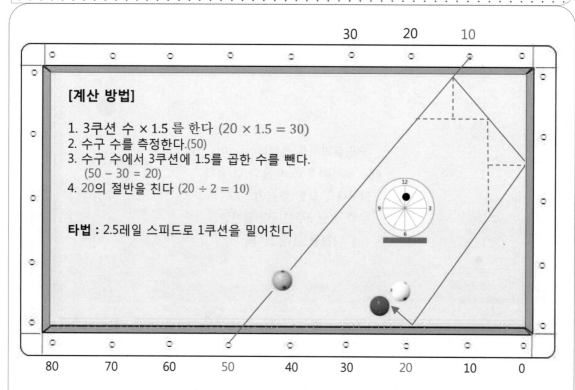

[계산 방법]

1. 3쿠션 수 × 1.5 를 한다 (20 × 1.5 = 30)
2. 수구 수를 측정한다.(50)
3. 수구 수에서 3쿠션에 1.5를 곱한 수를 뺀다.
   (50 − 30 = 20)
4. 20의 절반을 친다 (20 ÷ 2 = 10)

타법 : 2.5레일 스피드로 1쿠션을 밀어친다

❖ 너무 부드럽게 치면 길어질 수 있으므로 2레일 스피드로 부드럽게 밀어친다.

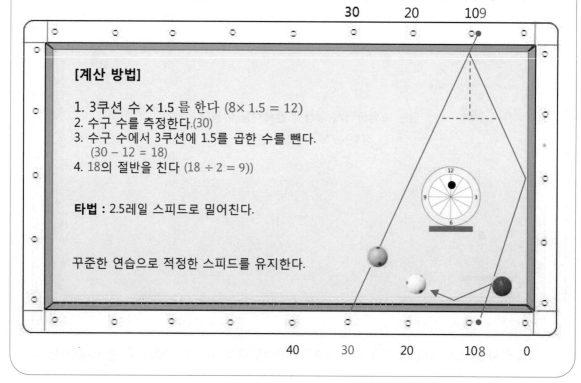

[계산 방법]

1. 3쿠션 수 × 1.5 를 한다 (8× 1.5 = 12)
2. 수구 수를 측정한다.(30)
3. 수구 수에서 3쿠션에 1.5를 곱한 수를 뺀다.
   (30 − 12 = 18)
4. 18의 절반을 친다 (18 ÷ 2 = 9))

타법 : 2.5레일 스피드로 밀어친다.

꾸준한 연습으로 적정한 스피드를 유지한다.

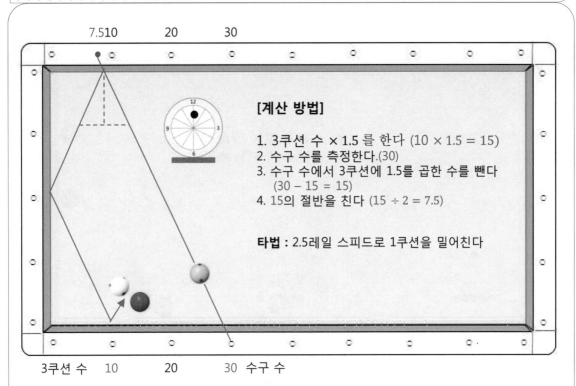

[계산 방법]

1. 3쿠션 수 × 1.5 를 한다 (10 × 1.5 = 15)
2. 수구 수를 측정한다.(30)
3. 수구 수에서 3쿠션에 1.5를 곱한 수를 뺀다
   (30 − 15 = 15)
4. 15의 절반을 친다 (15 ÷ 2 = 7.5)

타법 : 2.5레일 스피드로 1쿠션을 밀어친다

3쿠션 수　　10　　　20　　　30　수구 수

❖ 너무 부드럽게 치면 길어질 수 있으므로 2.5레일 스피드로 쿠션을 밀어쳐야 한다.

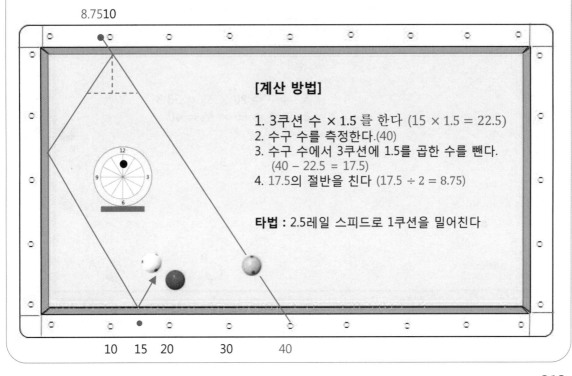

[계산 방법]

1. 3쿠션 수 × 1.5 를 한다 (15 × 1.5 = 22.5)
2. 수구 수를 측정한다.(40)
3. 수구 수에서 3쿠션에 1.5를 곱한 수를 뺀다.
   (40 − 22.5 = 17.5)
4. 17.5의 절반을 친다 (17.5 ÷ 2 = 8.75)

타법 : 2.5레일 스피드로 1쿠션을 밀어친다

10　15　20　　　30　　　40

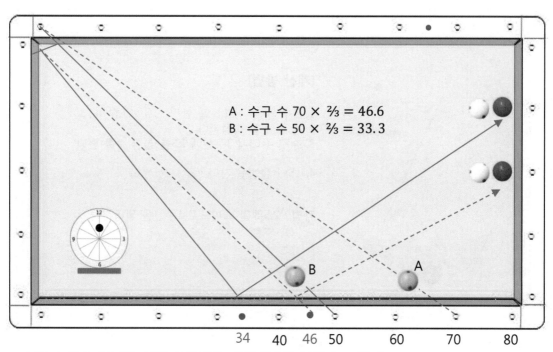

A : 수구 수 70 × ⅔ = 46.6
B : 수구 수 50 × ⅔ = 33.3

34 40 46 50 60 70 80

수구 수에서 코너를 치면 ⅔지점을 거쳐 2적구 지점으로 간다.
4쿠션 원 포인트, 2포인트 지점이므로 외워두면 정말 유용한 System이다.

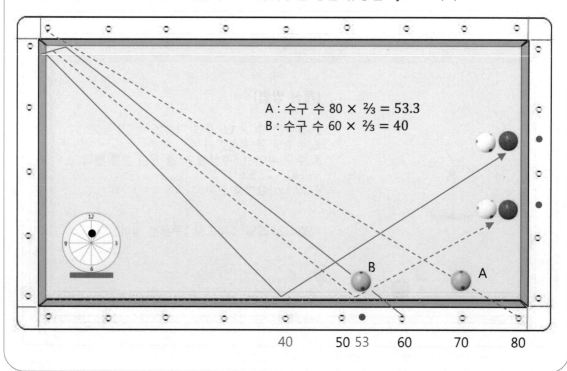

A : 수구 수 80 × ⅔ = 53.3
B : 수구 수 60 × ⅔ = 40

40 50 53 60 70 80

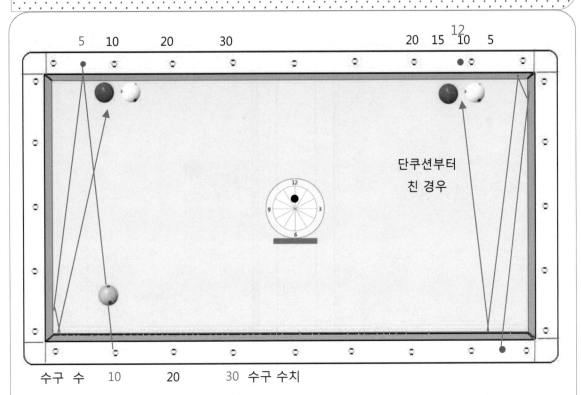

단쿠션부터
친 경우

노잉글리시로 수구 수의 맞은편 ½을 치면 수구 수의 맞은편 지점으로 간다.
수구 수 40까지 가능하며 스트록은 경쾌하게 1쿠션을 부딪쳐 반사시킨다.

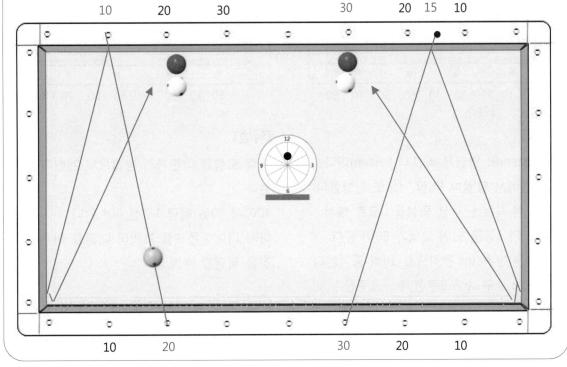

215

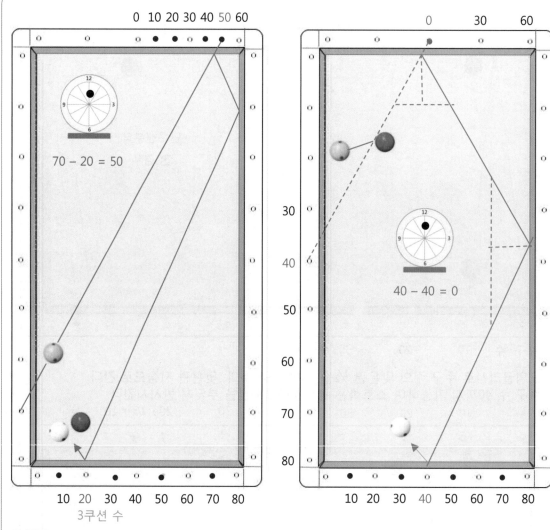

[타법]

위 System의 명칭은 베르니 System이다.

장쿠션에서 출발해 단,장,단으로 진행한다.

1쿠션 수치는 단쿠션 중심을 0으로 해서

1Point가 3등분 되어 코너가 60이 된다.

3쿠션은 반 Point 간격으로 10씩 증가된다.

계산법 : 수구 수 – 3쿠션 수 = 1쿠션수

타법 : 중 상단 무회전으로 1쿠션을 부드럽
게 밀어친다.

[타법]

좌측 도형과 마찬가지 방법으로 계산하면
된다.

40에서 40을 빼면 1쿠션 0이 된다.

마치 다이아몬드를 그리며 대칭을 이루는
것을 확인할 수 있다.

타법 : 밀어치지 않고 무회전으로 자연스
러운 분리각으로 공을 굴린다.

1쿠션 수

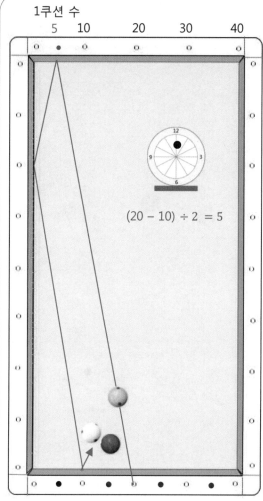

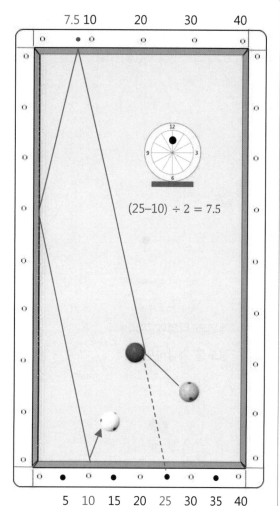

5 10 15 20 25 30 35 40
3 쿠션 수치와 수구 수치 공동 사용

[해설]

위 도형은 노잉글리시 계산법으로 득점
하는 방법이다.

수구 수와 3쿠션 수는 공용으로 사용한다.
계산법은 수구 수에서 3쿠션 수를 뺀 숫자
의 절반이 1쿠션 수치이다.

계산법 : $(20 - 10) \div 2 = 5$

타법 : 중 상단 무회전으로 부드럽게
밀어친다.

[해설]

계산 방법은 왼쪽 뱅크 샷과 마찬가지
이다

타격감 없는 부드러운 샷으로 1쿠션 지점
을 향해 정확히 굴려야 한다.

큐의 비틀림 없이 자연 분리각으로 천천
히 스트록하는 것이 중요하다.

타법 : 중 상단 무회전으로 타격감 없는
스트록을 구사한다.

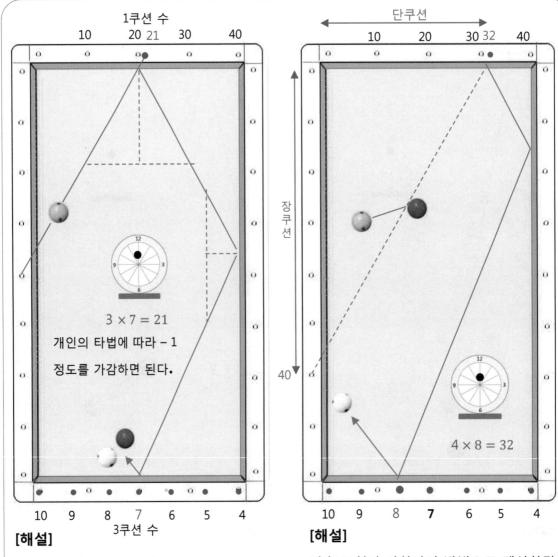

[해설]

위 도형은 7을 기준으로 ⅔ Point씩 숫자가
전개되는 7System 이다.

수구 수는 Five & Half System과 같다.

3쿠션은 하단 단쿠션의 중심인 7을 중심으로
⅔간격으로 4~10까지로 외우면 된다.

1쿠션은 1Point에 10씩 계산된다.

계산 공식 : 수구 수 × 3쿠션 수 = 1쿠션 수

타법 : 중 상단 무회전으로 1쿠션을 밀어친다.

[해설]

좌측 도형과 마찬가지 방법으로 계산하면
된다.

먼저 3쿠션 수를 파악한 후 장쿠션과
단쿠션을 2 : 1로 Line을 그려보면 위 도형
처럼 4 × 8 = 32라는 궤도를 찾을 수 있다.

타법 : 밀어치지 않고 무회전으로 자연스
러운 분리각으로 공을 굴린다.

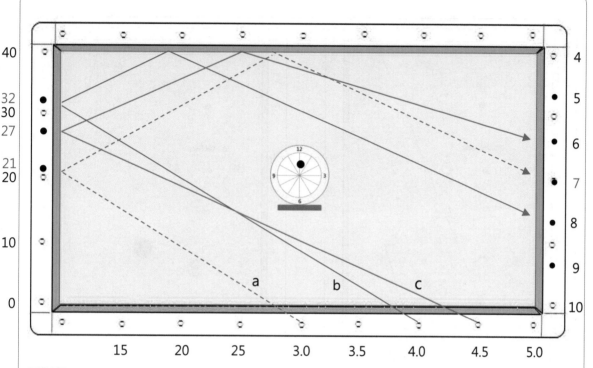

[해설]

앞 페이지와 마찬가지로 수구 수와 3쿠션 수를 곱해서 1쿠션을 산출하는 7System이다.

1쿠션 수는 Five & Half System 수치를 적용하고,

3쿠션 수는 2Point 센터 7을 중심으로 ⅔ 포인트 간격으로 1씩 차이가 난다.

수구가 1쿠션 가까이 붙어있을 때 활용가치가 높으며, 계산법이 아주 간단해서 편리하다.

이 System에서 가장 중요한 것은 타법이다.

브리지를 짧게하고 일정한 타법과 스피드로 고정시키면 득점 확률이 아주 높다.

계산법 : 1쿠션 수 × 3쿠션 수 = 1쿠션 수

a : 3 × 7 = 21

b : 4 × 8 = 32

C : 4.5 × 6 = 27

(약간 짧아지는 경향이 있을 경우 1쿠션 수치를 1정도 길게 보정해 준다)

타법 : 브리지를 10cm정도로 짧게 잡고 중 상단 무회전주고 1쿠션에 밀어친다.

²/₃ System은 1쿠션이 반 Point에 10씩 계산된다.

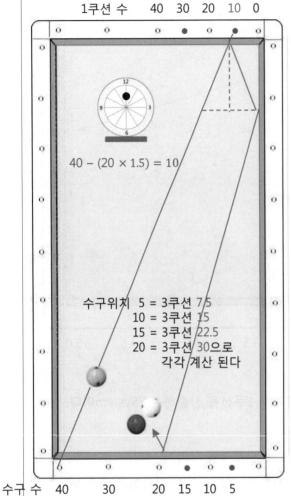

1쿠션 수   40 30 20 10 0

40 − (20 × 1.5) = 10

수구위치 5 = 3쿠션 7.5
　　　　 10 = 3쿠션 15
　　　　 15 = 3쿠션 22.5
　　　　 20 = 3쿠션 30으로
　　　　　　　 각각 계산 된다

수구 수   40   30   20 15 10 5
3쿠션 수치 = 수구 수 × 1.5 30 22.5 15 7.5

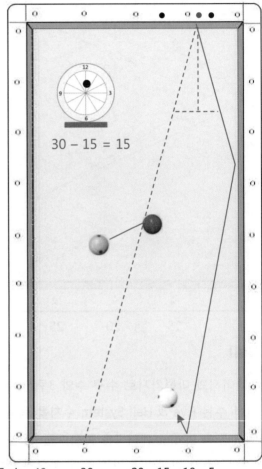

　　　　　　　　　　　　40 30 2015 10 0

30 − 15 = 15

수구 수   40   30   20 15 10 5
3쿠션 수치 = 수구 수 × 1.5 30 22.5 15 7.5

[해설]

위 System의 명칭은 터키System 이다.

수구 수는 1Point에 10씩 계산되며,

1쿠션 수는 반Point에 10씩 계산된다.

3쿠션 수는 수구 수치 지점에 1.5를 곱한

수가 3쿠션 수치가 된다.

계산방법 : 40 − (20 × 1.5) = 10

타법 : 중 상단 주고 1쿠션을 밀어친다.

[타법]

좌측 도형과 마찬가지 방법으로 계산한다.

먼저 3쿠션 위치를 정한 후 평행으로 Line을

그려보면 위 도형처럼 30 −15 = 15 궤도에

가깝다는 것을 확인할 수 있다.

(3쿠션 수는 위 표시대로 수구 수 지점에

1.5를 곱한 수가 3쿠션 수치가 된다).

타법 : 밀어치지 않고 무회전으로 자연스

　　　 러운 분리각으로 공을 굴린다.

당구에서 ⅔법칙은 다양한 상황에서 적용되고 있다.

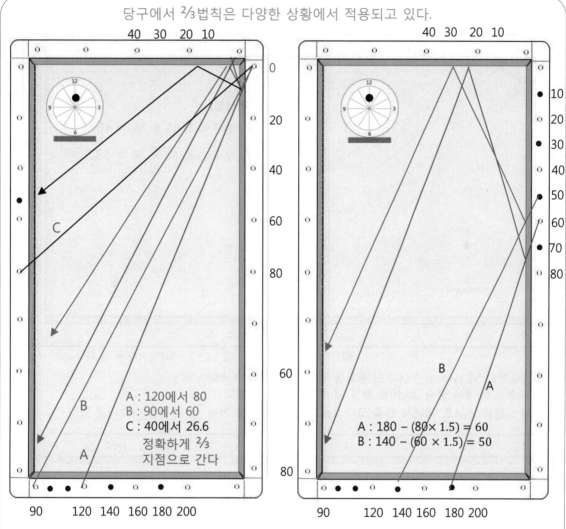

A : 120에서 80
B : 90에서 60
C : 40에서 26.6
정확하게 ⅔
지점으로 간다

A : 180 − (80× 1.5) = 60
B : 140 − (60 × 1.5) = 50

[해설]

위 도형은 터키 ⅔ System이다.
장쿠션은 하단 코너 80부터 1Point에 10씩
계산되고 단쿠션은 코너 90을 시작으로
위 표시처럼 늘어난다.

계산방법 : 수구 수 − (3쿠션수 × 1.5))
　　　　　　 = 1쿠션 수
타법 : 모든 노잉글리시 타법은 같다.

[해설]

System 수치만 외워두면 어떠한 상황에서도
계산법을 똑같이 적용하면 된다.
간단하게 계산하려면 3쿠션 수에 1.5를
곱하고 수구 수에서 1.5를 곱한 수를 빼면
내가 쳐야 할 1쿠션 수다.
노잉글리시에서 계산보다 어려운 것은 정교
한 타법이다. 브리지를 10cm 정도로 짧게하고
정확한 당점을 맞추는데 집중해야 한다.

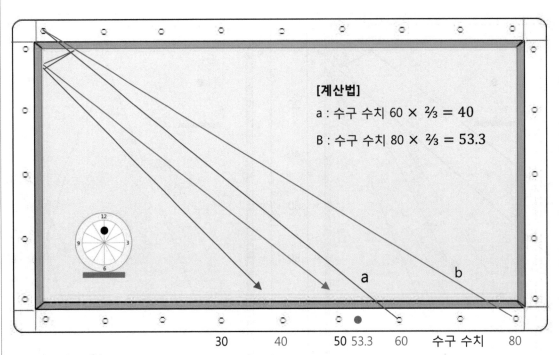

[계산법]

a : 수구 수치 60 × ⅔ = 40

B : 수구 수치 80 × ⅔ = 53.3

30   40   50 53.3   60   수구 수치   80

노잉글리시 ⅔ system은 당구의 중요한 원리를 나타내는 System이다.
위 도형은 60에서 장축 코너0을 쳤을 때 40으로 가는 도형이고.
아래 도형은 반대로 40에서 단축 코너 0을 쳤을 때 60으로 가는 ⅔ 관계를 나타내고 있다.

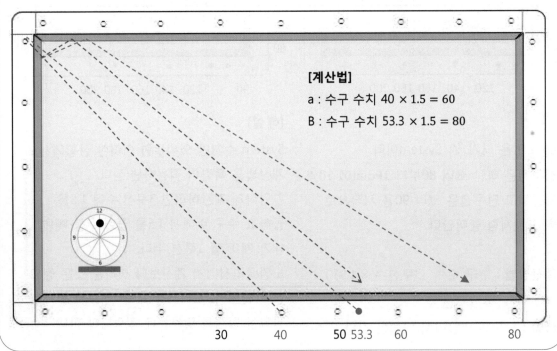

[계산법]

a : 수구 수치 40 × 1.5 = 60

B : 수구 수치 53.3 × 1.5 = 80

30   40   50 53.3   60   80

수구 수치

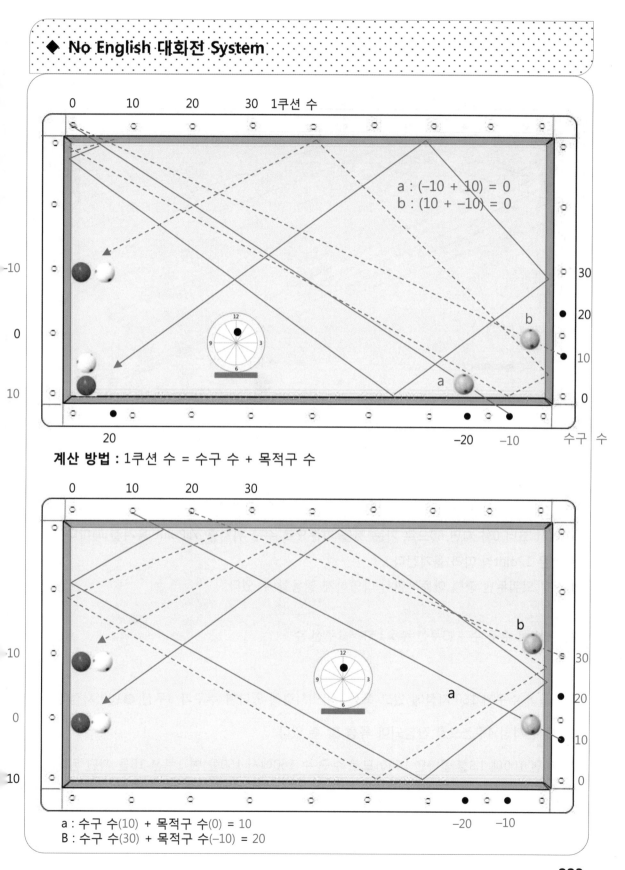

◆ No English 대회전 System

계산 방법 : 1쿠션 수 = 수구 수 + 목적구 수

a : (−10 + 10) = 0
b : (10 + −10) = 0

a : 수구 수(10) + 목적구 수(0) = 10
B : 수구 수(30) + 목적구 수(−10) = 20

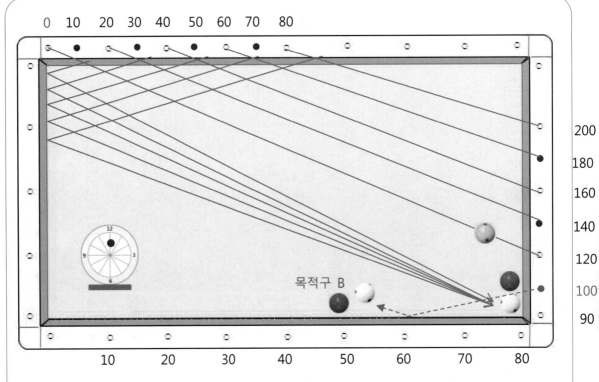

[해설]

우측 단쿠션 각각의 위치에서 Line대로 치면 하단 장쿠션 코너 80으로 간다.

120에서 코너 0을 치면 80으로 가는 것을 기준으로 수구 위치를 ½Point 옮겨질 때마다 1쿠션은 1Point씩 따라 옮겨진다.

이 각을 외워두면 평행 이동하면서 다양하게 활용할 수 있다.

계산 방법 : 수구 수 – (3쿠션 수 x 1.5) = 1쿠션 수

[Tip]

예를 들어 수구가 160 지점에 있고 목적구가 B지점에 있다면 수구가 3쿠션 ●100 지점에 오면 점선처럼 4쿠션으로 진행되어 득점 할 수 있다.

그렇다면 100에 1.5를 곱하면 150이므로 수구 수 160에서 150을 뺀 1쿠션 10을 치면 된다.

만일 수구가 180 지점에 있다면 30을 치면 된다.

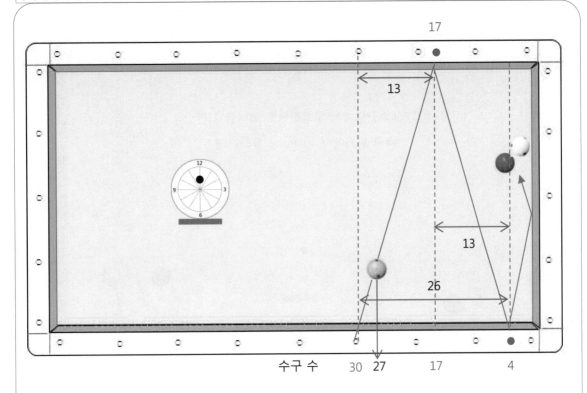

[해설]

Five & Half System으로 치기에는 목적구의 각이 쉽지 않은 공 배치이다.

이 경우 노잉글리시 빈쿠션 더블System으로 계산하면 아주 쉽게 해결할 수 있다.

1. 가상의 2쿠션 지점을 먼저 설정한 다음 그 수치와 수구 수를 더한 다음 2로 나눈다.

(30 + 4) ÷ 2 = 17

(비슷한 더블 쿠션 형태에서는 같은 방식으로 계산하면 쉽고 빠르게 계산할 수 있다)

타법 : 중 상단 무회전에 2레일 스피드로 가볍게 1쿠션에 부딪쳐 굴려준다.

(수구 수가 27이 아닌 30으로 계산되는 이유를 스스로 이해할 수 있어야 한다)

Tip : 노잉글리시의 경우 스트록의 강약에 따라 약간의 편차가 생길 수 있으므로,

평소 노잉글리시의 타법과 당점주기에 대한 연습을 꾸준히 연마해야 된다.

노잉글리시 타법은 어떤 공 배치이든 동일하므로 자신의 스트록을 고정시킬 수

있도록 꾸준한 연습이 필요하다.

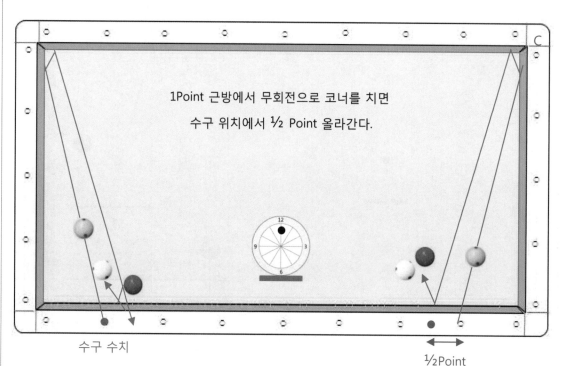

1Point 근방에서 무회전으로 코너를 치면

수구 위치에서 ½ Point 올라간다.

수구 수치

½Point

투쿠션 걸어치기 System은 무회전으로 코너를 쳤을 때 ½Point 올라가는 것을 기준으로 ½Point가 길어질 때마다 1Tip씩 추가하면 된다.

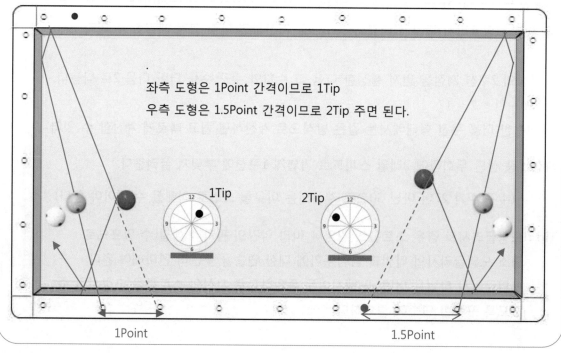

좌측 도형은 1Point 간격이므로 1Tip

우측 도형은 1.5Point 간격이므로 2Tip 주면 된다.

1Tip

2Tip

1Point

1.5Point

빗겨치기 System

정확한 회전력과 스트록이 동반되어야 하는

System으로 다양한 상황에 따라

회전력의 조절, 스트록의 완급, 타법 등

공의 진행 궤도에 큰 차이가 있으므로

평소 많은 연습이 필요한 System 이다

System 계산법을 외우고

System 적용에 맞는 스트록을 익히면

의외로 쉽게 해결 할 수 있는 System이

빗겨치기 System이다

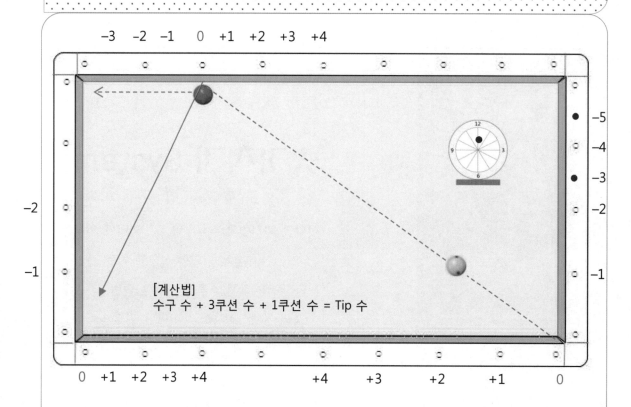

[해설]

위 도형은 빗겨치기 System에서 가장 기본이 되는 도형이다.

우측 하단 코너 0을 기준으로 상단 장쿠션 2Point 0에 있는 공을 맞춰 좌측 하단 코너로 보내는 타법과 두께가 System에 맞는 기준 타법이며,

System에서 요구하는 Tip수와 일관된 스트록을 구사하면 된다.

타법 : 계산법에 따른 Tip을 주고 타격감 없는 스트록으로 1적구를 스치듯이 지나 1쿠션을 뱅크 샷 하는 느낌으로 부드럽게 굴려친다.

(1적구를 분리시키는 느낌으로 치면 공은 절대 내려가지 않는다)

계산법 : 수구와 1적구가 어느 위치에 있던 그 수치를 모두 더해 해당되는Tip을 주면 된다.

(수구 수 + 3쿠션 수 + 1쿠션 수 = Tip 수)

Tip : 당점은 12시에서 9시(3시)까지 1Tip당 45분 간격으로 4등분한다.

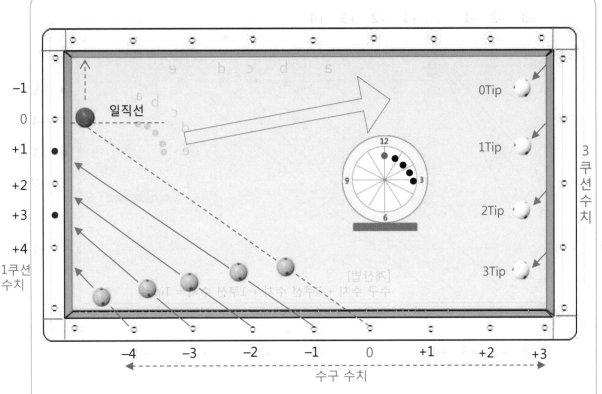

수구 수치

[해설]

앞 페이지와는 달리 1적구를 길게 빗겨치기 하는 기본 도형이다.

1적구의 두께는 좌측 상단 점선처럼 1적구가 코너 장쿠션 먼저 맞는다는 느낌으로 장쿠션과 평행이 되도록 얇게 치는 것이 기준이다.

단쿠션 빗겨치기보다 조금 어려운 이유는 이동 거리가 멀기 때문에 수구에 힘이 들어가기 때문이다. 믿음을 갖고 해당 Tip을 살려 천천히 굴려주면 득점 확률을 높일 수 있다.

타법 : 해당 당점을 주고 타격감 없는 스트록으로 1적구를 부드럽게 맞춰 굴려야 하며,
가장 핵심은 밀어치지 않고 절대로 부드럽게 굴려치는 기준이다.

계산법 : 수구와 1적구가 어느 위치에 있던 그 수치를 모두 더해 해당되는Tip을 주면 된다.
(수구 수 + 3쿠션 수 + 1쿠션 수 = Tip 수)

Tip : 도형 좌측 하단 기준 Line을 참고하고, 2적구의 위치에 따라 Tip만 조절하면 된다.
대략 눈대중으로 45° ~ 55° 각도를 익혀두면 감각을 빨리 익힐 수 있다.

229

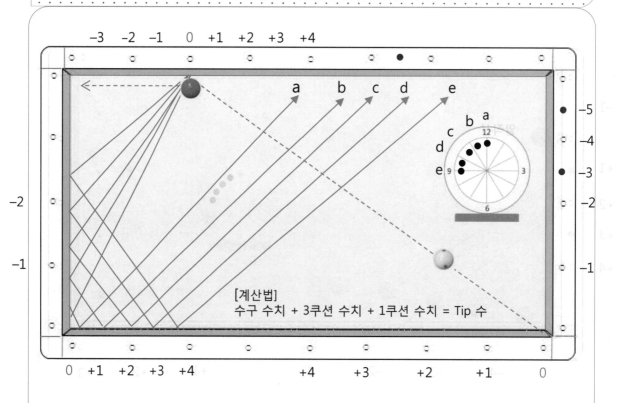

[계산법]
수구 수치 + 3쿠션 수치 + 1쿠션 수치 = Tip 수

[해설]

우측 하단 코너에 있는 수구로 2Point 선상에 있는 1적구를 빗겨치기 하는 기본 도형이다.

1적구의 두께는 좌측 상단 점선처럼 1적구가 코너 단쿠션 먼저 맞는다는 느낌으로 얇게 치는 것이 기준이다.

스트록만 일관성 있으면 수구와 목적구가 어디에 있든 상관없이 계산방식에 따라 정확하게 득점할 수 있는 신뢰도 높은 System이다. (a b c d e는 4쿠션 연장선이다)

타법 : 해당 당점을 주고 허공을 친다는 느낌으로 그립을 가볍게 잡고 타격감 없는 스트록으로 1적구를 스치듯이 부드럽게 굴려야 한다.

계산법 : 수구와 1적구가 어느 위치에 있던 그 수치를 모두 더해 해당되는 Tip을 주면 된다.
　　　　　(수구 수 + 3쿠션 수 + 1쿠션 수 = Tip 수)

Tip : 당점은 12시에서 9시(3시)까지 1Tip당 45분 간격으로 4등분한다.

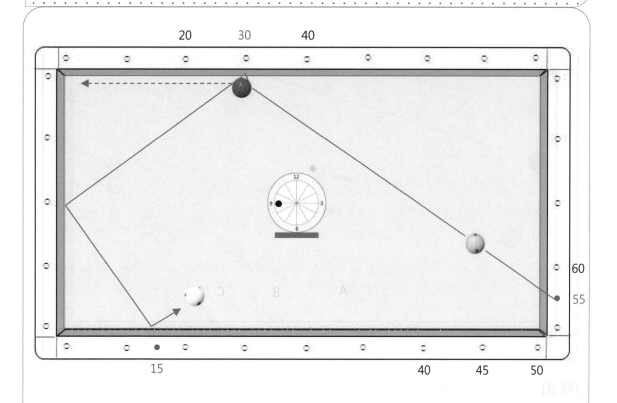

[– 10 System]

빗겨치기 System은 – 10 System과 연관된다.

회전을 멕시멈으로 주고 치면 Five & Half System 수치보다 1Point가 짧게 떨어진다.

수구 수 55에서 1쿠션 30을 빈쿠션으로 칠 경우 25지점으로 가지만 그림처럼 공을
맞추고 치면 25보다 10이 짧은 15지점으로 진행되어 마이너스 10 System이라고도 한다.

이러한 공 배치를 만나면 일단 Five & Half System 계산법을 적용해 보고 회전량을 조절
하는 것도 득점률을 높일 수 있는 방법이다.

타법 : 9시 방향 3Tip 다 주고 타격없는 샷으로 얇고 부드럽게 스치며 굴려준다.

스피드 : 2레일~2.5레일

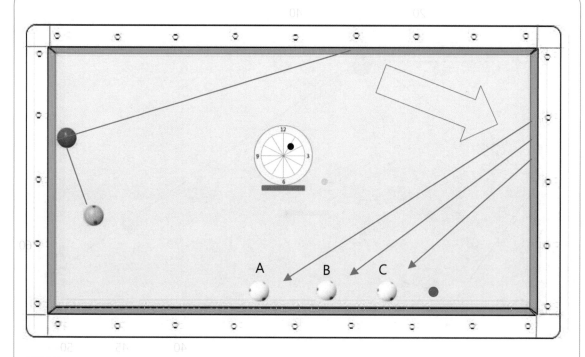

[해설]

위 도형은 경기 중에 자주 등장하는 빗겨치기 도형이다.

이러한 패턴에서는 System 운영보다는 감각적으로 시도하는 편이 더 나을 수 있다.

공의 배치상 수구가 앞으로 밀리기 쉬운 형태이므로 무심결에 큐가 밀려 나가면 대부분

●지점으로 공이 짧게 진행되기 쉽다

　[해결 방법은]

1. 회전을 1Tip정도로 통제한다.

2. 왼손 브리지를 약간 짧게하고, 스트록의 강약으로 기울기를 조절한다.

3. 밀어치면 공이 밀림 현상이 커지므로 분리각으로 타구한다.

A : 강하게 친다

B : 조금 강하게 친다

C : 보통세기로 친다

연습을 통해 스트록의 강약을 조절하면서 공이 어떠한 진로로 구르는지 감각을 익혀야

한다.

◆ 빗겨치기 System

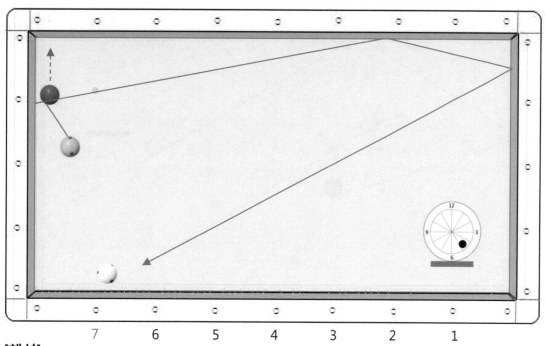

7   6   5   4   3   2   1

[해설]

위 도형은 앞 페이지와는 다른 상황이다.

2적구가 7포인트까지 내려와 있을 경우 수구를 장쿠션에 먼저 맞추고 2적구까지 길게 내려
보내기는 쉽지 않다.

수구가 맞은편 단쿠션에 먼저 맞지 않도록 5시 ~ 5시 30분 방향 하단 Tip 주고 1적구를
얇게 맞추면서 수구를 1쿠션에 살짝 튕겨주면 수구는 3쿠션을 맞고 2적구 지점까지 길게
솟아 올라온다.

1적구를 얇게 겨냥하고 회전을 조금 주는 이유는 공을 쿠션에 튕겨주면 회전이 잘 안먹기
때문이다.

튕겨주는 강도에 따라 수구의 각을 조절할 수 있다.

대부분의 동호인님들이 이 공을 처음 시도할 때 맞은편 단쿠션 먼저 맞추는 경우가 많은데
그 이유는 공을 쿠션에 튕기면 회전이 크게 반감된다는 것을 생각하지 못했기 때문이다.

그 점이 회전을 주고 얇게 맞춰야 되는 이유이다.

System 활용이 아니므로 연습을 통해 감각을 익혀두어야 한다.

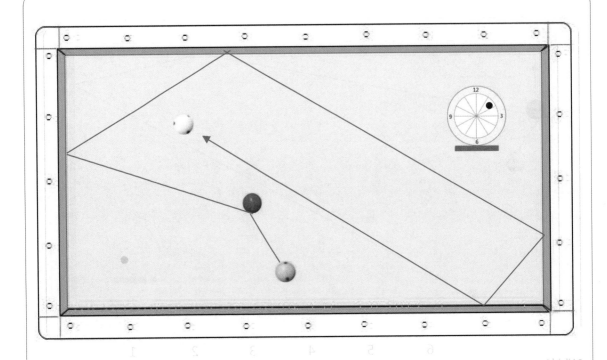

[해설]
위 도형은 경기 중에 자주 등장하는 빗겨치기 대회전 도형이다.

위와 같은 형태에서 득점에 실패하는 가장 큰 이유는 회전을 너무 많이 주기 때문이다.
수구가 1적구에 두껍게 맞는 순간 수구는 최대 회전력으로 변한다는 것을 잊어서는 안된다.
또 한가지 이유는 1적구와 수구의 기울기를 볼 때 수구는 자연적으로 밀리면서 짧아질 수
밖에 없는 형태이므로 1적구를 타격할 때 밀어치지 않고 분리각으로 타구해야 된다.

[Tip]
당점을 1.5Tip 정도로 통제하고 브리지도 짧게 해주는 것이 도움이 된다.
큐의 비틀림 없는 느리고 긴 스트록으로 통제된 샷을 하는 것이 요령이다.

타법 : 브리지를 15cm 정도로 짧게하고 비틀어치기 없이 큐를 일직선으로 부드럽고 길게
등속으로 뻗어야한다.

횡단 샷 & 더블쿠션

상대방의 디펜스를 해결하기 위해서는
횡단 샷과 더블쿠션을 필히 익혀두어야 한다.

횡단 샷과 더블쿠션은 타법만 이해하면
생각보다 어렵지 않으며 에러마진도
큰 것이 특징이다.

반드시 이 책에 실려있는 System의
수치에 따라 연습하기를 권장한다.

횡단 샷의 기본은 1적구를 얇게 겨냥한 다음 쿠션을 부드러우면서 경쾌하게 밀어친다.

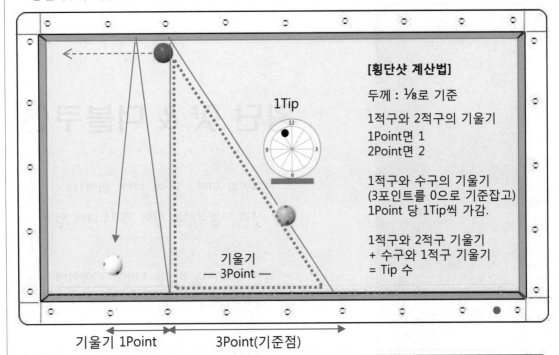

1Tip

[횡단샷 계산법]

두께 : ⅛로 기준

1적구와 2적구의 기울기
1Point면 1
2Point면 2

1적구와 수구의 기울기
(3포인트를 0으로 기준잡고)
1Point 당 1Tip씩 가감.

1적구와 2적구 기울기
+ 수구와 1적구 기울기
= Tip 수

기울기
— 3Point —

기울기 1Point   3Point(기준점)

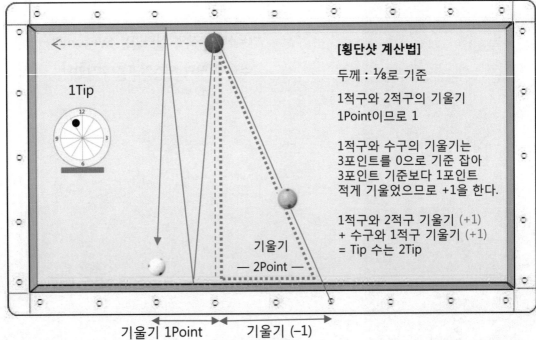

1Tip

[횡단샷 계산법]

두께 : ⅛로 기준

1적구와 2적구의 기울기
1Point이므로 1

1적구와 수구의 기울기는
3포인트를 0으로 기준 잡아
3포인트 기준보다 1포인트
적게 기울었으므로 +1을 한다.

1적구와 2적구 기울기 (+1)
+ 수구와 1적구 기울기 (+1)
= Tip 수는 2Tip

기울기
— 2Point —

기울기 1Point   기울기 (–1)

◆ 3단 샷은 ⅛ 두께로 얇게 치는 것이 원칙이며 가능한 ¼이상의 두께는 사용하지 않는다.
◆ 스트록의 성향에 따라 2Point에서 치는 것을 0Tip으로 기준하는 것도 상관없다.

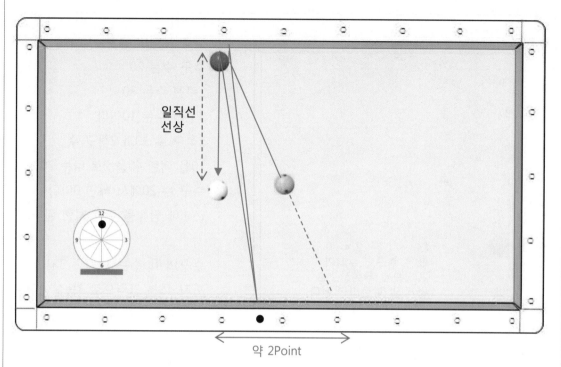

일직선
선상

약 2Point

[해설]

위 도형은 1적구와 2적구의 기울기가 전혀 없이 일직선으로 배치되어 있고,수구는 2Point
정도 기울어 있다.

횡단 샷 System에서 기울기 2Point(또는 3Point)는 일직선으로 횡단하는 표준 지점이다.

이러한 공 배치에서는 2적구를 직접 맞춘다는 생각으로 1적구를 얇은 두께로 조금 강하게
밀어치면 된다.

1적구를 맞은 수구는 쿠션 반발력에 의해 ●지점으로 밀려났다가 남아있는 전진력에 의해
다시 거꾸로 내려가 득점하게 된다.

이 경우 회전을 주게 되면 수구에 남아있는 전진력과 회전력이 더해져 수구는 2적구를 넘
어가게 된다 (1적구는 ⅛ 두께가 적당하다)

[Tip]

횡단 샷에서 수구를 밑으로 많이 내려 보내야 할 경우에는 루즈 그립으로 그립을 가볍게
잡으면 도움이 되고 반대로 내려 보내지 않아야 할 경우에는 잽을 살짝 넣어주면 된다.

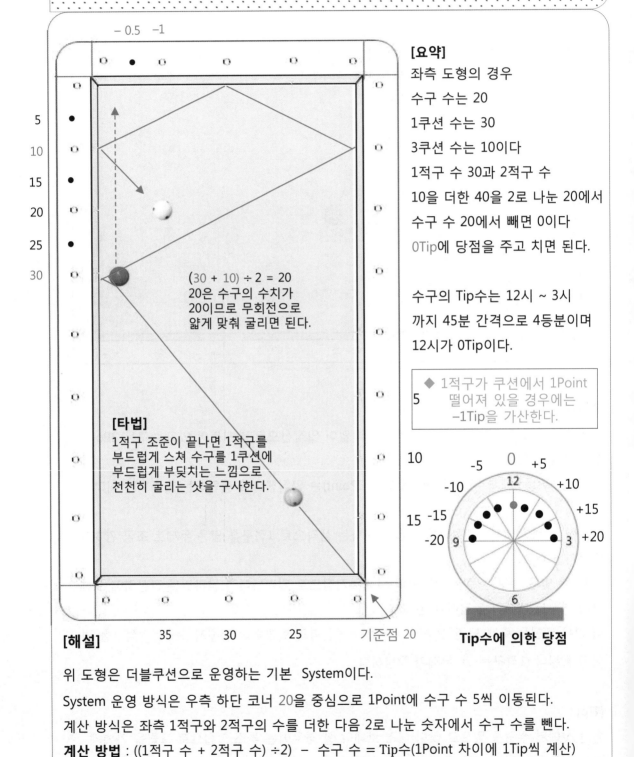

−0.5 −1

[요약]

좌측 도형의 경우

수구 수는 20

1쿠션 수는 30

3쿠션 수는 10이다

1적구 수 30과 2적구 수

10을 더한 40을 2로 나눈 20에서

수구 수 20에서 빼면 0이다

0Tip에 당점을 주고 치면 된다.

수구의 Tip수는 12시 ~ 3시

까지 45분 간격으로 4등분이며

12시가 0Tip이다.

◆ 1적구가 쿠션에서 1Point
떨어져 있을 경우에는
−1Tip을 가산한다.

(30 + 10) ÷ 2 = 20
20은 수구의 수치가
20이므로 무회전으로
얇게 맞춰 굴리면 된다.

[타법]
1적구 조준이 끝나면 1적구를
부드럽게 스쳐 수구를 1쿠션에
부드럽게 부딪치는 느낌으로
천천히 굴리는 샷을 구사한다.

Tip수에 의한 당점

[해설] 35   30   25   기준점 20

위 도형은 더블쿠션으로 운영하는 기본 System이다.

System 운영 방식은 우측 하단 코너 20을 중심으로 1Point에 수구 수 5씩 이동된다.

계산 방식은 좌측 1적구와 2적구의 수를 더한 다음 2로 나눈 숫자에서 수구 수를 뺀다.

계산 방법 : ((1적구 수 + 2적구 수) ÷2) − 수구 수 = Tip수(1Point 차이에 1Tip씩 계산)

예를 들어 수구수가 25면 − 1Tip 주고, 수구수가 15면 +1Tip 주면 되는 방식이다.

◆ 더블쿠션 System 계산방법

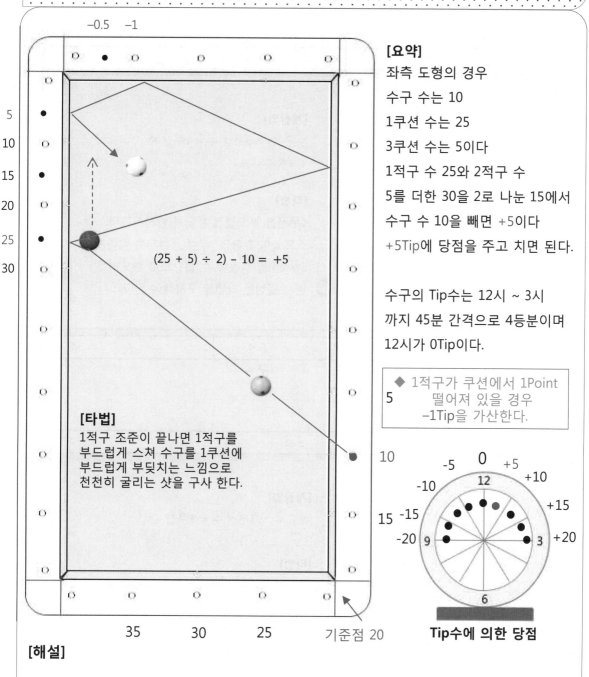

$$(25 + 5) \div 2) - 10 = +5$$

[타법]
1적구 조준이 끝나면 1적구를
부드럽게 스쳐 수구를 1쿠션에
부드럽게 부딪치는 느낌으로
천천히 굴리는 샷을 구사 한다.

[요약]
좌측 도형의 경우
수구 수는 10
1쿠션 수는 25
3쿠션 수는 5이다
1적구 수 25와 2적구 수
5를 더한 30을 2로 나눈 15에서
수구 수 10을 빼면 +5이다
+5Tip에 당점을 주고 치면 된다.

수구의 Tip수는 12시 ~ 3시
까지 45분 간격으로 4등분이며
12시가 0Tip이다.

> ◆ 1적구가 쿠션에서 1Point
>   떨어져 있을 경우
>   −1Tip을 가산한다.

Tip수에 의한 당점

[해설]

앞 페이지와 마찬가지로 더블쿠션으로 운영하는 System이다.

계산 방식은 좌측 1적구와 2적구의 수치를 더한 다음 2로 나눈 숫자에서 수구 수를 빼면 된다.

계산 방법 : ((1적구 수 + 2적구 수) ÷2) − 수구 수 = Tip수 (1Point 차이에 1Tip씩 계산)
　　　　1Point (5) 차이에 1Tip씩 조정해 주면 된다.

10　　　20　23.2

6.8

6..5

6
5.8

5.5

5

3쿠션
수

1　1.5　2　2.5　3　3.5　4　수구 수

[계산법]
수구 수 × 3쿠션 수 = 1쿠션 수
4 × 5.8 = 23.2

[타법]
1쿠션을 부드럽게 부딪쳐 반사시킨다.
스트록이 강하면 적색 점선처럼 짧아져
System을 적용할 수 없으므로 부드러우
면서 일정한 타법을 구사해야 된다.

19.3
10　　20

6.8

6.5

6

5.5

5

3쿠션
수

1　1.5　2　2.5　3　3.5　4　수구 수

[계산법]
수구 수 × 3쿠션 수 = 1쿠션 수
3.5 × 5.5 = 19.25

[타법]
노잉글리시 타법에서 불필요한 타격이
들어가면 반사각이 틀려진다.
반사각이 계속 짧은 경향이 있을 경우에
스트록의 완급 조절과 주안시 문제를
체크해 보아야 된다.

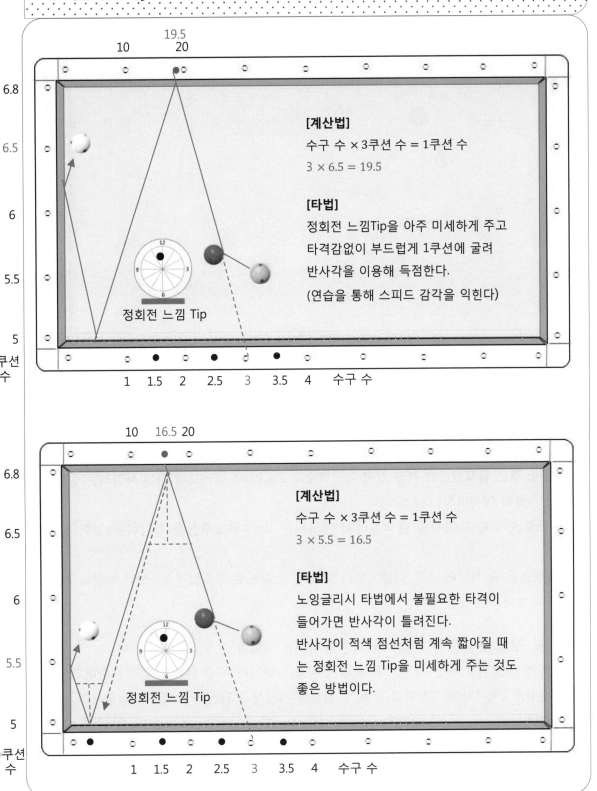

[계산법]

수구 수 × 3쿠션 수 = 1쿠션 수

3 × 6.5 = 19.5

[타법]

정회전 느낌Tip을 아주 미세하게 주고
타격감없이 부드럽게 1쿠션에 굴려
반사각을 이용해 득점한다.
(연습을 통해 스피드 감각을 익힌다)

정회전 느낌 Tip

[계산법]

수구 수 × 3쿠션 수 = 1쿠션 수

3 × 5.5 = 16.5

[타법]

노잉글리시 타법에서 불필요한 타격이
들어가면 반사각이 틀려진다.
반사각이 적색 점선처럼 계속 짧아질 때
는 정회전 느낌 Tip을 미세하게 주는 것도
좋은 방법이다.

정회전 느낌 Tip

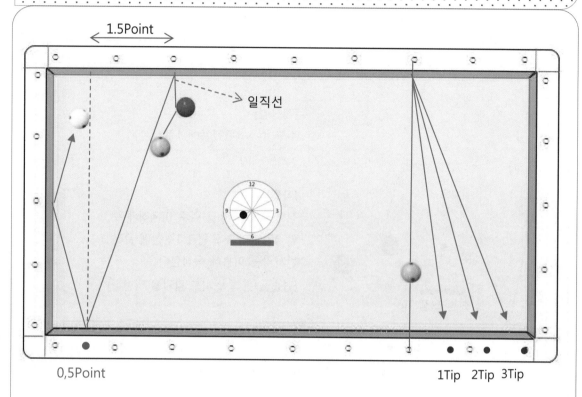

1.5Point

일직선

0,5Point

1Tip 2Tip 3Tip

[해설]

제각돌리기는 두께가 부담되어 안쪽 더블쿠션으로 득점하는 도형이다.

하단 2Tip 주고 일직선으로 각을 맞춰 회전력으로 1.5 Point 내려오게 하여 득점하는 장면으로 생각보다 에러마진이 큰 공이다.

득점 요령은 우측 도형처럼 일직선에서 반사되는 Tip수로 2쿠션을 결정하는 것이다.

타법 : 당점을 중 하단에 주고 비틀기없이 1.5레일 스피드로 부드럽게 1쿠션에 부딪쳐 2쿠션에 반사시켜 주면 된다.

Tip : 당점을 중단 위에 주고 강하게 치면 방향성을 예측할 수 없다.

중 하단 당점을 주는 이유는 공을 끌기 위함이 아니라 곡구 현상을 막기 위함이다.

수구를 1적구와 일직선으로 맞출 수 있도록 겨냥하고 당점과 스트록에 집중해야 한다.

목적구가 맞을 만큼 약하게 칠 수록 득점 확률을 높일 수 있는 공 배치이다.

Reverse
리버스 & System

첫 번째 쿠션은 역회전으로 시작하지만
두 번째 쿠션부터는 순회전으로 반전되면서
진행하는 System을 말한다.

Reverse & System에서 가장 중요한 것은
큐를 부드러우면서 길게 밀어쳐 회전력을
끝까지 살려주는 것이 가장 중요하다.

공을 맞추고 칠 때의 당점은 상중하로 구별하지만
가능한 상황에서는 하단 당점을 사용하는 것이
공의 구름 현상이 안정적이다.

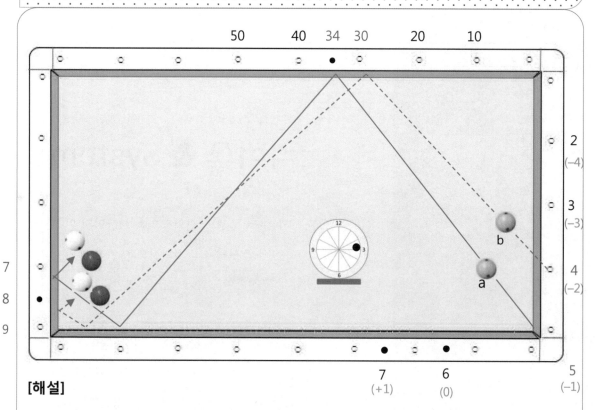

[해설]

위 도형은 리버스 & System으로 득점하는 장면이다.

수구 수는 우측 하단 코너 5를 중심으로, 단쿠션은 1Point 간격으로 4, 3, 2 이고

장쿠션은 1.5Point지점이 6이고, 2.5Point지점이 7이 된다.

1쿠션 수는 Five & Half System과 같으며, 3쿠션은 반 Point 간격으로 7, 8, 9이다.

이 System의 특징은 위 도형에 표시된 것처럼 짧은 각과 긴 각에 따라 보정을 달리해야 된다.

System 활용은 목적구가 좌측 코너 원 포인트이내에 있을 때 사용하면 된다.

계산법 : (수구 수 × 3쿠션 수) − 보정수 = 1쿠션 수

a : 수구 수 (5) × 3쿠션 수 (7) − 보정수 (-1) = 34

b : 수구 수 (4) × 3쿠션 수 (8) − 보정수 (-2) = 30

타법 : 타격감 없는 스트록으로 역회전 3Tip주고 회전을 최대한 살려 1쿠션에 굴려친다.

Tip : 수구를 1쿠션에 보내는 것으로 샷을 끝내야 한다. 2,3쿠션에서 공이 구르는 현상을

　　　인위적으로 만들려 하면 각이 달라진다.

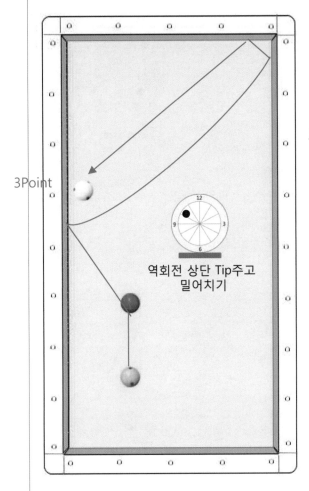

역회전 상단 Tip주고
밀어치기

3Point

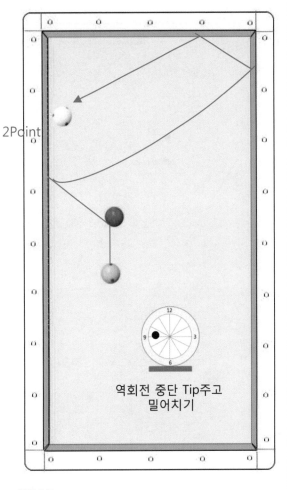

2Point

역회전 중단 Tip주고
밀어치기

[해설]

위 도형은 리버스로 득점하는 장면이다.
도형처럼 2목적구가 3Point 부근에 있을
때는 상단 Tip주고 밀어쳐야 한다.
그립의 결속을 풀고 던져치는 느낌으로
큐를 길게 뻗어주는 것이 요령이다.

[타법]

⅔두께로 파워있게 밀어치는 힘이 필요
하다.

[해설]

좌측 도형과 마찬가지로 리버스로 득점하는
장면이다.
도형처럼 2적구가 2Point 아래 있을 경우에는
중단 또는 중 상단 Tip주고 밀어쳐야 한다.
만일 1적구와 2적구가 모두 상단쪽에 치우쳐
있다면 중단 또는 중하단 Tip주고 같은 방식
으로 치면 된다.

[타법]

위치에 따라 Tip만 상중하로 옮겨친다.

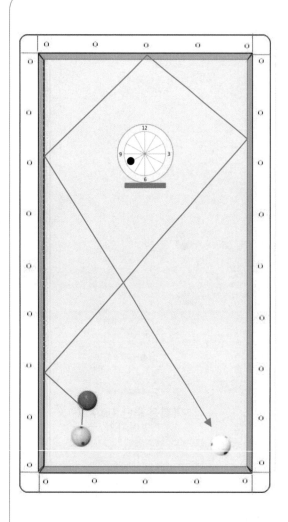 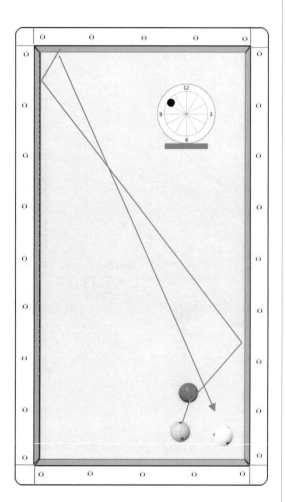

[해설]

위 도형은 뒤로 돌리기가 각이 없어 리버스 형태로 득점하는 도형이다.

부드러운 롱샷으로 길게 밀어치면 쉽게 득점할 수 있다.

주의할 점은 약간의 스피드와 부드러운 롱샷을 이용해 수구의 회전력을 끝까지 살려주는 것이 요령이다.

타법 : 끊어치거나 강한 타격 샷이 되면 득점할 수 없다.

　　　　타격감 없는 롱샷으로 부드럽게 밀어쳐야 한다.

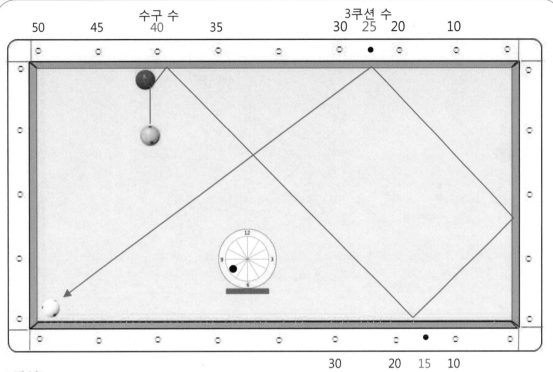

[해설]

Five & Half System을 이용해 리버스로 득점하는 도형이다. (40 - 15 = 25)

리버스 샷의 핵심은 8시 방향에 최대한의 Tip을 주고 부드럽게 타격감없이 길게 밀어쳐
회전을 끝까지 살려주는 것이다.

◆ 당점을 중단 또는 상단에 주고 강하게 치면 회전력이 급감되어 진행 동선이 갑자기
  짧아진다.
  (부드러운 그립으로 수구를 관통하면서 동시에 밀어치는 복합 샷을 해야 된다)

[Point]

리버스 & 샷의 핵심은 당점을 중 하단에 최대한 많이 주고 회전을 살려주는 것이고,
스트록은 타격감 없는 부드러운 롱샷으로 길게 밀어쳐야 한다.

많은 동호인들이 리버스 & 샷을 할 때 회전을 옆 단에 주고 강하게 스트록해 공이 급격히
짧아지는 광경을 많이 보게된다.
타격감없이 큐를 끝까지 길게 밀어쳐서 회전력을 끝까지 살려주는 연습을 해야 된다.

247

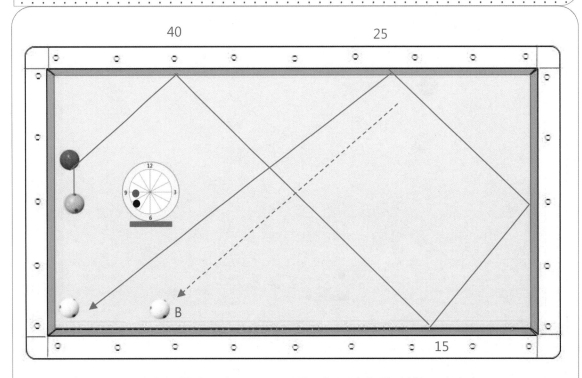

위 도형의 득점 핵심은 하단 8시 Tip주고 큐를 아주 길게 밀어치는 것이며,
2적구가 B 지점에 있을 경우에는 같은 방법으로 당점만 9시 방향으로 옮겨주면 된다.

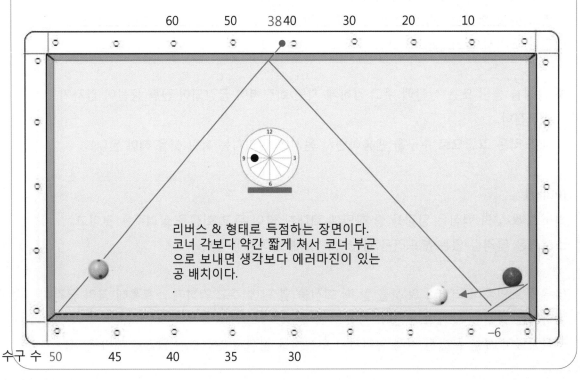

리버스 & 형태로 득점하는 장면이다.
코너 각보다 약간 짧게 쳐서 코너 부근
으로 보내면 생각보다 에러마진이 있는
공 배치이다.

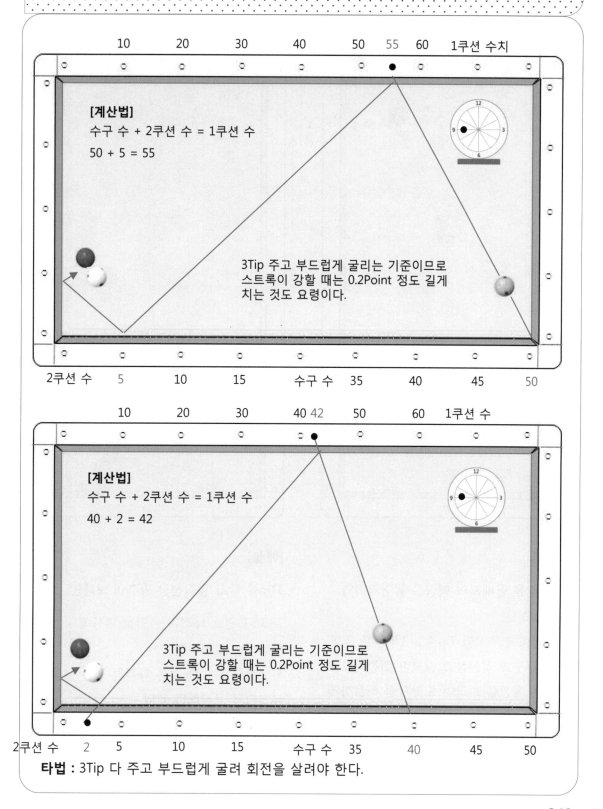

타법 : 3Tip 다 주고 부드럽게 굴려 회전을 살려야 한다.

249

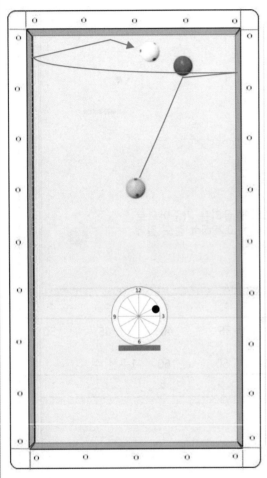

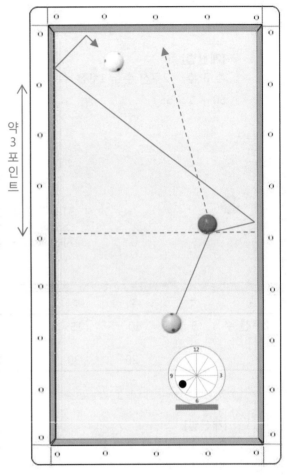

[해설]

위와 같은 공배치의 핵심은 밀어치기와
회전력이다.
2시 방향에 멕시멈 Tip주고 1적구를 밀어
치면 수구의 직진성과 강력한 회전력으로
수구는 곡선을 그리며 도형처럼 득점하게
된다.
장쿠션부터 맞으면 도형처럼 되고,
단쿠션부터 맞으면 더블레일로 득점된다.

[해설]

3Tip을 주고 일직선상 가까이 보내면
3~3.5포인트 내려가는 것을 이용해
득점하는 도형이다.
무엇보다 중요한 것은 타격감 없는 샷을
부드럽게 구사해야 된다.
타격감 없는 부드러운 빗겨치기로 회전력
을 살려 2쿠션 지점까지 굴려보내야 된다.

역회전 System

당구를 치다 보면 정회전으로는 해결할 수
없는 장면들이 흔히 나타난다.

따라서 역회전 system을 알아야
난구에 적절히 대처할 수 있다.

역회전에서 가장 중요한 것은 회전력을
끝까지 살려주는 부드러운
스트록이 가장 중요하다.

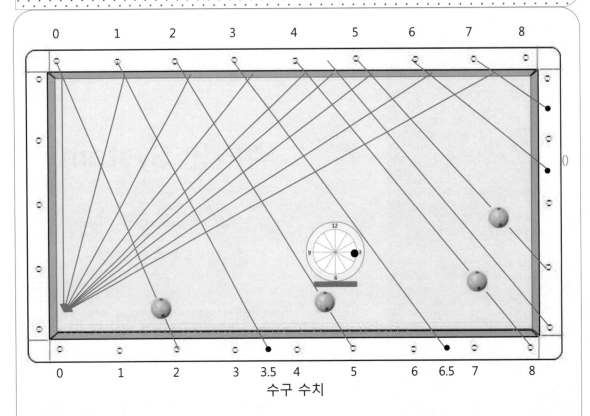

수구 수치

[해설]

각 수구 위치에서 3시 방향 3Tip 역회전 주고 치면 각각 좌측 하단 코너로 간다.

역회전 반사각을 기본적으로 외우고 있으면 다양한 리버스 형태의 공을 칠 때 응용할 수 있다.

[Point]

수구 수 2에서 2Point 아래인 상단 0을 치면 일직선으로 내려와 하단 0으로 오는 것을 시작으로,

수구 수 8에서 맞은편 중간 지점인 4를 치면 좌측 하단 0으로 내려오는 것만 외워두면 쉽게 기억할 수 있다.

수구 수 1.5포인트 마다 1쿠션 1포인트씩 차이가 나는 것으로 외워두면 된다.

타법 : 역회전 3Tip 다 주고 부드럽게 1쿠션을 부딪쳐 반사시켜야 한다.

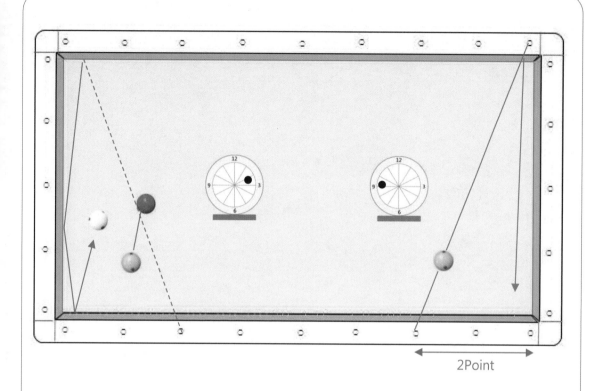

2Point

[해설]

역회전을 활용해 득점하는 도형이다.

우측 도형처럼 역회전 3Tip 주고 2Point 내려치면 일직선으로 반사되는 System을 활용한다.

2시30분 방향 3Tip 주고 아주 부드러운 샷으로 수구를 1쿠션dp 가볍게 굴려 역회전을
최대한 끝까지 살려주는 것이 Point이다.

타법 : 타격감 없는 부드러운 샷으로 빗겨치기 없이 수구를 1쿠션을 가볍게 부딪쳐 역회전을
끝까지 살려준다.

스피드 : 1레일~1.5레일

스트록 연습을 통해 수구의 3쿠션 이후의 구름 현상을 살피고 스트록의 강도와 회전력을
조절해 나가면 유사한 공을 얼마든지 공략할 수 있다.

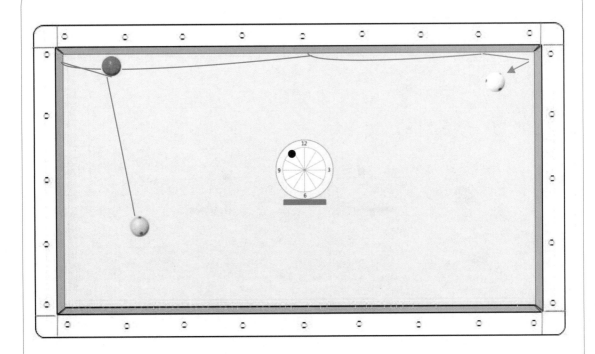

[해설]

뒤돌려치는 Kiss 확률이 높고 앞돌려치기도 만만치 않은 장면이다.
이 경우에는 역회전 밀어치기를 시도하는 것이 득점 확률이 더 높다.

이 경우 가장 중요한 것은 타법이다.
강하게 치거나 역회전에만 의존하지 말고 부드럽게 밀어치는 것이 핵심이다.

상단 역회전 1Tip 또는 1.5Tip 주고 부드럽고 길게 밀어치면 수구는 밀어친 영향으로 앞으로
나가려는 전진력으로 인해 두번 이상 바운딩되면서 어렵지 않게 득점할 수 있다.

타법 : 큐를 수평으로 유지하고 역회전 상단 밀어치기를 한다.
　　　 큐를 많이 밀어줄수록 득점 확률은 높아지며, 강하게 치기만 하면 바운딩이 되지 않고
　　　 투 쿠션으로 끝날 수 있다.

더블 레일 System

두 개의 쿠션만을 이용해 3쿠션을 만드는
더블 레일 System은 다 득점으로
연결하기 위한 필수적인 System이다.

System에 따른 정확한 당점과
일정한 스트록만 갖추어야 된다.

이 책에 나오는 System 수치를 기준으로
꾸준히 연습하면 누구나 더블 레일의
강자가 될 수 있다.

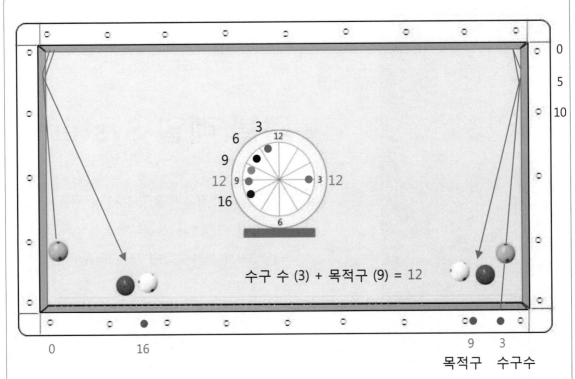

수구 수 (3) + 목적구 (9) = 12

목적구 수구수

[해설]

위 System은 수구와 목적구의 수치를 계산해 해당 당점을 선택하고 무조건 코너를 치는
System 이다.

위 당점의 근거는 최대 회전을 주고 코너를 쳤을 때 수구가 도착하는 평균 지점을 16으로
기준한 것이며, 개인의 회전력 쿠션 상태에 따라 약간의 차이 (15 ~ 18)는 있을 수 있다.
계산법은 수구 수와 목적구 수를 더해 해당되는 당점을 주면 된다.

[Point]

이 System을 활용하기 위해 가장 중요한 것은 항상 일정한 스트록을 하는 것이다.
스트록 요령은 비틀어치기 없이 회전력만 살려 일정하게 스트록하는 습관을 들여야하며,
정확한 당점을 주고 끊김없이 큐를 길게 밀어주면 된다.

만일 장단장 쿠션에서 이 System을 활용하려면 수구 수와 목적구 수를 1Point 를 5로,
2Point를 10으로 계산해 적용하면 된다.

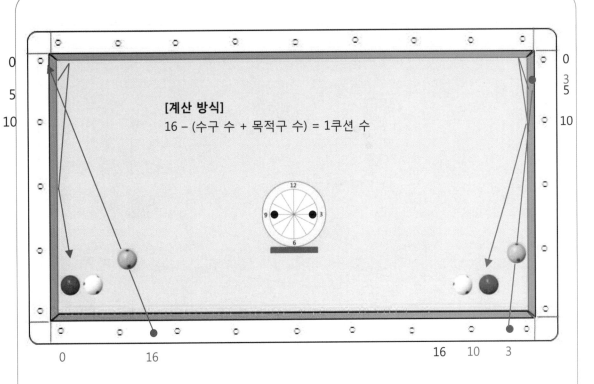

[계산 방식]

16 − (수구 수 + 목적구 수) = 1쿠션 수

[해설]

또 다른 더블 레일 계산 방식이다.

이 System을 활용하기 위해서는 사용 당구대의 더블레일 System 적용수치를 먼저 확인하고, 자신에게 편한 3Tip 회전 습관을 일관되게 사용하면 된다. (16~18사이로)

더블 레일 System 수치를 알아내는 방법은 코너에서 상단 단쿠션 코너를 멕시멈 또는 3Tip 으로 쳤을 때 도착하는 지점을 이 System의 기준수치로 정하면 된다.

예를 들어 16에서 코너를 쳐서 0으로 온다면 총 수치를 16으로 하고,

반대로 수구 수 0에서 코너를 쳤을 때 16에 떨어져도 기본 수치를 16으로 하면 된다.

위 우측 도형처럼 수구 수가 3이고 목적구가 10이라면 수구 수와 목적구의 합계는 13이다.

16에서 13을 빼면 3이 내가 보내야 할 1쿠션 수치가 된다.

계산법 : ((16 − (수구 수 + 목적구 수)=1쿠션 수

◆ 당점은 4시(8시) 하단 당점이 3시(9시)중단 당점보다 회전이 더 많아 발생한다.

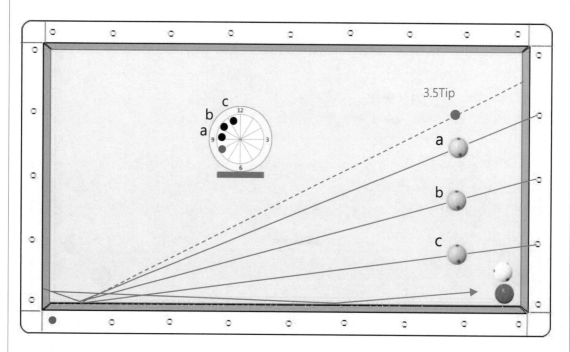

[해설]

수구의 Tip수를 조절해서 좌측 하단 코너 ●를 겨냥해 우측 하단 코너로 오게하는 방법이다.
반대로 우측 하단 코너에서 해당 Tip을 주고 좌측 하단 코너●를 향해 치면 각각 abc로 간다.

아직 더블 레일에 익숙하지 않은 중급자의 경우 이 방법을 이용해 회전 감각을 익혀 나가면
된다.

단, 더블 레일의 경우 회전과 스트록에서 오차가 많이 발생할 수 있으므로 꾸준히 자신만
의 스트록과 회전 감각을 익혀야 하며, 브리지를 10cm정도로 가까이 하는 것이 요령이다.

A : 단쿠션 3Point에서 3Tip 주고 코너를 치면 우측 하단 코너로 간다.
B : 단쿠션 2Point에서 2Tip 주고 코너를 치면 우측 하단 코너로 간다.
C : 단쿠션 1Point에서 1Tip 주고 코너를 치면 우측 하단 코너로 간다.
● : 점선으로 된 3.5Point 지점에서 하단 8시 Tip주고 비틀어 치면 하단 우측 코너로 간다.

타법 : 2레일 스피드로 빗겨치기 없는 스트록으로 회전은 최대한 살려서 친다.

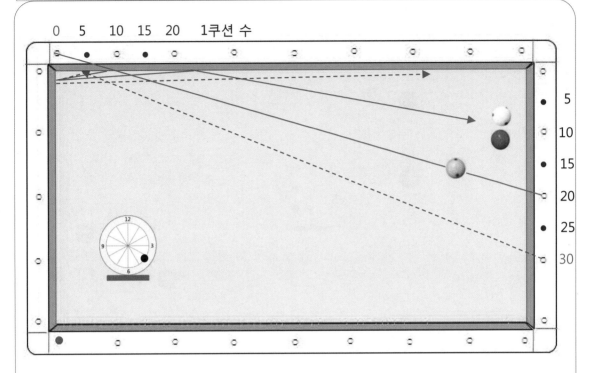

[해설]

위 도형은 앞 페이지에서 알아본 역회전 3Tip 30 System을 응용한 도형이다.

다시 말해 3Tip 역회전으로 우측 단쿠션 30에서 좌측 상단 0을 쳤을 때 우측 상단 코너로 가는 것을 뜻한다.

위 도형의 경우 수구 수는 20이고 목적구는 10의 선상에 있으므로 합계 30이 된다.

따라서 3Tip 역회전으로 1쿠션 0을 치면 득점 가능하다.

만일 수구와 목적구가 각각 5와 10에 있다면 30에서 15를 뺀 1쿠션 15를 치면 된다.

◆ 30 System의 핵심은 30에서 좌측 상단 코너를 쳤을 때 우측 상단 코너로 보낼 수 있는 것이 원칙이므로 항상 일정한 스트록을 고정해야 한다

◆ 만일 회전 조절이 어려워 멕시멈 역회전으로 35 지점에서 코너로 보내는 것이 더 편하다면 System 기본 수치를 30이 아닌 35로 기준해도 상관없다.

계산 방법 : 30 – (수구 수 +목적구 수) = 1쿠션 수

(수구 수와 목적구 수 포인트는 함께 사용한다)

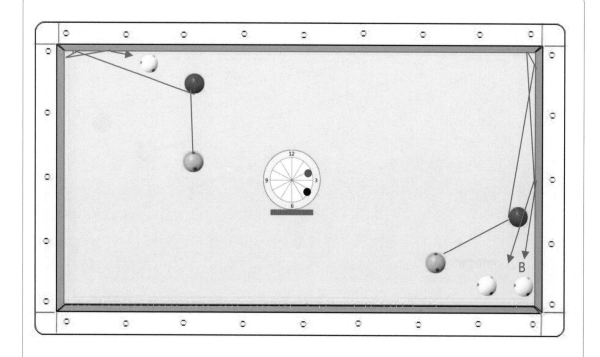

[해설]

위와 같은 공 배치의 경우 득점 핵심은 하단 당점으로 큐를 부드럽게 끝까지 밀어주는

것이다.

득점에 실패하는 경우는 큐를 끝까지 밀지 못하고 중간에 끊기 때문이다.

4시 방향에 당점을 확실히 주고 두께를 코너 부근까지 정확하게 겨냥하고 부드럽게 천천히

밀어치면 된다.

우측 하단 B의 공을 공략하려면 같은 타법에서 회전을 2시 방향 상단으로 옮겨 치면 수구는

완만하게 길게 진행한다.

타법 : 4시 방향에 3Tip 다 주고 두껍고 부드럽게 끝까지 큐를 밀어야 역회전이 끝까지

살아 득점할 수 있다.

Point : 의도적으로 회전을 먹이려 한다거나 큐가 나가다 말고 끊기면 역회전은 중간에

소멸되는 예민한 공이므로, 다른 생각은 잊어버리고 큐를 끝까지 부드럽게 밀어

치는 것에만 집중한다.

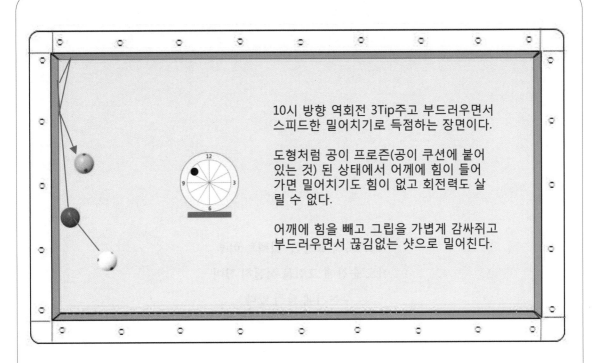

10시 방향 역회전 3Tip주고 부드러우면서
스피드한 밀어치기로 득점하는 장면이다.

도형처럼 공이 프로즌(공이 쿠션에 붙어
있는 것) 된 상태에서 어깨에 힘이 들어
가면 밀어치기도 힘이 없고 회전력도 살
릴 수 없다.

어깨에 힘을 빼고 그립을 가볍게 감싸쥐고
부드러우면서 끊김없는 샷으로 밀어친다.

밀어치기 요령은 어깨에 힘을 빼고 그립을 부드럽게 감싸쥐어야 한다.
스트록에 끊김이 있으면 안되며 부드럽고 길게 큐를 밀어치는 것이 핵심이다.

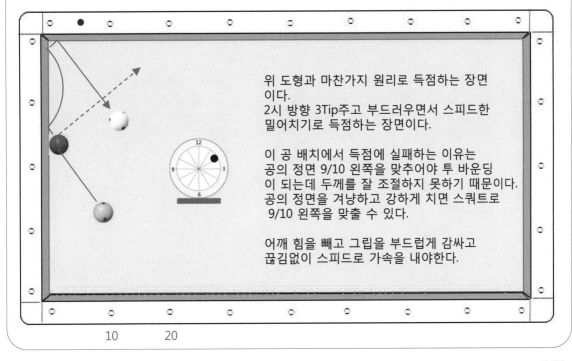

위 도형과 마찬가지 원리로 득점하는 장면
이다.
2시 방향 3Tip주고 부드러우면서 스피드한
밀어치기로 득점하는 장면이다.

이 공 배치에서 득점에 실패하는 이유는
공의 정면 9/10 왼쪽을 맞추어야 투 바운딩
이 되는데 두께를 잘 조절하지 못하기 때문이다.
공의 정면을 겨냥하고 강하게 치면 스쿼트로
9/10 왼쪽을 맞출 수 있다.

어깨 힘을 빼고 그립을 부드럽게 감싸고
끊김없이 스피드로 가속을 내야한다.

10   20

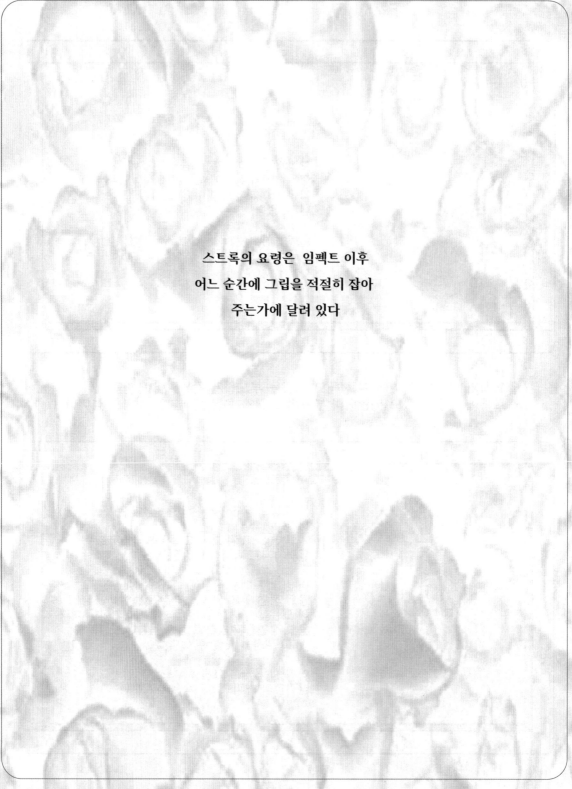

스트록의 요령은 임펙트 이후
어느 순간에 그립을 적절히 잡아
주는가에 달려 있다

걸어치기 System

다양한 형태로 전개되는 걸어치기
System은 다 득점으로 연결하기
위한 필수 System 이다.

특히 2점제 경기에서 승리하려면
다양한 걸어치기 형태를 풀어나갈 수
있어야 된다.

걸어치기 System에서 가장 중요한 것은
앞에서 강조한 대칭 기준점에 대해
확실하게 이해하는 것이 중요하다.

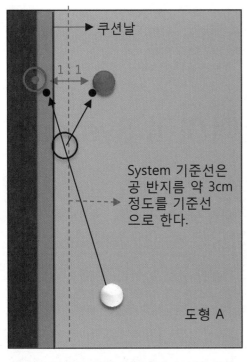

쿠션날

1 : 1

System 기준선은
공 반지름 약 3cm
정도를 기준선
으로 한다.

도형 A

[해설]
이 도형은 경기 중에 수없이 등장하는 형태로
특히 2점제를 선호하는 동호인님께서는 이 기회
에 반드시 배우고 넘어가야 한다.

걸어치기에서 중 하급자님들이 실수하는 두 가지
사례를보면,
첫 번째는 공을 너무 세게 쳐서 부정확한 것이고,
두 번째는 기준선 개념을 아직 모르기 때문이다.

걸어치기에서 가장 중요한 것은 1쿠션 지점 선정인데
대부분 중 하급자님들은 쿠션날을 기준으로 공의
반대편을 대충 치는 경우를 흔히 볼 수 있다.
공의 크기로 인해 공의 반지름 만큼 미리 쿠션에 맞아
반사된다는 것을 미처 생각하지 못한다는 의미이다.
(공 직경은 61.5mm × ½ = 30.75mm)

◆ 도형 A처럼 미리 대칭 기준선을 쿠션날로부터 3cm
　정도 떨어진 곳에 정해놓고 그 선을 기준으로 미러
　법칙을 이용해 반대편에 이미지볼을 만든 다음 그
　이미지볼을 향해 치면 된다.

[요약]
1. 쿠션날로부터 3cm정도 떨어진 곳을 기준선으로
　정한다,
2. 기준선을 중심으로 1적구와 1 : 1 대칭되는 지점에
　○이미지볼을 만든다.
3. 공을 두껍게 맞추어야 할 때는 이미지볼의 중앙
　적색점●을 향해 친다.(A도형)
4. 앞으로 걸어치기에서 공을 얇게 맞추어야 할 때는
　이미지볼의 바깥쪽 검은점●을 향해 친다.(B도형)
5. ○처럼 수구가 공의 크기로 인해 1쿠션에 먼저
　맞는다는 점을 기억한다.(B도형)

◆ 타법은 약 2 ~ 3레일 정도 스피드에 중 상단 3Tip
　주고 치면 무난하다.

◆ 앞으로 걸어치기일 경우에는 도형 B처럼
　1적구의 맞혀야 할 ●지점을 대칭 기준점을 중심
　으로 반대편에 이미지볼을 만들고 그 지점 ●을
　향해 굴리면 해결된다.

◆ 무회전을 기준으로 한 것인 만큼 회전을 줄 경우
　에는 조금 멀리 쳐야하며,
　강하게 쳐야 할 경우에는 더 깊이 쳐야 한다.

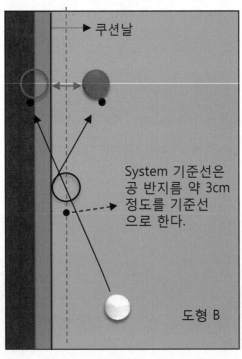

쿠션날

System 기준선은
공 반지름 약 3cm
정도를 기준선
으로 한다.

도형 B

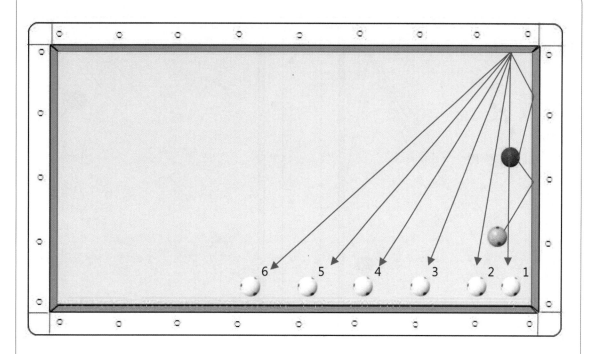

[해설]

1. 상단 – 2Tip 주고 약간의 종비틀기를 사용해 구멍 깊숙이 부드럽게 밀어 넣는다.

   (역회전이 많이 필요할 경우 상단 역회전 Tip주고 위로 비틀어치면 회전력을 살릴 수 있다)

2. – 반Tip ~ – 1Tip 주고 부드러운 그립으로 깊숙이 천천히 밀어 넣는다.

3. – 느낌 Tip 주고 부드럽게 깊숙이 밀어 넣는다. (강하게 치면 방향성이 나빠진다)

4. 9시 방향 3Tip 주고 얇게 걸리도록 밀어 넣는다. (자연각으로 치면 된다)

5. 9시 방향 3Tip 주고 두껍게 걸리도록 밀어 넣는다.

6. 8시 방향 3Tip 주고 스냅 샷으로 살짝 끌면서 밀어 넣는다.

[Tip]

공을 얇고 길게 다루어야 할 때는 큐를 짧게 잡고 부드러운 타법으로 밀어쳐야 하며,

공을 끌어야 할 때는 반대로 빠른 스트록과 동시에 그립을 잡아주면 쉽게 끌린다.

[스냅샷]

손목에 힘을 빼고 빠른 스피드를 이용해 1쿠션을 살짝 끌면서 밀어 넣으면 순간 끌림 현상

으로 각을 형성하게 된다. 쿠션을 강하게 끌면 많이 끌리고 적당히 끌면 보통으로 끌리므로

평소 스냅의 정도를 꾸준히 연습해야 된다.

◆ 뒤로 걸어치는 기술은 손목 사용의 노하우가 좌우한다 (스냅 또는 잽으로 각도를 조절한다)

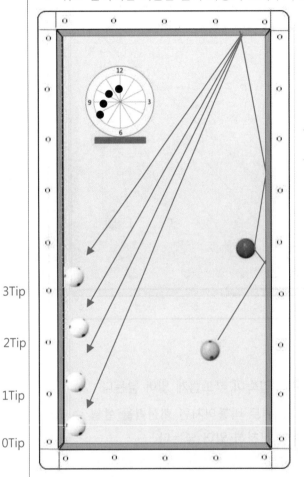

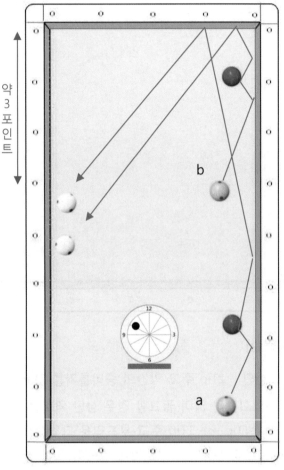

[해설]

원 쿠션 구멍 걸어치기 도형이다.

1적구는 대략 구멍 한 개 정도이고,
수구는 1적구와 약 45°에서 60°정도
떨어져 있을 경우 Tip수를 조절해서
득점하는 방법이다.

좌측 하단 코너를 무회전으로 시작해서
1Tip에 1Point씩 올려주면 대략 득점으로
연결된다.

Tip : 공을 길게 칠 경우 큐를 짧게 잡고
타격없이 길게 밀어쳐야하며,
더 중요한 것은 깊숙이 밀어넣는 것이다.

[해설]

원쿠션 뒤로 걸어치기 도형이다.

수구 위치 a지점과 b지점에서 칠 때의
차이점을 나타낸다.

수구가 1적구와 일렬로 배치되어 있는 경우,
a지점에서 자연스럽게 칠 경우 대략 좌측
장쿠션 3포인트 지점으로 가고,
b 지점의 경우는 대략 4 ~4.5 Point 지점으
로 진행된다.

이 도형을 참조해서 4쿠션 지점을 알아두면
자신감을 갖게 된다.

◆ 앞으로 걸어치기 System

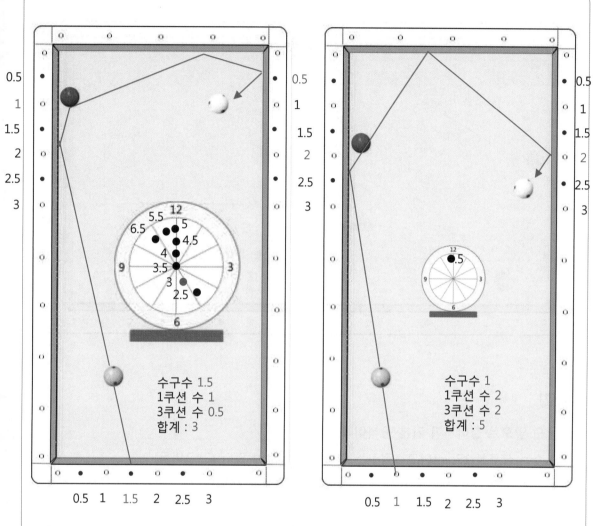

왼쪽 도형

수구수 1.5
1쿠션 수 1
3쿠션 수 0.5
합계 : 3

오른쪽 도형

수구수 1
1쿠션 수 2
3쿠션 수 2
합계 : 5

[해설]

위 도형은 앞으로 걸어치기 기본 도형이다.

포인트는 각각 0.5 포인트 간격으로 되어있다.

유의할 점은 당점 수치가 높을 때와 당점 수치가 낮을 때 각각 다른 타법을 구사해야 한다.

[타법]

당점 수치가 낮을수록 하단 Tip에 약간의 스피드가 필요하며,

당점 수치가 높을수록 상단 Tip에 타격감 없는 부드러운 샷으로 천천히 굴려야 한다.

267

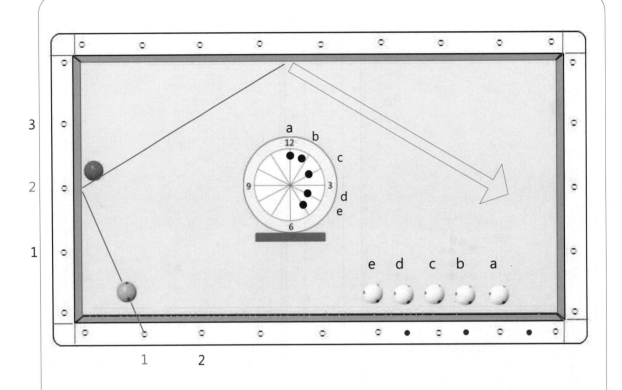

[해설]

단.장.단 앞으로 걸어치기 기본 공식이다.

수구 수는 장쿠션 1Point이고 1적구는 단쿠션 2Point에 있다 (2 : 1비율)

(수구의 위치가 장쿠션 단쿠션 비율 2 : 1이면 이 공식을 채택한다.

[2목적구의 위치에 따라 당점을 달리하여 치는 공식]

a : 상단 무회전

b : 상단 1Tip

c : 중 상단 2Tip

d : 중단 2Tip

e : 하단 2Tip을 주고 각각 치면 된다.

타법 : 부드러운 스트록으로 자연 분리각을 이용하며 당점에 의해 각을 조절한다.

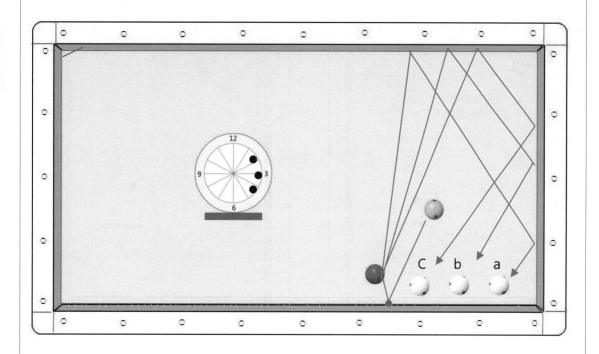

[해설]

당점을 이용해 앞으로 걸어치기 하는 기본 도형이다.

1쿠션 위치 ●는 고정하고 당점의 상 중 하로 조절하는 공식이다.

c : 하단을 주면 공이 꺾여 c의 지점으로 가고,

b : 중단을 주면 b의 지점으로 간다.

a : 상단을 주면 완만하게 각이 퍼지면서 a가 있는 코너를 향하게 된다.

a의 경우에는 상단 회전이므로 공이 일단 한번 퍼지면서 공의 구름이 약화될 수 있으므로 생각보다 스트록에 힘을 더 실어주어야 하며, b의 경우는 살짝 끌듯이 1쿠션을 부딪치는 것이 좋다.

Point : 제일 먼저 ●지점을 잘 설정해야 공의 꺾임과 구름 현상을 좋게 할 수 있으므로 부드러우면서 경쾌한 타법으로 1쿠션을 부딪쳐 반사시켜야 한다.

접시 System에서 미러(거울) 법칙을 활용할 때는 대칭 기준선을 정확히 정하는 것이다.

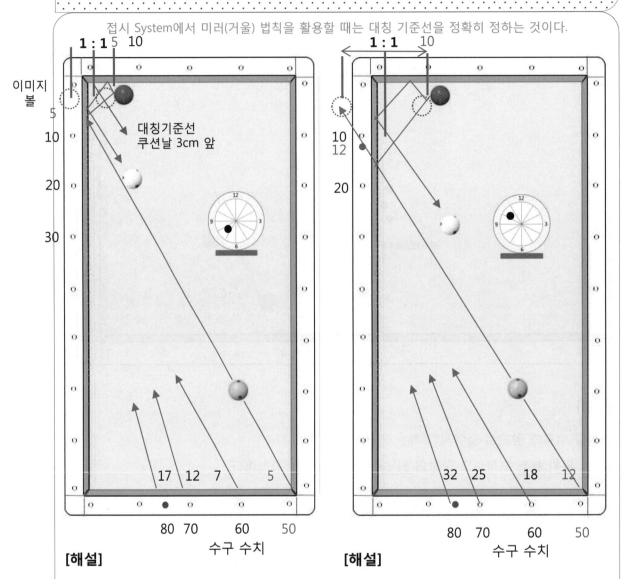

[해설]

접시라고도 불리는 Plate System이다.

1적구가 1쿠션에 가까이 있을 경우에는

타격감 없는 부드러운 샷을 구사해야 한다.

수구 수 50을 기준으로 1 : 1

즉 5를 치면 되는 것을 기준으로,

60에서는 7, 70에서는 12, 80에서는 17을

각각 치면 된다.

[해설]

좌측 도형과는 달리 1적구가 원 포인트 10

지점에 멀리 있는 공 배치이다.

1적구가 1쿠션과 멀리 있을 경우에는 타격감

없는 부드러운 롱샷이 필요하다.

수구 수 50을 기준으로 12를 치면 된다.

60에서는 18, 70에서는 25, 80에서는 32를

각각 치면 된다.

❖ 이 System에서 가장 중요한 것은 타법이다. 임펙트 이후 그립을 끝까지 잡지 말아야 한다.

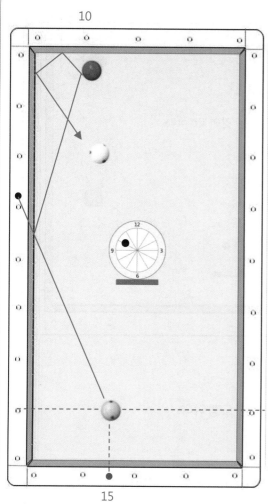

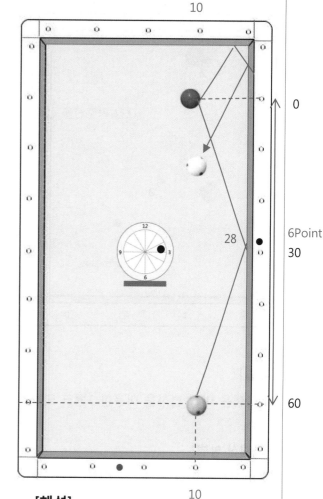

[해설]

또 다른 방식의 Plate System 계산법이다.

1. 수구와 1적구의 장쿠션 간격 (Point 수)를 확인한다. 7Point (70)

2. 수구와 1적구의 단쿠션 수치 차이를 확인 한다 (15 − 10 = 5)

3. 7Point의 절반인 35에서 보정수 2를 뺀다 33

4. 33에서 1적구와 수구 단쿠션 차이 5를 뺀다 28

계산법 : (70 ÷ 2) − 2 − 5 = 28

타법 : 부드럽게 밀어치면서 큐를 살짝 잡아준다.

[해설]

좌측 도형과 다른 점은 수구와 1적구의 Point 간격이 6Point이며,

수구와 1적구의 단쿠션 Line은 같은 10 선상에 위치해 있다.

이러한 경우에는 수구와 1적구의 간격 6Point의 절반인 30에서 보정수 2만 뺀 28을 치면 된다.

28은 1적구 수를 0으로 계산한 수치이다.

계산법 : (60 ÷ 2) − 2 = 28

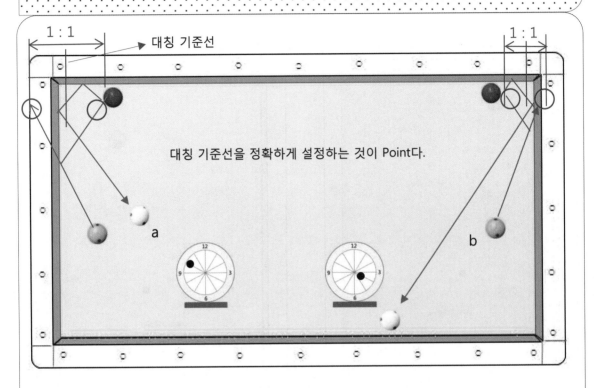

[해설]

위 도형은 미러 법칙을 이용한 1뱅크 되돌려치기 기본 도형이다.

[계산 방법]

1. 쿠션날 3cm 앞 대칭 기준선을 중심으로 1적구와 1 : 1 대칭되는 지점에 이미지볼을 만든다.

2. 이미지볼을 향해 친다.

● 좌측 a 도형처럼 1적구가 단쿠션에서 멀리 떨어져 있을 경우에는 중 상단 3Tip 주고 스트록에 힘을 싫고 길게 밀어쳐야 된다.

  (스트록이 강할 때는 1쿠션 지점을 약간 길게 잡아주는 것도 요령이다)

● 우측 b도형처럼 1적구가 단쿠션과 가까이 있을 경우에는 중 하단 1Tip 주고 부드러운 스트록을 구사해야 한다.

[Tip]

역회전으로 쿠션을 칠 때는 스트록의 강약과 타법에 따라 반사각이 차이가 날 수 있다.

입사각과 반사각에 대한 감각을 연습을 통해 익혀두어야 한다.

2쿠션 지점

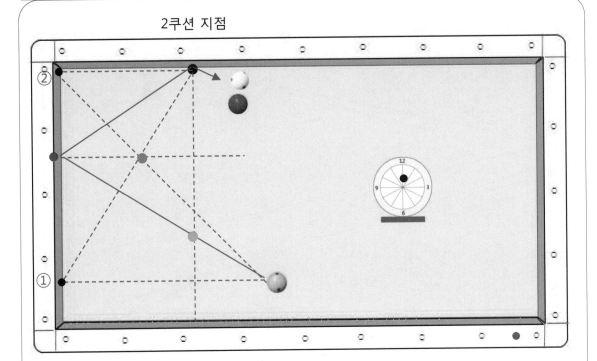

[삼각법으로 1쿠션 지점을 찾는 방법]

1. 수구의 정 맞은편 단쿠션에 ①지점을 만들고,

2. 2쿠션 지점 맞은편 단쿠션에 ②지점을 만든다.

3. 수구와 ②지점에 선을 긋고,

4. 2쿠션 지점과 ①지점에 선을 긋는다.

5. 3과 4의 연결 Line이 만나는 지점 ●의 맞은편 단쿠션 ●지점이 수구가 보내야 할 정확한 지점이 된다.

도표를 보면 ●지점과 2쿠션 지점 ●의 중간 지점이 목표 지점●이 되는 것을 알 수 있다.

● System을 안다고 해서 공을 다 칠 수 있는 것은 아니다.
  꾸준한 노력으로 자신만의 System 세계를 완성해 나가야 한다.

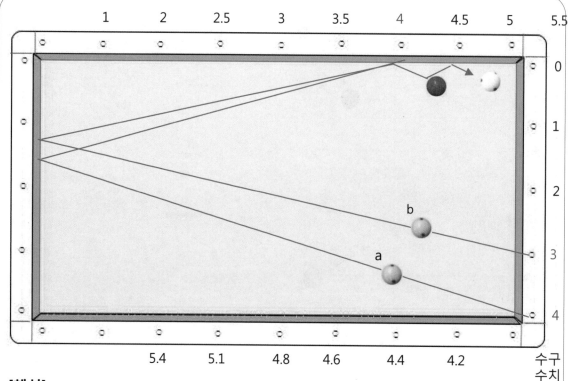

[해설]

노잉글리시로 투쿠션 걸어치기 하는 기본 도형이다.

수구와 1쿠션은 프레임 포인트를 사용하며, 2쿠션은 레일 포인트를 사용한다.

상단에 있는 1~5까지의 수치만 외워두면 System 계산법이 아주 간단하다.

수구와 목적구가 어느 위치에 있던 계산 방법대로 치면 된다.

1과 2는 한 포인트씩 내려가고, 2~5까지는 한 포인트 당 0.5씩 내려간다.

a의 경우 수구 수는 4이고 2쿠션 수도 4가 된다. (4 X 4 = 16) 16을 치면 된다.

b의 경우 수구 수는 3이고 2쿠션 포인트는 4이다. (3 X 4 = 12) 12를 치면 된다.

계산 방법 : 수구 수 × 2쿠션 수 = 1쿠션 수

타법 : 중 상단 무Tip으로 부드럽게 1쿠션을 부딪쳐 준다.

[Tip]

만일 스트록에 오차가 있다면 주안시 문제를 체크해 보고 당점이 정확히 중앙에 겨냥되는지 체크해 보아야 한다.

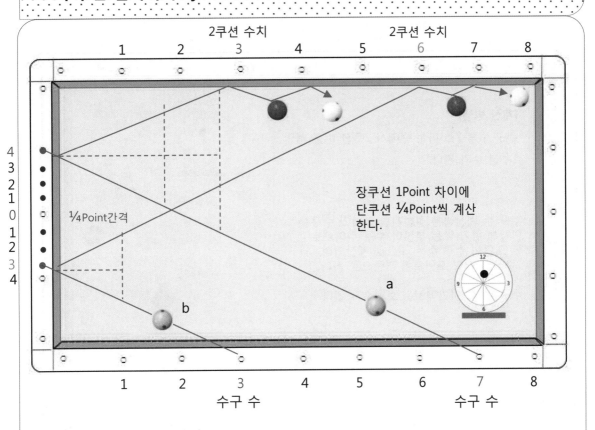

[해설]

노잉글리시로 투쿠션 걸어치기 할 때 활용하는 간단한 계산 방법이다.

수구 수와 2쿠션 수의 차이나는 Point 수 만큼 좌측 단쿠션 중앙 0을 기점으로 ¼ Point 씩 계산해 주면 된다.

예를 들어 도형 a는 수구 수가 7이고 2쿠션 수는 3이다. 차이가 나는 4만큼 ¼ × 4를 한 1Point 만큼 0에서 옮겨 치면 된다.

도형 b의 경우는 수구 수는 3이고 2쿠션 수는 6이다. 3Point 차이나는 3만큼 ¼ × 3을 한 ¾Point 만큼 0에서 옮겨 치면 된다.

계산 방법 : 수구 수 – 2쿠션 수 = 1쿠션 수 (1Point 차이에 1쿠션 ¼ Point)

타법 : 중 상단 무Tip으로 부드럽게 1쿠션을 부딪쳐 굴린다.

Tip : 노잉글리시로 타구할 때는 정확한 당점에 집중하는 것이 가장 중요하다.

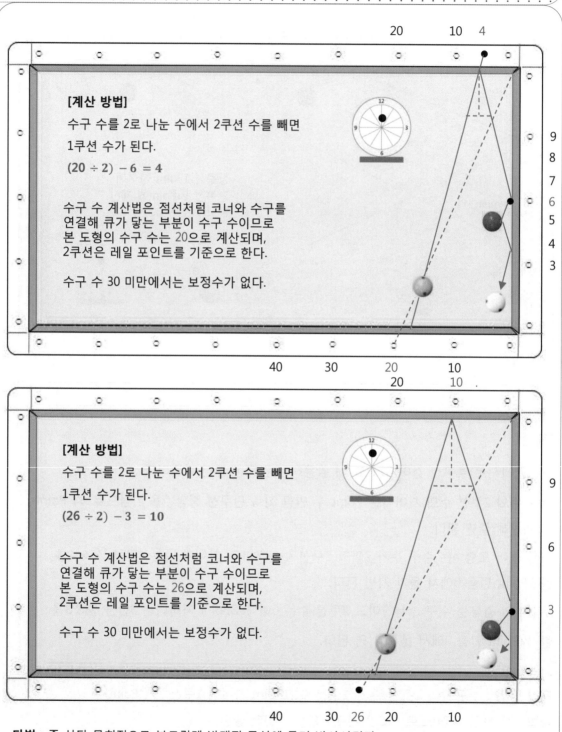

[계산 방법]

수구 수를 2로 나눈 수에서 2쿠션 수를 빼면
1쿠션 수가 된다.

$(20 \div 2) - 6 = 4$

수구 수 계산법은 점선처럼 코너와 수구를
연결해 큐가 닿는 부분이 수구 수이므로
본 도형의 수구 수는 20으로 계산되며,
2쿠션은 레일 포인트를 기준으로 한다.

수구 수 30 미만에서는 보정수가 없다.

[계산 방법]

수구 수를 2로 나눈 수에서 2쿠션 수를 빼면
1쿠션 수가 된다.

$(26 \div 2) - 3 = 10$

수구 수 계산법은 점선처럼 코너와 수구를
연결해 큐가 닿는 부분이 수구 수이므로
본 도형의 수구 수는 26으로 계산되며,
2쿠션은 레일 포인트를 기준으로 한다.

수구 수 30 미만에서는 보정수가 없다.

타법 : 중 상단 무회전으로 부드럽게 반대편 쿠션에 굴려 반사시킨다,

강하게 스트록하면 반사각이 달라진다. 노잉글리시 연습을 꾸준히 해야 된다.

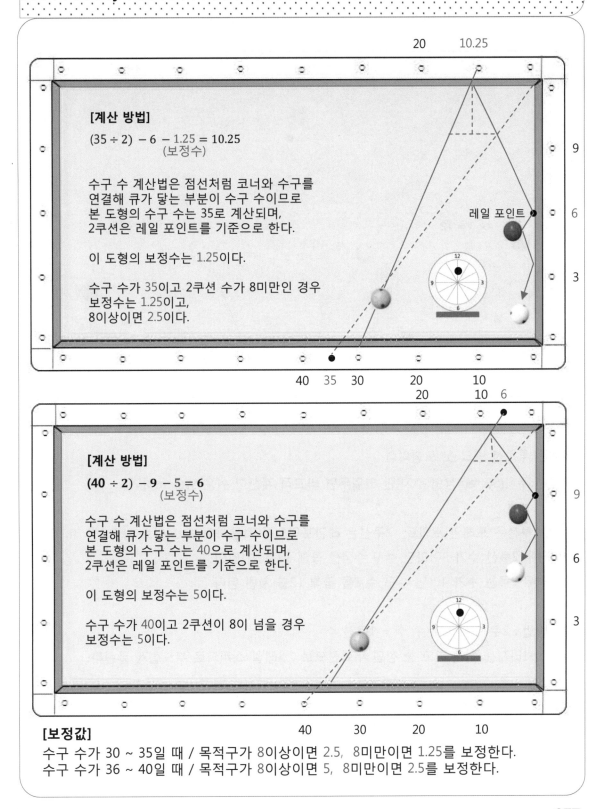

[계산 방법]

$(35 \div 2) - 6 - 1.25 = 10.25$
　　　　　　　　(보정수)

수구 수 계산법은 점선처럼 코너와 수구를
연결해 큐가 닿는 부분이 수구 수이므로
본 도형의 수구 수는 35로 계산되며,
2쿠션은 레일 포인트를 기준으로 한다.

이 도형의 보정수는 1.25이다.

수구 수가 35이고 2쿠션 수가 8미만인 경우
보정수는 1.25이고,
8이상이면 2.5이다.

[계산 방법]

$(40 \div 2) - 9 - 5 = 6$
　　　　　　　(보정수)

수구 수 계산법은 점선처럼 코너와 수구를
연결해 큐가 닿는 부분이 수구 수이므로
본 도형의 수구 수는 40으로 계산되며,
2쿠션은 레일 포인트를 기준으로 한다.

이 도형의 보정수는 5이다.

수구 수가 40이고 2쿠션이 8이 넘을 경우
보정수는 5이다.

[보정값]
수구 수가 30 ~ 35일 때 / 목적구가 8이상이면 2.5, 8미만이면 1.25를 보정한다.
수구 수가 36 ~ 40일 때 / 목적구가 8이상이면 5, 8미만이면 2.5를 보정한다.

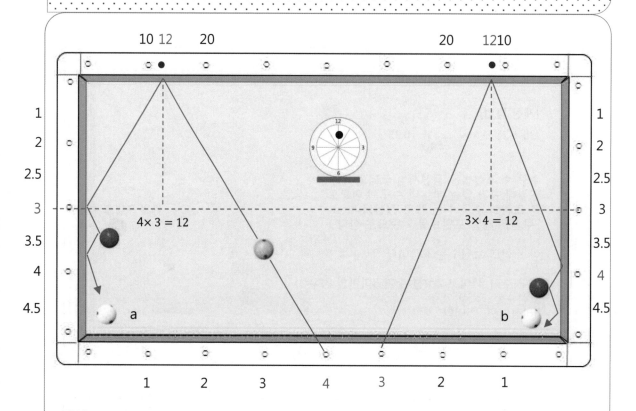

[해설]

무회전 투쿠션 뱅크 샷 도형이다.

단쿠션 수치(System상의 수치)만 외워두면 비교적 계산이 쉬운 System이다.

수구, 1쿠션은 프레임 포인트, 2쿠션은 레일포인트를 적용하며 반 포인트 당 0.5씩 추가된다.

a의 경우 2쿠션 수가 3이라면 수구 수 4를 곱해 12를 치면 되고,

b의 경우 2쿠션 수가 4라면 수구 수 3을 곱해 12를 치면 된다.

계산방법 : 2쿠션 수 × 수구 수 = 1쿠션 수

타법 : 브리지를 짧게 하고 중 상단 무회전으로 1.5레일 스피드로 부드럽게 굴린다.

[Point]

목적구가 2.5~4 지점에 있을 때 신뢰도가 높으며, 1적구가 1~ 2.5 레일 가까이 있을 경우에는 목측으로 감각을 높일 수 있도록 평소 연습을 통해 익혀두어야 한다.

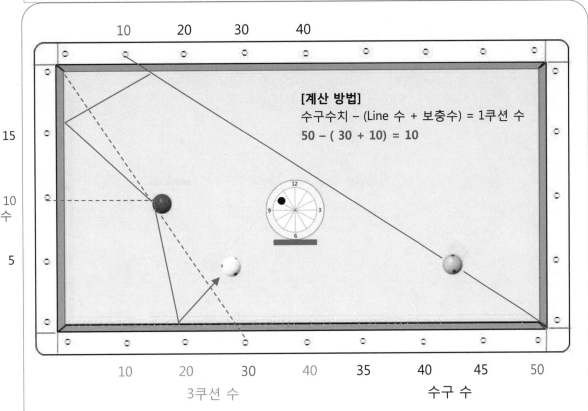

[계산 방법]
수구수치 – (Line 수 + 보충수) = 1쿠션 수
50 – (30 + 10) = 10

3쿠션 수

수구 수

[해설]

수구 수 50에서 뒤로 걸어치기 하는 기본 도형이다.

계산 방법은 점선처럼 코너와 1적구의 맞추어야 할 부분을 큐로 연결하여 큐가 닿는 쿠션
부분이 1적구의 수이다. (위 도형의 1적구 수는 30 이다)

그 다음은 보충수를 확인해야 한다. 위 도형의 경우 보충수는 10이 된다.

계산 방법 : 수구 수 – (1적구 Line 수 + 보충수) = 1쿠션 수

(50 – (30 + 10) = 10

[타법]

10시 Tip주고 비틀어치기 없이 평범하게 굴려주면 된다.

Tip : 뒤로 걸어치기는 당구대의 차이, 수구의 위치, 회전량에 따라 오차가 발생할 수
있으므로 꾸준한 연습을 통하여 자신의 Tip수를 고정하는 것이 핵심이다.

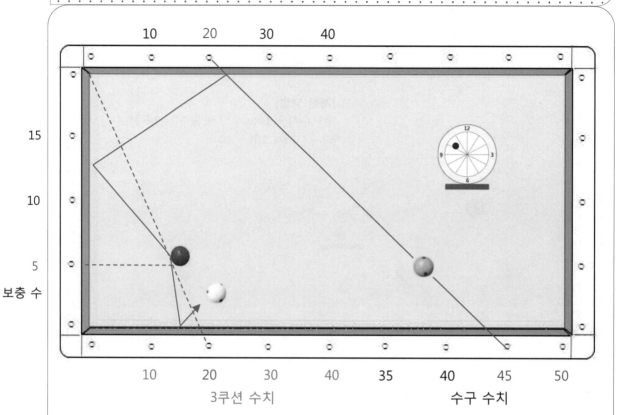

[해설]

수구 수 45에서 뒤로 걸어치기 하는 기본 도형이다.

계산 방법은 코너와 1적구의 맞추어야 할 부분을 큐로 연결하여 큐가 닿는 쿠션 부분이 1적구의 수이다.

위 도형의 1적구 수는 20 이고, 보충 수는 5가 된다.

계산 방법 : 수구 수 – (1적구 Line 수 + 보충 수) = 1쿠션 수

　　　　(45 – (20 + 5) = 20

[타법]

10시 Tip주고 비틀어치기 없이 평범하게 굴려주면 된다.

Tip : 뒤로 걸어치기는 회전력과 스트록에서 오차가 발생할 수 있다.

　　　　일정한 당점과 스트록으로 자신만의 System을 파악해야 한다.

◆ 투쿠션 걸어치기 System

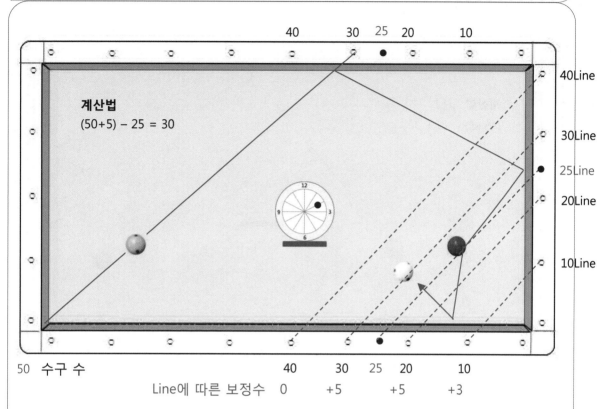

50 수구 수

Line에 따른 보정수

	40	30	25	20	10
Line에 따른 보정수	0	+5	+5	+3	

[해설]

위 도형은 또 다른 형태의 계산 방법을 적용한 뒤로 걸어치기 System이다.

이 System은 두 가지만 기억하면 아주 간단하게 활용할 수 있다.

첫 번째는 수구 수에 보정수 +5를 해서 수구 수를 적용하는 것이고,

두 번째는 1적구의 Line 수를 정확하게 파악해야 하는 것이다.

예를 들어 위 도형의 수구 수는 50인데 +5를 해야 하므로 수구 수를 55로 계산한다.

1적구의 Line 수는 단쿠션 2.5Point와 장쿠션 2.5Point 선상에 걸쳐 있으므로 수구 수 55(50 + 5)에서 1적구의 Line 수 25를 뺀 30을 치면 된다.

[타법]

2시 Tip주고 비틀어치기 없이 평범하게 굴려주면 된다.

Tip : 뒤로 걸어치기는 당구대의 차이나 수구의 위치, 회전량에 따라 오차가 많이 발생할 수
있으므로 꾸준한 연습을 통하여 자신만의 스트록을 완성해야 된다.

◆ 투쿠션 걸어치기 System

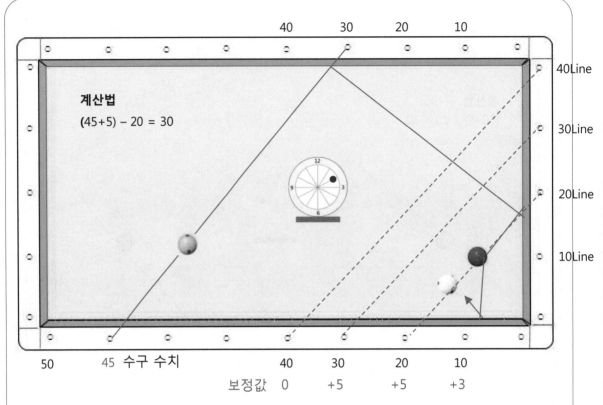

계산법
(45+5) − 20 = 30

| | 40 | 30 | 20 | 10 |

| 50 | 45 수구 수치 | 40 | 30 | 20 | 10 |

| 보정값 | 0 | +5 | +5 | +3 |

40Line
30Line
20Line
10Line

[해설]

앞 페이지와 마찬가지인 뒤로 걸어치기 System이다.

이 System은 두 가지만 기억하면 아주 간단하게 활용할 수 있다.

첫 번째는 수구 수에 보정값 +5를 해서 수구 수를 적용하는 것이고,

두 번째는 1적구의 Line 수를 정확하게 파악해야 하는 것이다.

예를 들어 위도형의 수구 수는 45인데 +5를 해야 하므로 수구 수를 50으로 계산한다.

1적구의 Line 수는 단쿠션 2Point와 장쿠션 2Point 선상에 걸쳐 있으므로 수구 수 50(45 + 5)에서 1적구의 Line 수 20을 뺀 30을 치면 된다.

[타법]

10시 Tip주고 비틀어치기 없이 평범하게 굴려주면 된다.

Tip : 뒤로 걸어치기는 당구대의 차이, 수구의 위치, 회전량에 따라 오차가 발생할 수 있으므로 꾸준한 연습을 통하여 자신만의 스트록을 완성해야 된다.

◆ 투쿠션 걸어치기 System

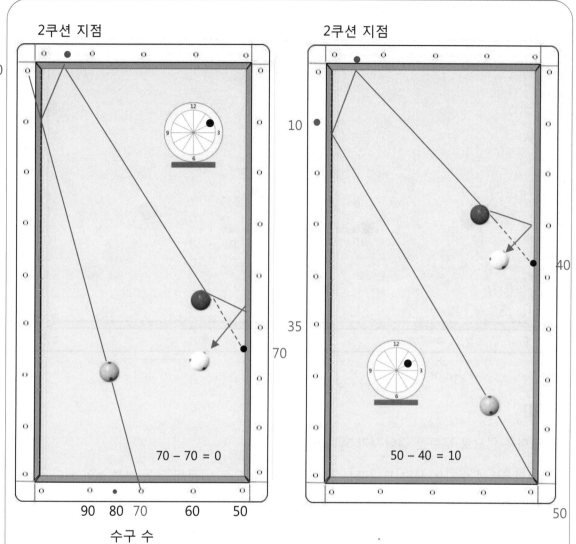

2쿠션 지점

2쿠션 지점

70 – 70 = 0

50 – 40 = 10

수구 수

[해설]

Five & Half System을 이용한
투쿠션 뒤로 걸어치기 도형이다.

1. 예상 2쿠션 지점●과 1목적구를 일직선
   으로 연결해 3쿠션 수를 알아낸다.
2. 수구 수에서 3쿠션 수를 뺀다.
3. 평소 뱅크 샷처럼 부드럽게 1쿠션을
   밀어친다.

[해설]

계산 방법은 좌측 도형과 같다.

1. 예상 2쿠션 지점●과 1목적구를 일직선
   으로 연결해 3쿠션 수를 알아낸다.
2. 수구 수치에서 3쿠션 수를 뺀다.
3. 평소 뱅크 샷처럼 부드럽게 1쿠션을
   밀어친다.

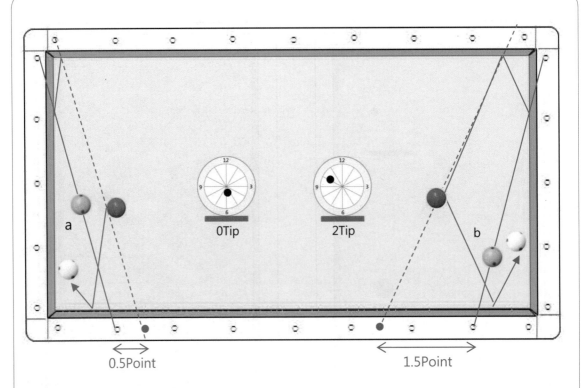

0.5Point

1.5Point

[해설]

위 도형은 안으로 투쿠션 걸어치기 System이다.

1적구와 3쿠션 수치는 상단 코너에서 1적구를 일직선으로 연결해 닿는 부분 ●이 된다.

System 운영 방법은 수구로 좌측 상단 코너를 회전없이 쳤을 때 0.5Point 올라가는 것을 기준으로 그 이상의 기울기가 0.5Point 차이날 때 1Tip씩 가산해서 치면 된다.

예를 들어 a도형의 경우 수구의 연결선과 1적구의 연결선은 0.5Point 차이다.

0.5Point는 무회전으로 쳤을 때 벌어지는 기본 기울기인 만큼 무회전으로 코너를 부드럽게 밀어치면 된다.

B의 경우는 수구 Line 수치와 1적구 Line 수치의 차이가 1.5Point이다.

수구의 기본 기울기 0.5Point 수치를 빼면 1Point이다.

그렇다면 0.5Point에 1Tip씩이므로 2Tip을 주고 치면 된다

타법 : 투쿠션 걸어치기에서 각이 예각일 때는 상단 Tip, 둔각일 때는 하단 Tip을 준다.

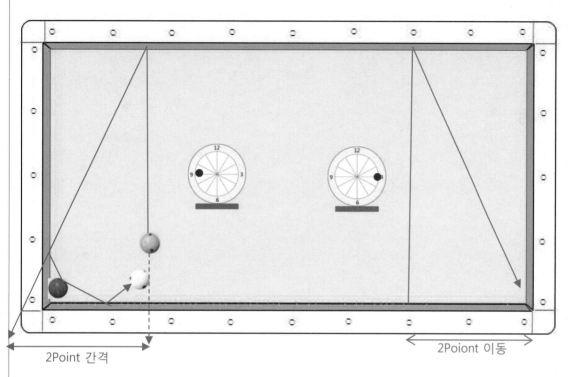

2Point 간격

2Poiont 이동

[해설]

2뱅크 샷으로 걸어쳐서 득점하는 도형이다.

먼저 우측 도형을 보면 3시 방향 3Tip 다 주고 맞은편을 치면 2.1Point 내려가는 것을 알 수 있다.

좌측 도형은 바로 3Tip 2point System을 이용해 득점하는 것이다.

다행히 수구와 1적구가 2Point 간격을 유지하고 있으므로 위의 2Point 이론을 그대로 적용해 득점하면 된다.

타법 : 부드러운 타법으로 회전력을 최대한 살리고 맞을 만큼만 약한 스트록을 해야 된다.

당점 : 9시 방향 3Tip

스피드 : 1레일 ~ 1.5레일

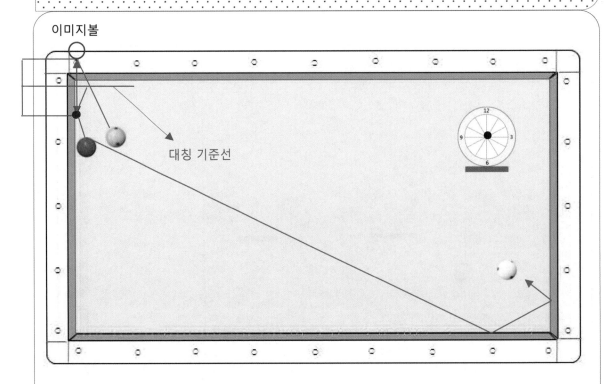

이미지볼

대칭 기준선

[해설]

투쿠션 앞으로 걸어치기에서 미러(거울) 법칙을 응용해 득점하는 장면이다.
많은 동호인님들이 미러(거울) 법칙을 이용해 득점을 시도할 때 핵심을 놓치고 있어
대부분 득점에 실패하는 경우를 흔히 보게 된다.

당구의 기초 이론에서 배운 것처럼 수구의 기울기와 공의 크기를 감안해 대칭 기준선을
쿠션날에서 약 3cm정도 앞에 정하고 대칭 지점에 이미지볼을 만들어야 한다.

1. 대칭 기준선을 정한다. (쿠션날에서 약 3cm앞)
2. 1적구를 걸어치기 위한 2쿠션 ●지점을 정한다.
2. 대칭 기준선을 기준으로 2쿠션 지점 ●과 대칭 지점에 이미지볼 ○을 만든다.
3. 이미지볼을 향해 부드럽게 굴려준다.

타법 : 무회전 중앙 Tip으로 부드럽게 1쿠션에 부딪쳐 굴려주면 된다.
스피드 : 2 ~ 2.5레일

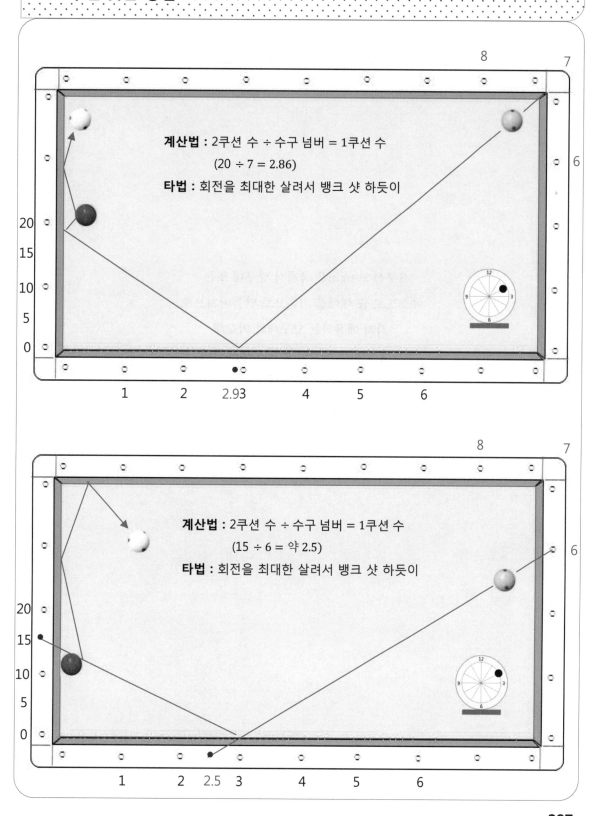

계산법 : 2쿠션 수 ÷ 수구 넘버 = 1쿠션 수

(20 ÷ 7 = 2.86)

타법 : 회전을 최대한 살려서 뱅크 샷 하듯이

20
15
10
5
0

1   2   2.93   4   5   6

계산법 : 2쿠션 수 ÷ 수구 넘버 = 1쿠션 수

(15 ÷ 6 = 약 2.5)

타법 : 회전을 최대한 살려서 뱅크 샷 하듯이

20
15
10
5
0

1   2   2.5 3   4   5   6

287

3쿠션 System은 국제식 당구대 또는

아스트로 중 대대를 기준으로 만들어지므로

각자 애용하는 당구대와 비교해

보정 수치를 파악하고 적용하는 것이

아주 중요하다

눈으로 배우는 3쿠션

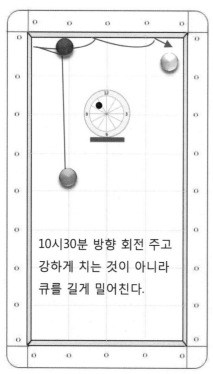

10시30분 방향 회전 주고
강하게 치는 것이 아니라
큐를 길게 밀어친다.

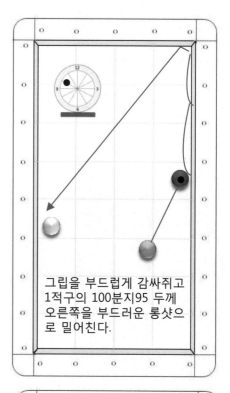

그립을 부드럽게 감싸쥐고
1적구의 100분지95 두께
오른쪽을 부드러운 롱샷으
로 밀어친다.

1시 방향 −0.5Tip 주고
부드럽게 Up Shot으로
굴려치면 수구는 전진력
영향으로 단쿠션을
타고와 득점한다.

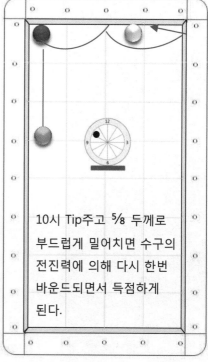

10시 Tip주고 ⅝ 두께로
부드럽게 밀어치면 수구의
전진력에 의해 다시 한번
바운드되면서 득점하게
된다.

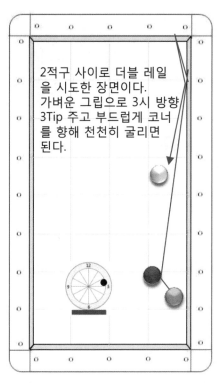

2적구 사이로 더블 레일을 시도한 장면이다.
가벼운 그립으로 3시 방향 3Tip 주고 부드럽게 코너를 향해 천천히 굴리면 된다.

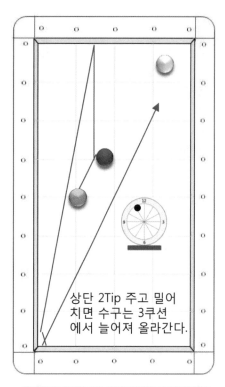

상단 2Tip 주고 밀어치면 수구는 3쿠션에서 늘어져 올라간다.

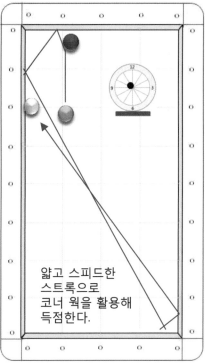

얇고 스피드한 스트록으로 코너 웍을 활용해 득점한다.

이러한 공 배치의 득점 핵심은 스냅 샷이다.

손목을 풀고 4구에서 끌어치기 하듯이 1쿠션을 부드럽게 끌면서 큐를 깊이 밀어 넣는다.

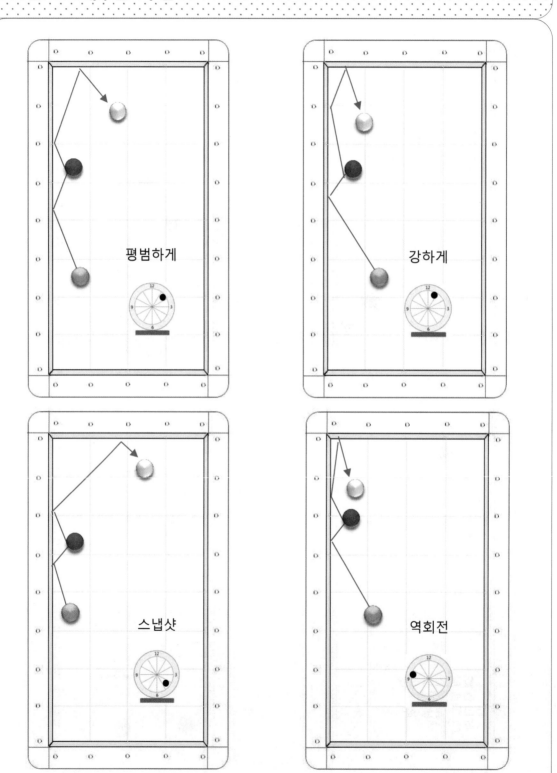

역회전으로 각도를 죽여
주고 중 상단 Tip으로
밀어친다.
밀어치기는 기술이 Point

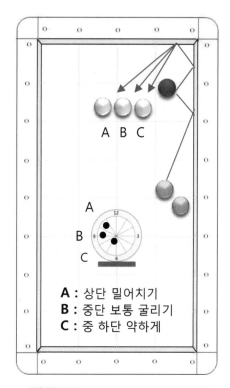

A B C

A : 상단 밀어치기
B : 중단 보통 굴리기
C : 중 하단 약하게

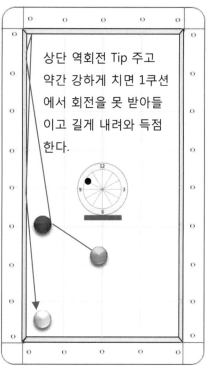

상단 역회전 Tip 주고
약간 강하게 치면 1쿠션
에서 회전을 못 받아들
이고 길게 내려와 득점
한다.

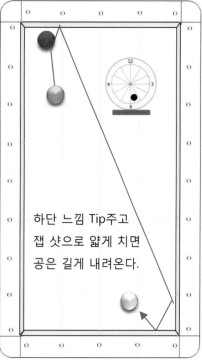

하단 느낌 Tip주고
잽 샷으로 얇게 치면
공은 길게 내려온다.

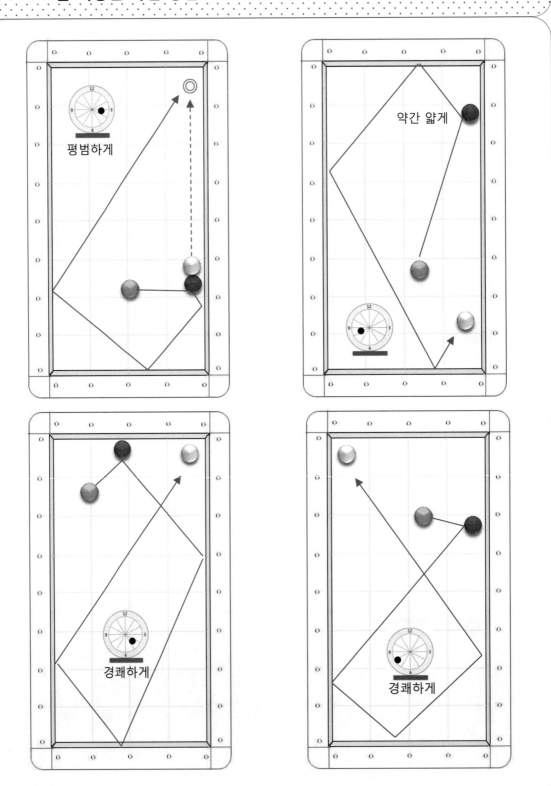

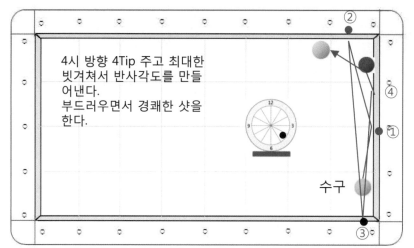

4시 방향 4Tip 주고 최대한 빗겨쳐서 반사각도를 만들어낸다.
부드러우면서 경쾌한 샷을 한다.

수구

[해설]
수구로 1적구가 맞지 않게 ①지점을 쳐서 ②지점을 거쳐 역회전으로 ③지점에 온다
③지점에서 ④를 거쳐 득점한다.

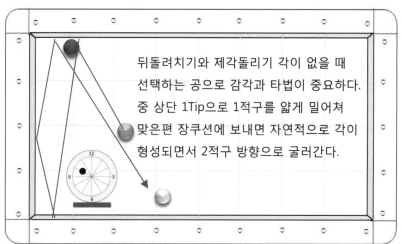

뒤돌려치기와 제각돌리기 각이 없을 때 선택하는 공으로 감각과 타법이 중요하다. 중 상단 1Tip으로 1적구를 얇게 밀어쳐 맞은편 장쿠션에 보내면 자연적으로 각이 형성되면서 2적구 방향으로 굴러간다.

모든 빗겨치기는 일단 공을 얇게 맞추고 회전으로 각을 조절해야 된다.

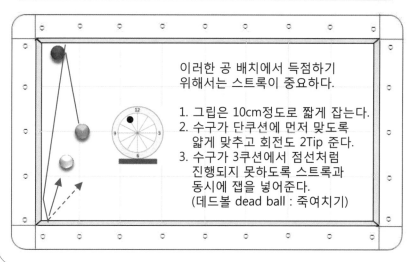

이러한 공 배치에서 득점하기 위해서는 스트록이 중요하다.

1. 그립은 10cm정도로 짧게 잡는다.
2. 수구가 단쿠션에 먼저 맞도록 얇게 맞추고 회전도 2Tip 준다.
3. 수구가 3쿠션에서 점선처럼 진행되지 못하도록 스트록과 동시에 잽을 넣어준다.
   (데드볼 dead ball : 죽여치기)

당구에서 잽 스트록은 생각보다 활용 범위가 넓다.
또한 어느 순간에 잽을 넣어주는가에 따라 공의 진행 동선도 많이 달라진다.

295

System을 배우고 모든 연습은
반드시 System에 입각해서 한다

규 칙

* 당구대 밖으로 벗어난 공의 조치

* 파울의 범위

* Frozen된 공에 대한 조치(붙은 공)

* 중대와 대대의 차이점

* 올바른 당구 용어

- 적색공은 반대편 초구 지점 (Foot Spot)으로,
  자기 차례의 수구(큐 볼)는 시작선의 중간지점 (Headline Center Spot)으로 배치한다.

* 상대방의 수구는 당구대의 중간지점 (Center Spot) (내정된 지점이 다른 공에
  점유되어 있거나 가려져 있는 경우는 점유하고 있는 공이 가야 할 위치로 놓여진다)

* 공이 프레임에서 떨어지거나 프레임에 닿으면 공이 당구대에서 튀어나간 것으로
  간주한다.

* 심판은 "파울"을 선언하며 빠르게 그 공을 잡아야 한다.
  (당구대 안의 다른 공에 영향을 주지 않기 위함)

[붙은 공에 대한 조치]

* 큐 볼이 두 개의 공 중 하나 또는 두 개의 공과 붙은 경우
  심판에게 재배치 원칙에 따라 배치할 것을 요구하거나,
  붙지 않은 곳 쿠션 뒤 쪽을 향해 진행시킬 수 있다.
  (큐 볼이 쿠션에 붙은 경우는 쿠션을 향해서 진행시킬 수 없다)

- 최초 진행 방향이 붙어있는 공 쪽으로 진행하지 않는다는 조건하에 찍어치기를
  구사할 수 있다.

- 큐 볼의 지지라는 요건을 상실함에 의해 붙은 공이 저절로 움직인 경우는 파울이
  아니다.

1. 투 터치(Duble Hit)를 한 경우
   *큐 팁이 움직이는 공과 두 번 이상 닿은 경우
   *큐 볼이 다른 공과 충돌하는 순간에 큐 팁이 큐 볼과 닿은 경우
   *레일에 가까운 공을 치면서 큐 팁이 레일과 닿은 경우
2. 타구과정에서 하나 또는 다수의 공이 테이블 밖으로 벗어난 경우
3. 큐 팁이 아닌 다른 부분으로 공을 건드린 경우
   (큐 팁 외에 다른 물체로 공을 건드린 경우 (공은 원래 위치로 되돌려야 한다.)
4. 세 개의 공이 완전히 멈추기 전에 샷을 한 경우
5. 선수가 포인트에 초크 등을 놓거나 프레임 등에 표시 등을 한 경우
6. 선수가 심판에게 요구하지 않고 본인이 이물질을 제거하기 위해 공을 만졌을 때
7. 심판의 요구에도 불구하고 규정된 시간 내에 (40초) 타구하지 않은 경우
8. 타구 순간에 한발이 닿지 않은 경우
9. 선수가 타구를 제외한 직접, 간접적으로 공을 이동시킨 경우
   (파울이 고의적으로 범해진 경우 더 유리하다고 판단되면 모든 공을 최대한 원래
   위치에 가깝게 배치해 달라고 요구할 수 있다)
10. 쿠션과 붙어있다고 판단되는 큐 볼을 쿠션을 향해 진행시키는 경우
11. 이닝 중간이나 연속득점의 중간에 본인의 공이 아니라고 언급한 경우
12. 선수가 각 종목의 규정을 준수하지 않은 경우

오구(誤球) : 한번 정해진 수구(큐 볼)는 시합이 종료될 때까지 변경할 수 없다.
   상대의 큐 볼을 자신의 큐 볼로 착각하고 쳤을 경우는 샷의 성공여부에 관계
   없이 파울이다.
   대기 중인 플레이어는 착각을 일으킨 플레이어가 샷을 하기 전에 큐 볼을 정정
   해 줄 수 있으나, 심판은 샷이 끝난 후에만 지적이 가능하다.
   큐 볼이 바뀐 사실을 아무도 인지하지 못한 경우 이전까지의 득점은 유효하다.
   2득점을 했다고 가정할 때, 다음 샷을 구상하는 과정에서 지적이 들어오면 1점이
   인정되며, 다음 샷을 했거나 하는 도중에 지적이 들어오면 2점 모두 인정된다

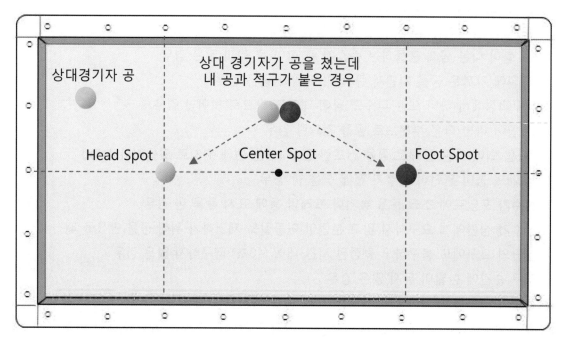

수구와 목적구가 붙은 경우에는 수구는 Head Spot으로 목적구는 Foot Spot으로 이동. 밖으로 튀어나간 공의 조치도 마찬가지로 수구는 Head Spot, 상대 공은 Center Spot, 적색 공은 Foot Spot으로 이동 배치한다.

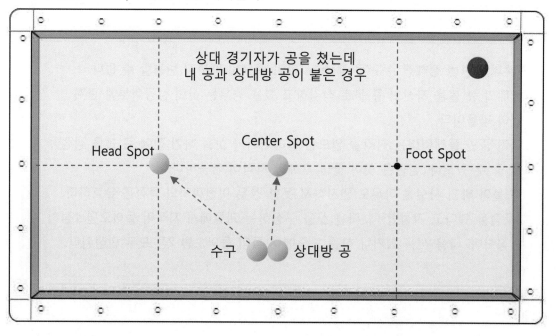

중대	비교	대대
2,540mm X 1,270mm	크기	2,844.8mm X 1,422.4mm
약간 미흡	시스템 적용	적합
보통	반발력	중대의 70~80% 힘으로 쳐야 함
로구로 또는 아스트로	쿠션	아스트로
많음	에너지 손실	적음
일반적인 스트록 구사	스트록	타격감 없는 부드러운 샷 구사
키스 확률 높음	키스	당구대가 큰 만큼 빅 볼이 적음
대대 보다 약간 짧은 편임	시스템	정확한 국제 수준
안 먹힘	횡단 샷, N자 샷	적합
타법이 단조로움	쿠션 활용도	타법으로 다양하게 활용
반발을 이용한 샷이 어려움	공의 선택	노 잉글리시, 3단, 리버스 등
당구대가 작아 현상이 적음	커브 & 스쿼트	당구대가 길어 현상이 크게 생김
많음	에러 마진	적음
하우스 큐 문제 없음	큐의 선택	개인 큐 권장
노 잉글리시, 시스템 적용 미흡	특징	모든 시스템 적용 적합

잘못된 용어	올바른 용어	잘못된 용어	올바른 용어
다이	당구대	하고 마오시	옆으로 돌리기
다마	당구공	우라 마오시	뒤로 돌리기
나사	당구지	레지 마오시	대회전 돌리기
오시	밀어치기	오 마오시	앞으로 돌리기
황 오시	세게 밀어치기	히가게	걸어치기
쫑	키스	짱꼴라	빗겨치기
니꾸	투 터치	조단조	더블레일
시네리	회전	리보이스	리버스
히로 (시로)	흰색 / 파울	기레가시	빗겨치기
갸구	역회전	맛세이	찍어치기
무당 / 무시	무회전	겜베이	복식
나미	얇게치기	가라쿠	빈쿠션치기
똥창	구석	후루쿠	재수, 요행
세리	모아치기	겐세이	견제, 수비
다데	세로치기	가야시	모아치기
빵구	구멍	도리끼리	한 큐에 끝낸다
가야시	모으다	시끼	끌어치기
바킹 / 빠킹	벌점 / 파울	히끼	끌어치기

책을 마치면서

지난 40여 년 동안 수많은 당구 매니아님들과 함께하면서 보다 당구를 쉽고 체계적으로 배울 수 있는 방법은 없는지 고심을 하던 중,
그 동안 틈틈이 준비해온 당구에 대한 이론과 경험들을 이번에 "스피드 당구 System" 을 통해 동호인님들과 함께 공유하게 된 것을 무한히 기쁘게 생각합니다.

"3쿠션 System 실전당구" 의 후속편으로 출간된 "스피드 당구 System" 은 특히 초 중급자에서 고점자로 가는 과정에 반드시 알고 넘어가야 하는 당구의 기초이론 (4구. 3쿠션)과 당구의 길, 모아치기, 공의 진행 동선, 당점, 두께 조준법, 분리각이론, 고수의 타법, 3쿠션 System 등에 이르기까지 당구에 필요한 모든 부분을 빠짐없이 수록하였습니다.

특히 "스피드 당구 System" 에는 당구를 잘 칠 수 있는 비법들을 별도로 정리, 수록하였으므로 그 동안 동호인님들께서 궁금해 하시던 많은 부분들을 어느 정도 해소해 드릴 수 있을 것으로 확신합니다.

당구는 역시 탄탄한 기본기를 바탕으로 System을 응용한 체계적이면서 반복된 훈련만이 자신의 당구 실력을 발전시켜 나아갈 수 있다고 생각합니다.

그 동안 당구의 기초 지식과 기본기 없이 감각에만 의존했던 동호인님이라면 이번 기회에 4구의 기초 이론과 기본기 등 당구의 길을 꼼꼼히 살펴보시기 바랍니다.

3쿠션 또한 4구의 원리와 원쿠션, 투쿠션이 바탕이 되어 발전하는 것이므로 기초를 다지시는데 큰 도움이 되실 것으로 확신합니다.

그리고 System을 배우십시오. 당구대 위에 펼쳐지는 모든 당구는 System과 연관되어 있습니다.
당구의 진정한 묘미는 System을 이해하게 될 때 그 재미 또한 배가될 것입니다.

끝으로 "스피드 당구 System" 을 구독해주신 동호인님들께 깊이 감사 드리며 건승을 기원합니다 !

스피드 당구 System

4구 3쿠션 스피드 당구 SYSTEM

발행인 김석순
편저자 유효식
발행처 일신미디어
주　소 서울시 마포구 대흥로 6길 5-1 (4층 1호)
등　록 제 313-2007-000127호
전　화 02) 703-1270 (영업부)
F A X 02) 719-9722
ISBN 978-89-6590-127-3 03690

정가 27,000원

ⓒILSIN　015　024-1
www.ilsinbook.com